ボランティア・難民・NGO

●共生社会を目指して

内海成治
Seiji Utsumi

Volunteer,
Refugee, and
NGO

ナカニシヤ出版

はしがき

本書『ボランティア・難民・NGO――共生社会を目指して』は共生社会のキーワードというべきボランティア、難民、NGOに関してこれまでに書いてきた文章をまとめたものである。その中身は、論文、学会発表、エッセイ、書評、フィールドノートまで色々である。こうした様々な形で、三つのキーワードについて、私自身がどう考えてきたかをまとめた。

私事にわたって恐縮であるが、今年（二〇一九年）三月、約二三年にわたる教員を定年退職する。大学では、ボランティア論、国際協力論や教育学について、調査研究と講義を行ってきた。その中で出会った教職員、学生院生からたくさんのことを学んできた。そして調査してきた世界の子どもたちからも教えてもらった。その思いを綴っておきたいと思い、本書をまとめることを考えたのである。

私自身は三〇代から四〇代にかけて国際協力事業団（現・国際協力機構）国際協力専門員として教育分野の国際協力の調査研究と実践に関わってきた。また大学に勤務するようになってからも開発途上国の教育研究を続けてきた。その分野の仕事は二〇一七年に『学びの発見――国際教育協力論考』（ナカニシヤ出版）として出版させていただいた。教育分野の国際協力を国際教育協力と名づけて、どのような協力が必要かを考えてきた。そこでは開発途上国の子どもたちの学校教育と生活を探ってきたが、その過程で私自身が教えられたことも含めた「学びの発見」としたのである。つまり、私の調査や論文の中には、私自身が対象である子どもから教えられたこと学んだことが含まれている。

本書もフィールドワークや研究の中から教えられたこと、私自身が教わったことをまとめたものである。本書では特にインタビューやフィールドノートも収録した。私自身の学びの現場を明らかにしたかったからである。

これには今は亡きお二人の先生の思い出が関わっている。お一人は鶴見良行さん（一九二六－一九九四年）である。鶴見さんには限られた数しかお目にかかっていないが、その語りや著作は常に私を驚かせた。その著作は、常に現場があり、その中でご自身がどう動き何を感じたかが膨大な知識と豊かな感性によって綴られ、読む者の心を奪うのである。一二巻に及ぶ鶴見良行著作集（みすず書房）は私にとって宝である。

今一人は村井吉敬さん（一九四三－二〇一三年）である。村井さんは私にとって義兄にあたり、オーストラリアの調査に同行させていただいたこともある。豊かな語学力、膨大な知識そして繊細な感性に裏打ちされたお話からたくさんのことを教えられた。そして、その著作は時にユーモアに富み、時に辛辣な言葉を含むが、それは途上国の人々、特に貧しい人々への強い思いがなせることである。村井さんの著作『スンダ生活誌――変動のインドネシア社会』（NHKブックス）や『エビと日本人』（岩波新書、一九八八年）は開発学やアジア学の古典だと思う。私には両氏の才能や知識に及ぶべくもないが、その語り方を真似てみたかったのである。猿真似に過ぎないが、お二人の思い出を胸に、本書をまとめたのである。

本書は前書『学びの発見』において展開した支援される側の視点に立つことの大切さを、ボランティア、難民支援、NGOの三つの側面から考えたものである。この三つのキーワードをまとめて表現する言葉として共生社会という言葉を使った。共生社会への道はこの三つのキーワードと強くつながっていると思うからである。しかし、内容はいわゆる共生社会論とは異なり、三つのキーワードをめぐって、これまで行ってきた調査研究やフィールドワークを中心とした論文と、時々に綴った文章をまとめたものである。

序章では、三つのキーワードのアウトラインを検討した。また、私自身がこの課題を考えるきっかけとなった、いくつかのエピソードを紹介した。

第I部は「ボランティア」と題して、ボランティアにかかわる論考とエッセイそして書評をまとめた。第II部は「難民」に関する論文と調査報告と、インタビュー、エッセイで構成した。第III部は「NGO」で、ここでは論考とインタビュー、そしてフィールドノートを入れた。それぞれは、基本的な課題に関する論考あるいは研究論文からはじめて、最後はエッセイやフィールドノートである。最後の終章では、共生社会への道を目指すべきものと捉え、志向性に関する思いを綴ってみた。

あまり統制の取れた構成になっていないので、どの章から読んでいただいてもかまわない。それぞれの章に私なりに考えた共生社会への思いがあるからである。

本書の出版にあたり、平成三〇年度京都女子大学出版助成をいただいた。心より感謝する次第である。

平成三一年一月　京都伏見にて

内海成治

目次

第Ⅱ部　難民

ボランティア・難民・ＮＧＯ——共生社会を目指して——

序章

共生社会を考える

1　はじめに

共生社会に関する論議は、様々な学問領域から行われている。例えば、哲学、政治学、経済学、社会学等々である。また、より大きな地球規模の課題としては環境学や生態学の分野からも活発な議論が行われている。そして教育学の分野でもこうした議論の影響を受けて多文化教育、異文化間教育、開発教育などの研究や実践が行われている。(1) 私は一九九六年に大阪大学人間科学部に新設されたボランティア人間科学講座に赴任した際に、ボランティアを研究する系の名称として共生学を選んだ。なぜならば、ボランティア研究の分野として福祉、災害復興、国際協力の三分野が考えられていたが、その三分野を横断的に表す言葉として適当なのは「共生」あるいは「共に生きる」社会の形成を目指すことではないかと思えたからである。

2　共生という言葉

共生（Symbiosis）という言葉は、当時はあまり一般的ではなく、どちらかというと生物学における狭い意味で使われていた。つまり、種の異なる生物がお互いの利益のために一緒に生活するという意味での共生である。例えばマメ科植物と根粒菌、イソギンチャクとクマノミ、ジンベイザメとコバンザメ等々である。共生という言葉にこだわるのは、私自身がかつて農学部で遺伝学や生態学に関心が高かったからかもしれない。

しかし、生物学の背景を持ったこの言葉はいまやもっと広い意味で使われるようになった。これには人権意識の高まり、教育の普及、経済発展、文化相対主義、グローバリズム等、様々な要因と思潮が関係している。ただ、その根底にはこれまでの人類が経験しなかった大きな変化があると思う。その変化とは経済発展、保健医療と教育の普及である。

私はこれまで国際教育協力の分野での調査研究や実践に四〇年近くたずさわってきたが、その変化の大きさには眩暈を感ずるほどである。例えば、基礎教育から生涯教育へ、量的な教育の拡大から質の保障へ、特殊教育からインクルーシブ教育へと基軸が代わった。そして目標も持続可能な教育、教育における男女格差の解消、地域格差の解消となり、さらに少数民族の教育、難民への教育、緊急教育支援と新たな重要な課題に迫られることになった。

こうした変化の根本にあるのは、差別の解消、困難な状況にある人々や子どもへの配慮である。そこにはすべての国は多文化多民族国家であるという認識と、そうした配慮なしには自由で平和な社会は実現せず、かえって地球規模の課題の深化により、世界そのものが成り立たなくなるという危機意識があると思う。こうした大きな動きの中に共に生きる社会を目指す、すなわち共生社会の実現という課題が要請されているのである。

3　共生社会のキーワード

こうした共生社会を考えるためのキーワードはたくさんあるだろう。本書では、私自身が関わってきた分野から「ボランティア」、「難民」、「ＮＧＯ」の三つを取り上げることにしたい。なぜなら、自分自身の仕事を考えたときに最近の二〇年間はこの三つのキーワードによって活動してきたからである。

ボランティアとは支援を必要としている人への自発的な関わりである。難民とは紛争や災害により国境を越えた人々である。つまり、国の保護を失い、国際社会の保護を必要としている人々である。ＮＧＯは様々な困難におちいった人々を助ける民間団体であり、ボランティア活動や難民支援の担い手である。

ボランティア

ボランティアは困難な状況にある人々を助ける活動であるが、ボランティア活動はその行為を介してこれまで関係のなかった人と人をつなげる活動でもある。ボランティア活動はその両者が対等の関係で新たな関係を創ることである。ボランティアは人を助けているのであるが、実は自分自身がたくさんのことを得ているのである。特に新たな人間関係に気がつき、新たな人とのふれあいに感動を得るのである。それゆえ、ボランティアは自分が支援してあげているという意識ではなく、あくまでもボランティアされる側の人々の気持ちを大切にしなければならないのである。

難民

難民問題は現代社会の最も大きな課題の一つである。ＵＮＨＣＲ（国連難民高等弁務官事務所）によると二〇一八年の難民はおよそ一九九七万人、国内避難民は三九一七万人、あわせて六九一四万人である。私はこれまで、アフガニスタンでの帰還難民、ケニアのソマリア難民、南スーダン難民、ウガンダにおける国内避難民および南スーダン難民を中心に調査を行ってきた。

二〇〇二年四月に外務省・JICAのアフガニスタン技術協力基礎調査団の一員としてはじめて首都のカブールを訪れた。その後、何度か短期長期にアフガニスタンに滞在した。実際に多くの帰還難民と会い、また具体的にバーミアン州で詳細な調査を行った。その際に感じたことは、難民は確かに多くの困難に直面しているが決して脆弱な人々ではないということである。戦闘により破壊された都市や村にたくましく生きている人々、そして廃墟同然の学校で必死に学ぶ子どもたちの姿に心を打たれた。これはケニアやウガンダでの調査でも同じ思いを持った。難民や国内避難民は自らの運命を切り開いてゆく強さと能力を持った人々なのである。

NGO

NGOの調査研究は一九九〇年代のなかばから行ってきたが、海外での活動を見ることができたのは二〇〇〇年代に入ってからである。はじめは政府がアフガニスタンで行う復興支援活動が主なものであったが、その後東ティモール、南スーダン、ケニア、ウガンダ、イエメン等で具体的なプロジェクトを見てきた。

また、国際緊急人道支援にかかるNGOへの活動資金供与の中間組織であるジャパン・プラットフォーム（JPF）に関わり、NGOの活動を見守っている。そうした中でNGO活動にとって重要なことは支援対象としている難民や被災した人々への深い理解が必要だということである。難民や被災した人々や子どもは、困難な状況にあり支援を必要としているが、脆弱な民ではない。固有の文化と伝統を持ち誇り高く生きている人々である。NGOは特に人々や子どもの思いを大切にした支援をしなければならない。

レシピエント・ドリブンとドナー・ドリブン

このような支援される側の論理による支援をレシピエント・ドリブン（Recipient Driven）という。レシピエントとは受け取る人を意味しており、一般的には臓器移植や骨髄移植で、臓器や骨髄を受け取る人を意味している。提供する人はドナーという。国際協力の世界では援助する国や援助機関はドナーであり、援助を受ける国や人々はレシピエントである。ドナーは北の国であり、先進国や国際機関である。レシピエントは南の国であり開発途上国である。支援の現場ではレシピエントは貧しい人々でありドナーは援助機関や国際機関の職員である。援助は先進国の論理、国際的な開発理論に基づいて行われる。援助の多くは税金で行われるために先進国の国民にとって同意できるものでなくてはならない。その場合には実際の支援を受ける国や人々のことを十分に理解してそれぞれのニーズに対応した支援を行わねばならないが、実際には、それは困難である。国際的に合意されていることやこれまでの経験によって援助が行われる。つまりドナーの考え方、ドナー・ドリブンで行われるのである。

ドナー・ドリブンとともに援助の世界で使われる言葉として「脆弱国家論」がある。紛争が続き不安定な国を脆弱国家（Vulnerable State）として特別な配慮をもって支援しなくてはならないというものである。[2] これは私の知る限り英国援助庁（Ｄｆｉｄ）が文書を出したのが始まりだと思う。二〇〇七年一一月にルワンダの首都キガリで「ＪＩＣＡアフリカ地域紛争後の教育復興研修コース」の現地ワークショップを行った。その際に、ルワンダのＤｆｉｄ事務所からできたばかりの「脆弱国家支援方針」について話をしたいとの申し入れがあった。どのような話があるのかとお願いしたところ、英国としてはルワンダや南スーダン、ブルンジなどを、脆弱国家として特別な予算を付け十分な配慮をした支援をするということであった。それに対してルワンダの参加者を中心として、「自分の国を脆弱国家と指定するとは何事か」と批判があった。「どの国にも弱い部分があり、それをいうなら英国でさえ脆弱国家ではないか」、というのである。紛争予防のために必要な支援を行うとの表明であったと思うが、やはり脆弱といわれた国の人間としては釈然としないものがあるのだと思う。

医療の世界ではレシピエント、つまり患者の状況や意思が重視されている。同様に援助の世界でも援助を受ける側の状況や思いが大切にされねばならない。そのことを村井吉敬は「顔の見える援助」と表現した。これは美しい表現であると思う。(3)逆にいえばドナー・ドリブンの援助は「顔の見えない援助」なのである。村井の指摘はODAや国際協調で行われる大きな援助の話であるが、私はこのことはそれぞれのプロジェクトや援助の現場で起きていることではないかと思う。

私自身は教育支援の現場にいたために子どもたちと触れ合うことが多かった。次節以下に私が開発途上国の子どもや人々から学んだことを記しておきたい。

4 グアテマラにて

マイアミから南西にカリブ海を渡ること二時間半で深い緑に覆われたユカタン半島にかかる。しばらくすると近代的な都市が見えてくる。市の中央に飛行場があり、機体はビルを掠めて着陸する。グアテマラの首都グアテマラ市、海抜一五〇〇メートルの高原都市である。グアテマラの面積は十一万平方キロ弱で北海道と四国をあわせたより少し大きい。人口は一六五八万人（二〇一六年）である。メキシコとパナマ運河に挟まれた中米地域には七つの国があるがその中で最も大きな国である。グアテマラの特徴は人口の半分が先住民のマヤ系の人々ということである。ラディーノと呼ばれる白人と先住民の混血が約四割、白人が一割である。ラテンアメリカ諸国の中でも先住民の比率が高い国である。またグアテマラは、多くの火山と湖に恵まれた美しい国でもある。グアテマラといえば、二〇一八年六月五日にフエゴ火山が噴火し六〇人の死者が出る大きな災害があった。大阪大学で教えた留学生が数人いるので早速メールで安否を確認し、無事とのことで安心した。

グアテマラ女子教育プロジェクト(4)

グアテマラで女子教育（エデュケ・アラニーニャ）プロジェクトを始めたのには特別な経緯がある。一九九三年に当時の細川首相とアメリカのクリントン大統領による日米包括経済協議の中で日米コモンアジェンダが提案された。これは地球的規模の課題に対して日米政府間、民間の協力を進めるための枠組みである。「地球的展望に立った協力のための共通課題」と名づけられた。環境問題や途上国の女性支援、エイズ問題など、二〇の分野での協力を行うことになった。特に女性支援はヒラリー・クリントンの提案であったと聞いている。コモンアジェンダはその後も様々な形で行われているが、そのはじめのものである。これを実施するためにＪＩＣＡでは案件形成のための作業が始まった。

しかし、途上国の女性支援は当時の日本にとっては新しい課題であり、どのような案件を行えるのか悩むところであった。そのときにアメリカ側から、グアテマラで先住民の女の子の教育支援を行っているので、日本も参加してはどうかという提案があった。その可能性を探るために一九九五年七月に一か月ほど現地調査を行った。調査の内容は、なぜマヤの女の子は就学率が低く、また中途退学が多いのかを探ることであった。アメリカ側の説明は、親や教師が女児の学力に期待を持っておらず、そのため女児の学力が向上せず退学も多いという。つまり、負のピグマリオン効果あるいはゴーレム効果が原因だというのである。そのため教員の研修、親や地域へのアドボカシー活動が必要だという(5)。

トトニカパンの村

学校や家庭の実態はどうなっているのか私たちも調査を行うことにした。調査の場所はトトニカパンという県である。グアテマラの中央部は南北にシエラ・マドレ山脈が聳え、最高峰は四〇〇〇メートルを越える。山々に囲まれるようにしてマヤの人々が暮らしている。トトニカパンはグアテマラ市の西一五〇キロメートルのところにある。トトニカパンは二二あるマヤ族の一つで、この県は人口の九五パーセントがマヤ族である。マヤの主食はトウモロコシの粉を焼いて作る丸いおせんべいのようなトルティージャである。また、果物も豊富でトトニカパンはリンゴの産地としてよく知られている。

トトニカパンを調査したのは、内海、近藤勲岡山大学教授（現名誉教授）と蔵下順子ジュニア専門員（当時）の三人で、一九九六年から一年ほどかけて行った。トトニカパンの小学校を訪ね校長や教員にインタビューを行い、授業を録画しフランダース法によって分析した。(6) また家庭訪問も行い、マヤの暮らし、子どもの生活を知ろうとした（図1-1、1-2）。その結果をもとにアメリカ側と打ち合わせを行った。

図1－1　トトニカパンの子ども

私たちの結論はアメリカ側の分析とは異なり、女の子の不就学や学力不振は彼女らの生活に起因するということであった。まず、教員の意識には男女の生徒に対する期待の差は見られなかった。グアテマラの小学校には女性教員も多く、女子に対する教育の必要性に関して高い意識を持っていた。また、グアテマラの小学校の授業は教師中心で子どもが話す場面は少なかった。しかし、女の子は男の子に比べてスペイン語能力に大きな差があり、特に文法やスペリングの能力はかなり劣っていた。グアテマラの子どもは、男子と女子の役割分担がはっきりしており、女の子は家の中で母親とともに過ごす時間が多い。マヤの母親はほとんど教育を受けていないためマヤ語（ここではトトニカパン語）を話している。そのため女の子はスペイン語に触れることが少ないのである。また、小学校の施設は女性用のトイレが整備されていないことや、給食の設備が十分でないなどの問題があった。

そのため日本側としては、無償資金協力による学校の整備、技術協力プロジェクトとして教員のマヤ語の研修、授業法の改善、親やコミュニティへの女子教育のアドボカシーなどを提案することにした。また、マヤ語の文字化の促

図１－２　マヤの子どもと

進、マヤ語教材の開発などを行っている大学との協力も視野に入れる必要があるとした。こうした日本側の提案をアメリカ側と共同で実施することは大変であったが大筋で実施する運びとなった。

学校での長時間にわたる調査を終えて駐車場までの坂道を下りるときに女の子たちが一緒についてくる。なんだか楽しそうに笑いながら歩いている。ふと気がつくと背広のポケットが膨らんでいる。なんだろうと手を入れてみると、ピンポン球のような小さなリンゴがたくさん入っている。彼女たちが私に気がつかないように歩きながらそっと入れてくれたプレゼントであった。私がリンゴに気がつくと子どもたちはいっせいに笑いながら離れていくのである。私は手にあふれんばかりのリンゴを見て、胸が熱くなり、涙が出るのをこらえ切れなかった。子どもたちは私にできる限りのことをしてくれているのである。彼女らは見返りを求めているのではない、彼女らができる最大のことを私にしてくれたのである。

5　アフガニスタンにて

カブールの子ども

私は二〇〇二年一一月から一年間、アフガニスタン教育大臣アドバイザーとして勤務した。カブールの中心部にある教育省のビルの最上階にオフィスがあった。カブールの冬は寒い。紛争は終わったとはいえ、インフラは不十分で民宿も教育省も電力不足で暖房はなかった。氷点下以下の寒い夕方に教育省の玄関を出て駐車場に向かっていた。駐車場の入り口に手押しポンプの井戸がある。ふと見ると一年生くらいの女の子がポンプを押して大きなバケツに水を汲んでいる。道端の屋台の父親の手伝いをしているようだ。ポンプを押すのを手伝いながら女の子の手を見ると、しもやけで真っ赤に腫れた手の甲は無数のひび割れにおおわれていた。こんなにひどいひびは見たことがなかった。小さな子どもにつらい思いをさせる戦争はむごいなと胸を打たれた。しかし、そうした中でも必死に親を手伝っている姿を見て、私たちは同情するのではなく、こうした子どもたちとともに歩まなくてはならないのだと感じた。

アフガニスタン勤務中はたくさんの学校を訪問した。多くの学校は破壊され、壁も屋根もなく、廃墟の中で授業が行われていた。特に女子学校はひどかった。学校建設や机椅子の配布、教科書の配布を当面の重要課題としてすすめたことを覚えている。そうした中で、中学校や高等学校の生徒に「どのような支援が必要か」とたずねることがあった。あるとき、女子生徒から「私たちは、物は必要ありません。私たちを忘れないでほしいのです」といわれた。どういう意味かと問うと「アフガニスタンがひどい状況になったのは国際社会から忘れられたからだ。だから忘れないでほしい」というのである。私は自分がなんとつまらない質問をしたのだろうと思うと同時に、私はこの生徒に負けたと思った。私は援助とは物の援助だと思っていたが、そうではないのだ。つながっていること、思いを一つにすることが大切なのだと教えてもらったのである。

リマ・アジミのこと

カブール在任中に教育省のオフィスとは別に、様々な活動をするためにカブール教育大学の中に事務所を作った。そこで三人のアフガンの若者を採用した。男性二人と女性一人である。皆大学生の若さである。

あるとき、毎日新聞の須佐見玲子記者が事務所に来て、その年にパリで行われた世界陸上選手権（ワールドカップ）に出場した女子選手を探しているという。リマ・アジミという名前で、新生アフガニスタンからのただ一人の女子選手である。一〇〇メートルを走り、結果は一次予選で敗退したが、一生懸命に走る姿は大きな感動を与えたという。カブール教育大学の学生とのことだが、私は心当たりがないので隣室の学科長に聞いてみた。すると「リマ・アジミはお前の前にいる」という。アシスタントのリマに「リマ、君はパリの世界陸上に出場したのか」と聞くと「はい」という。全くうかつである。リマという名前は知っていたが、リマ・アジミであることやパリに行ったことも知らなかったのである。早速、須佐見記者の取材が始まった。はじめての海外、パリに着くまで大変だった。ともかくスタートラインに立ったとき彼女はフライングで失格にならず、走ってゴールすることだけを目指した。号砲をしっかり聞いてから走った。そのため自己ベストの一四秒台にははるかに及ばなかった。しかしリマは、傷つき貶められていたアフガニスタンの女性が走り始めたことを示したかったのだ。他の選手と比べて大きく遅れることは承知の上だった。一流の選手の中で走ることは、とても恥ずかしかったと思う。しかし、彼女がゴールしたとき会場は騒然となり、拍手が鳴り止まなかった。彼女の思いが会場の全員に共感され、パリの市民が受け入れ、テレビを通じて世界の人々に届いたのである。試合のあとパリを歩くと多くの市民から声をかけられたと、うれしそうに語っていた。彼女の記事は須佐見記者の感動的な文章で二〇〇三年一一月一六日の毎日新聞夕刊のトップ記事になった（図1－3）。私はこの記事を読むたびに涙をこらえることができない。

リマはカブール教育大学バレーボール部のキャプテンで足が速かったので選ばれたという。とてもスポーツ選手とは思えない小柄な女性で、静かに事務仕事をするような学生であった。リマは翌二〇〇四年のアテネオリンピックの代表にも選ばれたが、辞退するという。その理由を聞くと「自分はタリバン時代に二年間学校に行けず、自宅で過ごさなくてはならなかった。アテネオリンピックに出るためには一年間休学してトレーニングしなければならない。今は一分一秒が惜しい。だから辞退した」という。自分の将来を見つめてまっすぐに歩くリマの姿に感動を覚えながら「それがいいだろう」と答えた。

リマは翌年無事大学を卒業し、得意の英語を生かしてカブールの英国大使館で勤務することになった。それから一

ゴールするために私は走った

アフガニスタンから今夏、パリの世界陸上競技選手権大会に、たった1人で出場した女子選手がいた。百㍍1次予選。158㌢と小柄、しかもTシャツに長いジャージー姿で走った。18秒37もかかり、他の選手に大きく引き離されたが、懸命な姿に、大観衆から惜しみない拍手が送られた。その人、リマ・アジミさん(23)に、復興への努力が続くアフガンの首都・カブールで会った。【須佐美玲子】

パリ世界陸上に出場

たった1人の女子選手

アフガン代表 リマさん

朝の光が差し込む体育館で走るリマ・アジミさん＝アフガニスタン・カブールで10月16日、梅村直承写す

朝7時半。教育大学構内の体育館で、女子学生8人がバレーボールの練習をしていた。そのコートの周りを1人で黙々と走っている女性が、リマさんだった。同大学英語学科2年生で、バレーボールの選手。これが彼女の「本職」だった。では、なぜパリで走ったのか。

タリバン政権時代、女性はスポーツも勉強も、外出することすらも禁止され、女子の陸上選手はいなかった。世界陸上には、男女がそろわない国は参加できない。そこで、英語が話せ、走るのも得意なリマさんが、急きょ指名されたのだ。

「スタートラインに立つことが、これからのアフガンの女性の第一歩になると思い、出場を決めた」。女子選手の出場は、それだけの意味があることだった。

当日は頭にショールをかぶり、長袖姿で登場した。イスラムの世界では、女性は男性の前で肌や素顔を見せてはいけないからだ。しかし、大会主催者側から「出来れば取ってほしい」と求められた。思い切ってTシャツ姿になった。

「私は勝つために来たのではない。ゴールするために来た。だから失格にだけはならない」。スタートラインでは、それだけを考えた。

体調は悪かった。大会1週間前に現地に入る予定だったが、着いたのは試合前日。経由地のアゼルバイジャンで、大切なスパイクシューズを入れたバッグを忘れるなどトラブルがあったからだ。

一生懸命走ったが、国内での練習で出した14秒台には及ばなかった。それでも、「私はミスをしなかった。国の女性みんなのために完走できてうれしい」。

アテネは辞退 「教師になり女性自立を」

帰国後、アテネ五輪の候補に選ばれたが、辞退した。「今は1分1秒が惜しい。早く大学の勉強を終え、教師になりたい」。タリバン政権時代、カブール市内の自宅に閉じこもって毎日を送った。その時間を取り戻すように勉強している。

「教師になり、アフガンの女性が自立するための手助けをしたい」。彼女は今、その夢に向かって全力で走っている。

図1－3　毎日新聞記事　2003年11月16日付夕刊。

五年近く経過しているが、現在もリマは英国大使館で元気に働いていると聞いている。

6　おわりに

序章では共生社会のキーワードとしてボランティア、難民、NGOについて概説した後、私の経験したいくつかのエピソードを述べた。振り返ってみると私は調査や仕事の中で出会った子どもや若者から多くのことを学んでいる。今でもトトニカパンやカブールの子どもとの出会いを思い出して胸が痛くなることがある。そして自分は何をしてきたのであろうかと自問自答する。ただ私は遠くにいて思うこと祈ることしかできない。しかし、逆に思うのである。こうして自分が人生で会うことのできた子どもや人々のことを忘れないこと、彼女彼らのことを思い浮かべることが、実は最も大切なことではないのかと。

つまり、共生社会とはお互いに思いをめぐらすこと、他者への想像力を働かすこと、そして子どもや人々のことを忘れないことなのではないか。この思いの結論は本書の最後でまた検討することにしたい。

（1）中島智子編著（一九九八）『多文化教育――多様性のための教育』明石書店。北村友人編著（二〇一六）『グローバル時代の市民形成』〈岩波講座　教育　変革への展望7〉岩波書店。

（2）稲田十一編（二〇〇九）『開発と平和――脆弱国家支援論』有斐閣ブックス。

（3）村井吉敬の著作は多いが、この面での参考文献としては『越境民主主義時代の開発と人権』（西川潤との共著、明石書店、一九九五年）がある。

（4）内海成治（一九九七）「マヤの子どもたち――グアテマラにて」内海成治『トルコの春、マヤの子どもたち』北泉社、二四一－二四六頁。

（5）ピグマリオン効果とは、アメリカの教育心理学者ロバート・ローゼンタールが実験によって明かした現象で、教師の期待によって学習者の成績が上がることをいう。一方ゴーレム効果とは教師の期待が低いと生徒の成績が下がること。

（6）　フランダース法はネッド・フランダース（Ned Flanders）が開発した授業分析の方法で、授業の活動を一〇のカテゴリーに分け、三秒ごとにどのカテゴリーが行われたかを分析してカテゴリーの分布によって分析する方法である。

第Ⅰ部　ボランティア

◈第Ⅰ部はボランティアに関する論考やエッセイをまとめた。ボランティアが日本社会に定着したのは一九九五年の阪神淡路大震災以後のボランティア活動の高まりによる。その年はボランティア元年といわれた。その後、度重なる地震などの自然災害のたびにたくさんのボランティアが活動するようになった。今年（二〇一八年）の夏、行方不明になった男の子をボランティアの男性が発見し、スーパーボランティアとして話題になった。ボランティアを生きがいとしている人も多くなっている。

しかし、いまだにボランティアとは何かといわれると、あまり明確になっていないようだ。一九九六年に大阪大学にボランティアを研究する講座が設置された。ボランティア講座に勤務するようになり、ボランティア学の教育と研究を仕事にするようになった。その中から生まれた論考とエッセイである。

第1章は「ボランティア試論」としてボランティアとは何かを考えたものである。その際教育の世界に身を置いてきたために学校教育の中でのボランティアに焦点を当てた。

第2章はボランティア学研究の拠点として形成された国際ボランティア学会の意味について検討した。ボランティアはするもので研究するものではないといわれていた時代に、研究の拠点を創ることはある意味で勇気のいることであった。

第3章は「ボランティア研究の射程」と題して、国際ボランティア学会誌の一号から一〇号までに掲載された論文を検討したものである。日本ではじめてのボランティア学の研究誌である。どのような論文が集まるのか多少の不安があったが、今読んでも大変優れた論文が集まっていると思う。

第4章は「支援される側から支援する側に」として、中学高校の生徒が行っているボランティア活動を紹介した。これはボランティアされる側とする側との役割が変わることが重要だと思うからである。

第5章はこれまでボランティアに関して書いたエッセイと書評をまとめたものである。はじめの二つは中田厚仁さんとお父上の中田武仁先生の思い出である。三つ目は阪神淡路大震災から二〇年目のボランティアに関する感想。四つ目は陸前高田でのコミュニティカフェ開催にかかる思い出である。最後は友人の西村幹子先生（国際キリスト教大学）と全盲の女子学生とで書かれた本の書評である。

こうした研究やエッセイを書く際に心がけていたことは、支援される側のことを考えなくてはいけないという思いである。それがうまく伝わっていないとしたらそれは私の責任である。

第1章

ボランティア試論[1]

——教育の視点から——

1　はじめに

二〇一一年から小学校（中学校では二〇一二年から）で実施された学習指導要領では、「確かな学力」とともに「生きる力」の育成が強調されている。「生きる力」とは知徳体に加えて社会における自分の位置、役割を見通して、社会に参加しつつ社会を前進させていく力ということができるであろう。キャリア教育という形でこうした力を育成しようとしている学校も多い。京都市のある学校では生きる力を「生き抜く力」として自己を見つめるメタ認知を育成することを教育課程の柱の一つとしている。ただ、「生きる力」とは自分を取り巻く環境や社会の多様な人々と「共に生きる」という意味が含まれていることを忘れてはならないであろう。

しかし、確かな学力に向けて教科の時間が増加し、総合的学習の時間は減少した。これまで、生きる力としては、豊かな心や主体性の確立に向けて様々なボランティア活動が総合的学習の時間を中心として取り込まれてきたことを考えると、ボランティアは新たな課題と向き合うことになる。すなわち、ボランティアの質的な向上と総合的学習の時間以外での様々な活動の中での取り組みである。

本章では現代の教育におけるボランティアの課題を取り上げるが、教育とボランティアの関係には多くの側面があり、大きな広がりを持っている。そこでここでは次の二点、すなわち「ボランティアとは何か」という観点と「学校教育の中でボランティアに取り組むことにはどのような意味があるのか」という点から検討し、今後の学校でのボランティアの課題を明らかにしたい。

2　ボランティアをするとはどういうことか

次の文章は重松清の短編小説集『青い鳥』の中の「ハンカチ」の一節である。[2] 場面かんもく症となり教室で話すことのできなくなった中学生の少女が、卒業式であるフレーズを読むことになったのである。

わたくしが読むのは、（中略）二年生の秋に出かけたボランティア実習の思い出だった。「十月二十日と二十一日の二日間、わたくしたちは街に出て、さまざまなボランティア活動に取り組み、ひとびとが支え合い、助け合う社会の素晴らしさを学びました」これも川崎君の自殺をきっかけに始まった行事だった。わたくしの班は、学区内でいちばん大きな公園の掃除をした。たいした支え合いではない。助け合いになるのかどうかわからない。地面に落ちたギンナンを踏むと、とても臭い。今でも覚えているのはそれだけだった。

（中略）

どんなに予行演習を繰り返しても、嘘っぽさは消えない。わたくしがもしも、万が一の奇跡でもしも、将来、学校の先生になったら、絶対に生徒にこんなことはさせない。でも、読むと決めてから、忘れていたことを思いだした。公園の掃除をしていたとき、ショッピングカートを杖の代わりにして散歩をしていたおばあさんが、にっこり笑って「ご苦労さまです」と言ってくれたのだ。四十八番のフレーズは絶対に嘘で、きれいごとだけど、あのときのおばあさんの笑顔はほんとうだった、はずだ。

ボランティア活動の場面と生徒の思いを痛いほど伝えている。学校ボランティアに限らないが、ボランティア活動には二つの側面がつきまとっている。つまり、ボランティアの持っている善行に対する反発と実際に行うことで得られる学びである。

アメリカの精神分析学者で哲学者のロバート・コールズ（Robert Coles）は『ボランティアという生き方』（一九九六［一九九三］）の中でボランティアを行う人々の心の葛藤を丁寧に描いている。[3] その中にアメリカの青年が名門大学や医学部への進学、あるいは優良企業への採用面接には履歴書にボランティア活動を書くことが必須の条件になっていることから、深刻な精神的危機に陥る様子が描かれている。

その中で、アフリカ系の子どもたちに勉強を教えるボランティア活動（これはアメリカではかなり一般的なボランティア活動である）を行っているハーバード大学の学生が、子どもから「これって、何のため」と聞かれて答えられなくなったという話が紹介されている。この学生はボランティア活動そのものから得られる満足感のほかに、将来、よい職業に就こうとするときにボランティアをしたことが有利に働くという思いがあることに気づくのである。つまり、落ちこぼれたアフリカ系の子どもの勉強を見ることで彼は社会を昇ろうとしていることになってしまう。こうした葛藤に多くの青年が傷つくのである。[4]

これに対してコールズは次のように結論づけている（一五二頁）。子どもたちの勉強を見るという当初の目的から見るとこうした思いが入り込むことは信用詐欺とも言えるであろう。それでも、こうした野心的で有能な青年男女の多くは、自分の行為を振り返って、やはりボランティア活動自体に価値があるのだと認めていた。

こうした重松の小説とコールズの研究から感じられるように、ボランティアを行うことはそれに伴う葛藤を乗り越えなくてはならないようだ。これは教育の中にボランティアを取り入れる際に、考えておかなくてはならないことである。このことは後に検討することにして、まずボランティアに関するいくつかの基本的事項から論を進めていきたい。

3　ボランティアとは何か

ボランティアに関するテキストとして大阪大学の教員らとともに『ボランティア学を学ぶ人のために』（一九九九年）を編集した。(5) そのテキストは次の四部構成になった。「ボランティアに関する基本的諸問題」、「ボランティア活動―国内編」、「ボランティア活動―国際編」そして「海外のボランティア活動」である。他の学問分野では学問領域の定義や方法論が確立されているために、テキストはその解説と現状の紹介から始まるが、ボランティアという新しい分野では、「ボランティアとは何か」を問うことが重要であった。なぜなら、ボランティアという言葉は一九八〇年代後半からようやく日本の国語辞典に採用され始めた新しい言葉だからである。人によってボランティアという言葉の意味内容が異なっている。それゆえ「ボランティアとは何か」という問いに答えることから始めなくてはならなかったのである。

答え方は色々であるが、やはり、「個人のボランティア活動の条件」を検討することから始めなくてはならないだろう。人がボランティア活動をするとはどういうことなのか、何をすればそれはボランティアと言いうるのか。つまり、ボランティアの条件設定をする必要がある。もちろん、それぞれの個人が「これがボランティアだ」と思って行動すればそれがボランティア活動ということもできるであろう。しかし、現代において人々のボランティアの思いを検討することは必要であろう。さもないとボランティアを語ることができなくなってしまうからである。

ボランティアの条件を考えると、一つは、こうでなくてはいけないという「基本的な条件」つまり必要条件であり、今一つは、こうであるといいという「理想的な条件」いわゆる十分条件とに分けられるであろう。ボランティアの条件は三つあるとよくいわれる。すなわち「自発性」、「非営利性」、「公共性」である。その中で最も重要な条件として第一にいわれるのが「自発性」である。

ボランティアの条件① 自発性

自発性はボランティアという言葉の語源にもなっている。Volunteerは一七世紀のフランス語のVoluntaireから、自発的な（voluntary）と従事する（〜eer）が結びついてできた言葉である。ボランティアを表す志願者のほかに、軍隊用語として志願兵や義勇兵、あるいは植物学では自生植物の意味で使われている。

自発性とは自らが率先してやるということ、自分の意思で行うことの意味である。しかし、もう少し丁寧に自発性や自由意思とは何かを考えると、答えは意外に難しい。なぜならば、全く自分の自由意思で行う行動というのは、厳密に考えると人間にはほとんどないと思われるからである。自由意志によって行動するというのは、自らの責任で状況を認識して、自らの責任で価値判断して、自分の責任において行動することである。要するに状況認識、状況判断、行為の三つをすべて自分の責任において行うということである。

自ら「認識し、判断し、行為する」というのは、自由な人間の条件として古くからいわれているが、それに「自分の責任」が付いているところがボランティアの条件ということになる。つまり、自立あるいは自律——自ら律するという条件が入ってくる。しかし、私たちは何かを行うとき、全く自由に様々な条件を認識し、判断するということは現実にはありえないであろう。実際には、直観的にあるいは衝動的に判断する場合や、友人やマスコミの影響が大きいのである。

それゆえに、ボランティアにおける自発性とはもう少し消極的なもので、他者や状況から押しつけられたり、命じられたりしていないことを意味していると考えるべきであろう。また、この点はボランティア活動を実施する機関・団体やスタッフにとって常に心すべきことでもある。最終的にボランティア活動を行う際にボランティアの意思が優先されることが、自発性をボランティアの第一の条件とする意味だと思われる。つまり、個人の意思に反してボランティアをすることがあってはならないのである。それはすでにボランティアではないことになる。(6)

ボランティアの条件② 非営利性

ボランティアの二番目の条件は、「非営利性」あるいは「無償性」といわれるものである。これはボランティアが経済的な報酬を目的にしないことである。人間の歴史において無償の援助は重要なテーマであった。高邁さとか雅量といわれるのは、哲学の中でも大切な徳目である。雅量（Magnanimity）とは、寛大な行為を意味する言葉であるが、アリストテレスからデカルトまで、多くの哲学者が重視した概念である。キリスト教では愛徳（Caritas）として無償の愛が強調されている。例えば、新約聖書「ルカによる福音書」の善きサマリア人の譬えは、強盗に襲われ傷ついた旅人を、本来助ける立場にある人々ではなく、そうした人々から蔑視されていたサマリア人の旅人が手厚く助ける話である。(7) これは「利益を求めない」という無償の行為の大切さの指摘ではなく、「見ず知らずの他者を助ける」という人道主義の表明であろう。しかし、自らの行為に対価を求めないことが、行為の高潔さを表しているのである。

ただ、このような無償の行為としてのみボランティアを捉えることは、現在のボランティアとはかなり離れてしまう。チャリティといわれる無償の愛や一方的に与える贈与のような愛の行為から、現在のボランティアは自由になっていると考えるべきである。なぜなら、ボランティアは一方的な行為ではなく、その活動を介して人と人、あるいは人と地域・社会がつながるという相互性を含んでいるからである。

それゆえに、この無償性に関しては議論も多く、特に有償ボランティアやボランティア切符（将来ボランティアを受けられる保証）の際に議論となってきた。なぜなら、ボランティアの無償性が強く打ち出されると、交通費などの最低限の必要な対価を支払うボランティアの募集すらできなくなってしまう。また、そうしたボランティアに対して不必要な心理的打撃を与えるからである。無償性とは、ボランティア活動を経済的な対価を得ることを主たる目的としないことと解すべきであろう。また、ボランティアを組織・募集する団体や自治体はボランティアを安価な労働力とみなすことはあってはならないのである。

ボランティアの条件③　公共性

ボランティアの三番目の条件は、「公共性」であるが、これは社会性あるいは公益性ともいわれている。公共性とは、他者あるいは社会に何らかの意味で役に立つことである。ボランティア活動は個人の活動であるが、その活動は社会性を持った活動だということである。このようにいうと公共性（Public Interest）とはあたかも自明なことのように思えるが、公共性も自発性と同様に定義が難しい。なぜならば、公共（Public）という言葉が、あまりに一般的な言葉だからである。また公共の利益といってもそれは私的な利益とどのように違うのかが明確でないからである。

ボランティアをする人は、自分の活動が公共の利益であると明確に意識していないであろう。ボランティアとは個別の課題、支援を必要としている人や状況に対して働きかけるのである。つまりそれぞれの人や状況に対する個別の（私的な）利益に関係のない人を助けることである。例えば、教師が生徒を助けたり、親が子どもを支援するのはボランティアとはいわない。自分と直接的な関係のない人への支援、私的な利害関係のない人への支援がボランティアと呼ばれる。それゆえに、ボランティアには個人の利害を超えた人道（Humanity）という側面が入っていると考えられるのである。

すなわち個別の課題に対応するのだが、それが社会的な課題に変換されるのである。ボランティアにおける公共性とは人道を介することで、私的なものが公的なものに変化していくのだということができるであろう。

このようにボランティア活動は、公益と私益の境界線上にある。例えば、障がいを持った人を助ける活動が、やがて公益に変化していくことも多いのである。逆に、ボランティア活動は公益と私益の間にあって、その境界線を変化させる働きがあると言い換えることができるだろう。

その他のボランティアの条件

これまでに述べた三つの条件以外のボランティアの条件としては、「創造性（クリエイティビティ）」や「先駆性」等が挙げられる。創造性は、ボランティア活動における自己実現や楽しさに関係している。ボランティアは、生き甲斐ともなり、社会への参加を実感できる場を提供するからである。「ボランティアは楽しい」という側面を、金子郁容（一九九二）は強調している。

ボランティアの楽しさの原因として、ボランティアがネットワークを構築するからだともいわれている。自分のこれまでの世界を広げ、様々な人とつながるというのである。これを境界を越えるといってもいいし、ネットワーキングともいえる。世界が広がり、社会とつながっているという思いは、社会的動物である人間にとって本源的な喜びだからである。

先駆性とは、社会の様々な課題に対して率先して関わることであり、公共性と関連している。ここでは、誰もやっていないことを、誰もが困難だと思うことを、率先して行うという面が強調されている。

また、ボランティアは「相互性」が必要だともいわれる。ボランティアは自発的な活動といいながら、ボランティアを行うためには、そこにボランティアを受け入れるニーズが必要である。ただ、このようなボランティアを行う上での課題としての相互性と同時に、ボランティアは一方的な関係ではなく、ボランティアをする人と受ける人と互恵的な関係を構築するという意味での相互性が強調されねばならない。これは、人を対象とした活動のみならず、自然を対象とする活動であっても、人は対象から多くのもの受け取るのである。これらの考え方は必要条件というよりも、ボランティアのあるべき方向を示しているというべきであろう。

また、ボランティア活動の別の側面として継続性や専門性の重要性も挙げることができる。確かに、ボランティアには遊びと違う一種の責任があり、自発的に関わったとはいえ、勝手にやめることのできない場合がある。ボランティアを行う側にも、受ける側にもスケジュールがあり、都合がある。ボランティアをする人と受ける人の間には責任と信頼が生まれているからである。

専門性については、ボランティア活動にはケアや指導のように専門的な知識が必要な場合がある。しかし、こうした専門性には、はじめから専門性を活かして関わるボランティアと、ボランティアを行う中で培われる専門性がある。アメリカのＹＭＣＡの発行しているボランティアガイドを見ると、ボランティアをすることで、専門性が高まり、キャリアパスとして有効であることを、前面に出しているくらいである。

このような条件は、いわば理想的な条件、すなわち十分条件というべきであり、必要条件としてははじめの三つ（自主性、非営利性、公共性）であろうと思われる。

4　現代のボランティア

ボランティアの条件を検討したが、本節では現在のボランティアをめぐるいくつかの論点を考えてみたい。はじめにボランティアと近い概念であるチャリティを取り上げ、次に、教育改革論議で学校への導入をめぐって話題になった、奉仕あるいは奉仕的活動を取り上げる。またこれに関連してボランティアと社会についても検討したい。

ボランティアとチャリティ

現在はボランティアに関する本がたくさん出版されている。それらを見ると、ボランティアはチャリティ（慈善）とは違うということが強調されている。ではいったい、チャリティとボランティアとはどう違うのか。

チャリティとは、他人のための道徳的な行為のことである。道徳的な行為とは、憐れみや同情が親切な行為や施しとなり、人間として行うべき徳目すなわち、愛、正義、親切、自己犠牲等を実現する行いのことと考えられる。憐れみや同情は大切な感情であり、施しや親切な行為はそれ自体価値がある。また、こうした道徳的行為は私的な心情や思いが重視される。つまり、道徳的な行為は、個人の徳や愛の行為として価値があり、また、陰徳といわれるように隠れて行うことが称賛される。

しかし、ボランティアは道徳的行為の持つ私的で内的な側面を、社会性のあるものに変えることを目指していると考えるべきであろう。あるいは、自らの行為が意識するしないにかかわらず、社会性を持った一つの運動になりえることがボランティアなのだといえよう。ボランティアは、道徳的行為を社会の中の開かれた活動とすること、広く人々が参加できる活動とすることを目指しているという点で、いわゆるチャリティを乗り越えようとしているのである。

また、近年は前節で述べたようなボランティアにおけるネットワークや自己実現という点が強く指摘されている。要するにボランティア活動とは、自分と他者とのつながりにおいて新しい人間関係のあり方を形成しうるのだと、いうことができるであろう。

チャリティにおける憐れみや親切な行為は、親切をする者からされる者に対する一方向の感情であり行為である。チャリティを受け取る側はそれを一方的に、無名性の中で受け入れる。ボランティアはそうではなく、相互性のあるつまり顔の見える活動であり、ボランティアをする人とされる人の間に関係が生じ、両者が一つの場を共有し、ともにその存在を認め合う。言い換えれば、共に生きていることを学ぶこと、そうしたことが生起することを強調するのである。

私は一九九六年に大阪大学に赴任したが、当時は、阪神淡路大震災で被災した学生や被災者に対する支援活動をした学生がたくさん在学しており、その体験や活動をテーマにして卒業研究を行う学生も少なくなかった。そのため何本かの卒業論文や修士論文を読み、また指導のための面談を行った。そこで、学生たちが異口同音に、「自分が何かしてあげたと思ったら、実は自分が受け取ったものが多かった」というのである。つまり、ボランティアには相互関係があるということに気づいたのである。そして、そのことに驚き、「ボランティアとは何なのか」、「ボランティアをすることはどういうことなのか」等の問いがボランティアを論文のテーマにしたきっかけになっていた。論文の内容は心理学的なアプローチ、教育学的な問い、社会学的な考察と、様々であったが、ボランティアが構築する関係性に着目し、それをいろいろな角度から検討していたことが印象的であった。

ボランティアと奉仕、そして仕事と遊び

ボランティア論を担当していたことで、大学の外でもボランティアについて話をする機会が多かった。講演やシンポジウムの際に、必ず出る問いが、「ボランティアとは偽善ではないか」「やりたくないのにやらされる」というボランティアに対する批判である。ボランティアはなんとなく怪しいというのである。ただ、こういう疑問を呈する人はボランティアと奉仕を混同していること、そして実際にボランティア活動を経験していない場合が多い。奉仕あるいは奉仕的活動は、無償の肉体労働という面が強い。ボランティアの自発性を弱め、肉体的に苦痛を伴う活動を強めると奉仕になるのではないかと思う。そこでは知的貢献より物理的貢献が強調される。ボランティアと奉仕は似て非なるものといってよい。ボランティアは奉仕と異なり、そこに新しい人間関係を形成する創造的な活動であることが特徴だからである。

入江幸男（一九九九）は「ボランティアは仕事と遊びの中間だ」と指摘し、仕事と遊びとボランティアを、自己実現、社会参加、経済的利益の三点から検討している。仕事は、自己実現の場であり、社会への参加のチャンネルであり、経済的利益を得ることで、三つの側面をすべて満たしている。遊びは、自己実現の場であるが、社会参加や経済的利益に資することはない。ボランティアは自己実現とともに社会参加という側面、つまり公共性を伴っている。し

かし、経済的利益はない。そこで、「ボランティアというのは仕事と遊びの中間的な要素がある」と指摘するのである。(8)

ボランティアと社会

ボランティアにとって重要な課題の一つは社会参加である。社会参加とは何か。これは、社会のための公的な行為を行うことと考えられている。では公的であるとはどういうことか。ドイツの哲学者ハンナ・アーレントは、ナチスの時代に生き、アメリカに亡命した女性で、多くの著作が邦訳されている。彼女は特に公的（Public）に関して検討した。アーレントによれば、公的であるとは「見られること、聞かれること、そして批判されること」だという。これは日本に昔からある三猿、「見ざる、聞かざる、言わざる」のちょうど反対である。「見て、言って、批判される」、それが公的であることだという。つまり、私たちがアイデンティティを獲得するのはこうした公的な世界にいることであるという。このようなアイデンティティは公的な共通世界におけるものであり、公的な世界にいるということは、私たちにとって非常に重要なことである。ボランティアは、まさに見ること、言うこと、他者と関わることを含んだ活動であり、まさにアーレントのいう公的な活動である。これはボランティアと公共性あるいは社会的公正を考える際にきわめて重要な視点であると思う。

5　教育とボランティア

これまでボランティアという言葉の意味やボランティアと社会の関係を考えてきた。ボランティアに関する議論をするとよくいわれる言葉がある。「ボランティアは論ずることではなく、行動することが肝心だ」、「ボランティアとは人のために役立つことをすることだ」と。そこで、次に具体的なボランティア活動について検討したい。ここでは、この章のはじめに話題にした学校でのボランティアを例として考えてみたい。

現在学校教育ではボランティアはきわめて当たり前の活動になった。学校でボランティアという言葉が使われているのは、そこに学校教育にとって新しい意味を求めているからであろう。「新しい酒は新しい革袋に」というように、何か新しいことがあるからボランティアという言葉を使うのである。ではボランティアという革袋に入れる新しい酒とは何であろうか。

柏木宏（一九九六）は、アメリカの事例を取り上げて、ボランティアは好きだからやるのだ、誰でもが関われるもので犠牲的な精神を伴うものではない、と指摘する。[9] アメリカでボランティア活動が活発なのはキリスト教の影響といわれるが、そうではなくボランティアは犠牲とか奉仕のように特別な精神や外からの押しつけではないことを強調している。

好きだからやる、やりたいことをやる、誰でもできる。といってもボランティアは助けを必要としている人への支援、すなわち人道的な配慮のもとに行われるものである。人道的な配慮で行う行動とは、本来助ける義務のない人、社会的には関係のない人を助けることである。

東北で

二〇一一年の東日本大震災後の復興支援に、当時勤務していたお茶の水女子大学の教員や学生とともに陸前高田やいわきに何度か足を運んだ。いわきの小中学校では原発地区から避難してきた子どもたちへの学習支援を行った。

学習支援を行った小学校の校庭は、除染した土が校庭の端にうず高く積まれてブルーシートがかけてあった。しかし、まだ校庭は使えず、子どもたちは、体育の授業や休み時間も体育館で過ごしていた。そのため子どもたちは日焼けすることなく、白い顔をしている。校長先生はそのことが悲しいと顔を曇らせていた。原発汚染地域から避難してきた生徒は全校生徒の約二〇パーセント。ほとんどが仮設住宅で暮らしている。そのため勉強するスペースがないことや、一人で勉強することに不安を感じる子どもも多い。そこで学校では休暇期間に教室を開放し、皆で一緒に勉強できるようにした。そこで各教室に二、三名の大学生が指導に入るのである。東京からの女子学生は人気で、子どもたちは積極的に質問したので、かなりアクティブな活動ができた。

また、陸前高田の林崎地区の仮設住宅に住んでいる人々の語り合いの場として、仮説集会所で学生によるコミュニティカフェを開催した。被災した人と珈琲を飲みながら話を聞くという活動である。仮設に住む高齢の女性が多く参加してくれ、女性どうしの話が弾んでいた。

参加した学生は子どもとのふれあいや被災した女性との交流に色々なものを受け取ったようだ。そして何よりも自分を必要としてくれる子どもや人がいるということが嬉しく、感動したと話してくれた。

ではいったい、ボランティアを教育の中に取り入れるのはどのような意味があるのであろうか。この点を考えていきたい。

ボランティア教育の意味

教育とボランティアを考える際に重要なことは、ボランティア活動とは、相手を助けることと同時に自分が相手から受け取るものがあるという点である。教師と生徒の間に生起する教育コミュニケーションにおいては、生徒からのフィードバックが教師の意思決定に大きな影響を与えていることが知られている。人に何かを与えることは、同時に人から与えられるということなのである。

ボランティアとは自ら率先して行う人道的活動であり、責任を伴うものであり、さらにその人に対する働きかけから得るものがある活動なのである。ボランティアが人に対する活動であるという点は重要である。ボランティア活動は、する人とされる人が何かを共有するのである。犠牲や奉仕とは異なるボランティアという言葉の新しさはここにあると思う。そしてこの点こそ教育におけるボランティアの意味なのである。

教育の中にボランティア活動を導入するためには、ボランティアに教育的機能、教育的可能性が含まれていなくてはならない。少なくとも教育者がボランティアを教育の場に導入する場合には、方法論的自覚が必要である。児島邦宏（一九九六）は、ボランティアの教育的意義を、ボランティア活動を通して社会に対して主体性を確立することと交流を通して豊かな心を実践的に学び取ってゆくこととしている。[10] 現代の教育において主体性の確立と豊かな心の育成が中心的なテーマであり、ボランティアがこのことに役に立つであろうことは誰も反対しないだろう。また、同じ本の中で松下倶子（一九九六）は生涯学習におけるボランティアの役割として、何かをしたいという意思を実現するところに意味があるとしている。学習によって獲得した能力を、人のために提供したいという思いが生涯学習につながるという。

問題はボランティア活動をすることで社会に対する主体性がどのように確立されるのか、ボランティア活動でなぜ豊かな心が育成されるのか、どうすれば何かをしたいという自発的意思が生まれるのかということである。

デューイの教育論について

人間は仲間との共存を前提にしている。人間は社会を形成し、社会の中で生まれ、そして死ぬのである。デューイがいうように、教育は生物としてのヒトが社会を形成する人間になるための根源的な活動である。「社会の生命はその存続のために教えたり学んだりすることを必要とするばかりでなく、共に生活するという過程そのものが教育を行うのである」[11]。人間が社会を形成するために教育が必要であり、同時に社会を形成するがゆえに教育が必要なのである。すなわち、教育によって人は自己を確立すると同時に社会性を身につけることを要請されているとディーイは述べている。

人の集まりを烏合の衆でなく、秩序ある社会として成立させるのは、人々が社会認識、つまり他者認識を持っているからである。他人とは自分とは違うけれども自分と同じ人間であり、心が通じあえるという「人を認める心」といってよいだろう。このような思いは、社会において人と触れ合うことによって育まれる。この人とのふれあいや交流は人間にとって根源的に必要なものである。そして、人は人とのふれあい、つまり社会生活の中から生きる力を得ている。ふれあいという言葉は分かりにくいが、心が通じ合うこと、あるいは心の交流ということもできる。自分と異なる様々な人と触れ合うことによって心が豊かになるといっていいだろう。

現代の社会は効率的で住みやすいが、同時に人を多様な人間から成立している地域社会から離して、単一で均一な人々の集まりである学校や職場に導いた。子どもの生活圏も大家族や地域における多様な人との交わりから、核家族と学校や学校と類似の施設が中心になった。学校、核家族、職場といった現在の私たちに身近な組織は狭い社会である。それは社会全体を構成する人々から見れば、ほんの一握りの小さな集団である。そこで交流できる人はわずかであり、また基本的に同じ志向性を持った人々である。学校や会社で出会う多くの人は健康な人であり、優れた能力・技能を持った人であることが多い。しかし、社会は様々な人々から構成されている。男と女、病人や障がい者、幼子や高齢者がいるのが社会である。社会を構成する様々な人と触れ合うこと、そうした人々のことを理解すること、それらは社会的存在である人間の根本原理から見て大切なことである。そしてそれは教育の拠って立つ原理の一つである。自己を確立するのは孤独の中でできることではなく、社会の中の様々な人と出会うことによってはじめてできることである。なぜならば、確立すべき自己は社会に参加する自己だからである。

ボランティアの世界とは

ボランティアは地域に出ていくことであり、自己の世界を広げることである。そこで出会う人は、自分の属する集団では出会いにくい人々である。ボランティアをすることで、自分の世界に閉じこもっていては出会うことのできない人々と出会うのである。それゆえにボランティアは教育にとって重要である。それは教育におけるボランティアの方法論的意味である。ボランティアは児童、生徒、学生にとって貴重な学びの場を提供するのである。ボランティアが社会において主体性を確立し、豊かな心を育成しうる基盤は、この文脈においてでなくてはならない。

逆に、地域の人々にとって、学校でのボランティアは、子どもとのふれあいを通して、自己のこれまでの経験を次世代の子どもたちと分け合うことのできる場である。これは、自己の確認のみならず、人間としての社会的責任を職場や地域とは異なる形で果たすことのできる貴重な場であるということができる。これは社会に対して何かしたいという根源的な欲求を満たすものであり、生涯学習の重要なテーマである学びへのモチベーションとなるといえるであろう。

教育におけるボランティアと社会的公正

これまで述べてきたボランティアの持つ教育の可能性の論議は主に個人の成長を扱ってきた。ボランティアの教育的意味を考える際に忘れてはならないのは、ボランティアが本来持っている社会的公正という側面である。

ボランティアは困難に直面している人々への支援活動であるが、この活動には、人々を困難に直面させる社会的課題への洞察を促すものがある。なぜならば人々の困難には原因があり、それは社会的不正義、政策の不備等に関係しているからである。さもないとボランティアは困難への対処療法以外の何ものでもなく、意味のある活動にならないからである。ボランティアは安上がりの労働や都合のよいお助け活動ではないからである。

一九九〇年代の終わりに日本海でのタンカー海難事故で重油が海岸に押し寄せたことがあった。冬の日本海で多くのボランティアが重油の除去作業に集まった。その際に市の担当者による「ボランティアが来てくれるので安く上がる」という趣旨の発言が新聞に載った。その直後からボランティアは来なくなった。当たり前の話である。ボランティアは重油による漁民や沿岸住民の困難への思いから駆けつけているのである。それを行政が安価な労働力と見るのでは、ボランティアは活動することができないのである。さらにいえば、ボランティアはこうした海難事故への備えのない行政への批判も含んでいるのである。その意味でこの発言を行った行政担当者は二重の間違いを犯したのである。

　ボランティア活動は社会の課題への洞察を超えて、あるべき社会を目指す市民運動としての側面を持っている。つまり、ボランティア活動は社会の変革を目指すエネルギーを秘めているともいえるのである。私たちの社会は決して平等でも公正でもなく、社会的弱者は、弱者であるがゆえに多くの困難に直面しなくてはならない。そのため社会的弱者への支援活動は必然的に社会の変革を目指すのである。政治活動も含めて様々な変革の方法があるが、他者とのつながりを基盤とするボランティア活動の延長線上にある変革の方法は民主的で個人の自由意思に基づいた活動でなくてはならない。

　ボランティアの社会的公正への視点は教育の場において重要である。政治的状況は学校が置かれている地域社会を通して密接につながっている。その意味で教育は社会や政治の状況とも関わる活動である。つまり教育は社会を維持し社会を存続させるという側面とともに、社会をあるべき方向に変革する機能も有しているのである。地域社会とのふれあいであるボランティアは、教育の社会変革という側面を育成する最も適した教育的方法であると思う。

6　地域サービス学習について

　日本においては学校教育におけるボランティアの導入は様々な形で行われている。その中で児童生徒が地域社会に出かける活動はボランティア学習といわれることが多い。しかし、アメリカでは教育においてボランティア活動という言葉はほとんど使われない。私が以前ワシントンの大型書店でボランティア研究の本を探した際、そういうコーナーがなかった。書店員に聞いたところボランティアに関してはスモールビジネスのコーナーにあるのではないかとのことであった。そこにはＮＧＯや支援団体がボランティアをマネージするための本があった。アメリカではボランティアとは研究の対象ではないようであった。アメリカでボランティアに代わる用語としてはソーシャル・サービス

(Social Service)が一般的である。日本におけるボランティア学習にあたる言葉としてはソーシャル・サービス・ラーニング(Social Service Learning)あるいはコミュニティー・サービス・ラーニング(Community Service Learning)が使われている。とりあえず社会サービス学習あるいは地域サービス学習と訳しておきたい。また、アメリカでの活動は学校のある地域への働きかけが主流であるので地域サービス学習を使うことにしたい。

地域サービス学習の背景

アメリカにおける地域サービス学習の背景をラヒマ・ワーデ(Wade 1997)[12]の研究によって見ていきたい。ワーデによると一九九〇年代に入ってほぼすべての公立小学校(州によって六年制と八年制がある)では地域サービス学習担当(Social Service Learning Coordinator)が配置されている。この担当の役割は地域サービス学習の推進である。こうした担当の指針としてワーデはガイドブックをまとめたのである。

彼女はこの本のまえがきの中でなぜ地域サービス学習が必要かを述べている。それによると地域サービス学習の要請される背景は民主社会の危機だという。建国以来二五〇年あまり、アメリカ社会はデモクラシーを国是としてきた。デモクラシーには権利(Right)と責任(Responsibility)が伴っている。デモクラシー社会での最重要課題は市民の政治決定への参加(Participate in Decision Making)と個の尊厳(Dignity of Individual)である。デモクラシーは開かれた社会、反対する権利や異なった意見が尊重される社会であり、また社会のあらゆるところで生活の質が保障される社会である。アメリカが相対的に小さな社会から構成されていた時代では、こうしたデモクラシーの原則が生きていた。しかし、経済発展に伴い、経済的パワーとそれに結びついた政治的パワーがアメリカを支配するようになった。また、デモクラシーを支えていた組織である学校、教会、政府があまりに複雑かつ巨大になってしまった。そして人々の関心がデモクラシーから離れてしまったという。

例えば、社会参加の重要な指標は選挙での投票である。アメリカは大統領選挙に代表されるように市民が直接最高指導者を選ぶ制度であり、市民の政治意識は高かった。しかし、近年は投票率の低下に現れているように、人々の政治意識や社会への積極的参加度が低くなっている。また、個の尊厳とは少数意見の尊重に現れているように、多元的な社会の尊重である。しかし、現在のアメリカでは経済格差の拡大やヒスパニックやアフリカ系アメリカ人の貧困が課題であり、マイノリティーへの配慮が減少している。こうした民主主義の危機への教育的対応が地域サービス学習であるという。

ワーデがいうような地域サービス学習における政治的な背景は日本のボランティア学習とは若干異なっている。日本の場合には社会の変化や子どもの生活の変化への対応という視点が大きいようだが、アメリカでは社会の変革への思いが見てとれる。

また、ワーデは自分が地域サービス学習を研究するようになった自己の体験を語っている。それによると彼女が地方都市の高校生のときに地域サービスクラブに入っていた。クラブでの話し合いでこの町にはリサイクルセンターが必要だということになった。そのとき、クラブ担当の教師が、そういうことなら市に陳情してはどうかと提案した。市役所が高校生の提案を採択するとは思わないが、自分たちの思いを伝えることは大切だというのである。ワーデらも思いを伝えられればと皆で市役所に出かけた。市の担当者はただ聞いているだけだった。しかし、その提案は受け入れられ、やがて市にリサイクルセンターができたのである。そのときにワーデは身体が震えるほどの感動を覚えたという。自分が社会の一員であること、社会に必要とされていると感じたからである。つまり、社会を構成するのは一人ひとりの人間であり、その意思が尊重される社会であることを実感したのであろう。こうした体験によってワーデは地域サービス学習の重要性に気づいたのである。

地域サービス学習の定義

地域サービス学習の定義としては、アメリカの「教育改革におけるサービス学習同盟[13]」の次の定義が広く知られている。

地域サービス学習とは、子どもが適切に組織されたサービス体験に積極的に参加することを通して、学習し成長する方法である。そのサービス体験とは、地域のニーズに合致し、地域と学校が協力し、学習カリキュラムに統合されたものである。体験したことを考え・話し合い・書く時間が用意され、自分の地域における現実の生活状況のなかで新たに獲得した学習スキルや知識を使用する機会が与えられるのである。学級を超えた学習によって学校で学んだことが強められ他の人々を思いやる気持ちの発達を育むことを助けるものである。(14)

この定義によると地域サービス学習は教育の方法として位置づけられている。この活動を通して子どもは学習し成長する。地域サービス学習は地域と学校が協力して行うものであるが、同時に、カリキュラムの中に統合されていなくてはいけない。子どもは学校と地域の二つの場面で同じテーマについて学習する機会が与えられる。子どもは体験するだけでなく、その体験を考え、発表し、記録することが求められる。子どもが自ら考え、判断し、行動することが期待されているのである。

地域サービス学習の意味

この地域サービス学習の定義の中で重要な点はカリキュラムに統合されていること、地域のニーズにマッチしていること、その体験を学校の中で検討し自己決定の機会を持つという点にあるといえるであろう。それゆえにワーデがいうデモクラシーの危機への教育的対応として地域サービス学習が要請されるのであろう。

アメリカにおける地域サービス学習に関連する活動は長い歴史を持っている。二〇世紀に入ってからでは、ボーイスカウト運動、4Hクラブなどがある。これらは市民からの運動である。しかし、ワーデはルーズベルト大統領の

「市民保護部隊」（Civil Conservation Corps, 1933）やジョンソン大統領の「アメリカ市民ボランティア」（Volunteers in Service to America VISTA, 1964）等、政府が率先してボランティア活動のイニシアティブをとったことが重要であると指摘している。その後のブッシュ大統領（父）、クリントン大統領もボランティア活動促進の法案や特別セクションを設けている。またオバマ大統領は平和部隊一〇万人計画等、アメリカ青年の開発途上国でのボランティア活動に積極的であった。

政府が積極的にボランティア活動を推進してきた経緯はあるが、学校におけるボランティアすなわち地域サービス学習の概念は比較的新しく、一九七〇年代になってからその必要性がいわれるようになった。そして本格的に地域サービス学習が行われるようになったのは一九九〇年代になってからである。それは、一九八〇年代に次々と発表された教育改革に関する報告書が連邦教育省を動かし、地域サービス学習をカリキュラムの中に取り入れるようになってからである。すなわち、アメリカの社会はキリスト教やデモクラシーの影響で自然に学校の中に地域サービス学習が取り入れられ根づいたと思われがちであるが、そうではなく、市民と政府の積極的な関与によって形成され維持されているのである。

7　ボランティア論から見た教育におけるボランティア

ボランティアと教育を考える際に今一つ考えねばならない問題はボランティアを導入することによる反作用である。ボランティアは、社会的弱者への支援やニーズに対する働きかけであり、いわゆる「正義の味方」的なかっこよさを持っている。それゆえに学校の中にボランティアを取り入れることは様々な反応を呼び起こす。これはボランティア活動を義務化した場合によく聞かれる反応である。このことは冒頭に触れた重松清の小説の主人公の言葉の中によく現れている。

では、それをどう克服するのか。これにはハンナ・アーレントがいうように自らへの批判を受けることが必要ではないかと思う[15]。自分の思いを明らかにし、それを批判してもらう。隠れて行うのではなく批判を恐れずに、批判を歓迎することによって、その恥ずかしさは克服できるのではないか。自分の活動を社会に認知してもらうことは、批判をも含めた他者とのコミュニケーションの中でしかできないからである。

ボランティアに対する教育的自覚

これに関連して、学校でボランティア活動を進めるときに、教師が最も注意しなければならない点は、「なぜボランティアをするのか」という、ボランティアの教育的な意味合いを自覚することである。これを私は「教育的自覚」と呼んでいる（内海ほか 二〇〇一）。ボランティア活動はやればいいというものではなくて、なぜやるのか、この活動をすることによって何が起きるのかという自覚が重要である。そこには、その活動に対する批判も含まれる。金子郁容はその点をブルネラビリティ（Vulnerability：脆弱性）という言葉で表している。つまり、自分の弱さを人前に出すということである。そのことによって、相手も自らの弱さから発言してくれる。強さの人間関係だけではない、ボランティア活動をすることによって生まれる弱さの人間関係に金子は着目している。それが新しいネットワークをつくるとも述べている。ボランティアをすること、ボランティアをしたことの気恥ずかしさを克服するには、こうした社会や他者に対する意識あるいは態度を変容することが必要なのだろうと思う。

8　おわりに

教育とボランティアの関係は簡単なようで非常に複雑である。子どもにとっても教師にとっても、また地域にとってもボランティアは大切だが無自覚に行うことはかえって悪い結果をもたらすことがあるからである。

しかし、ボランティアを行うことによって得られる力（あえて力というが）は、こうした面を克服することを可能にしている。それははじめに触れた重松の小説でもコールズの研究の中にも感じられる。また、多くの学生の意見を聞く中で感じ、そして何よりも私自身が震災後の東北支援を行う中で感じたことである。

こうした力はいったい何なのであろうか。ベルクソンは次のようにいう。人類愛や世界平和を目指す道徳は、社会への愛の拡大から生まれるのではなく、違った源泉を持っている。「最上の創造者というのは、その人の行動自体が充実しているだけでなく、他人の行動をも充実させることができるような人であり、その人の行動自体が高邁であるだけでなく、高邁というかまどに火をつけ燃え上がらせることのできるような人」である[16]。

ベルクソンは高い道徳的行動により人々を鼓舞する英雄が必要であるという。そして地球の中心にある熱いマグマは高い火山の頂上にのみ現れるという。しかし、人と人の関係性を再構築するボランティア活動は地域社会であろうと災害や紛争後の活動であろうと、そこには同じマグマが働いているのではないかと思う。ベルクソンの時代は国と国が大きな戦争を行っていた時代であり、マグマは特殊な状況で発揮された。現在の社会は、市民社会の充実と経済的な豊さによって、自分の中にある生命への共感をもっと素直な形で表現できる時代なのだと思う。

ボランティアは、一人の英雄にしかできなかったことを他者との関係性の再構築という仕組みを通して、誰にでもできるものとしたと考えることができる。しかし、そのためには学校教育の中で何らかの経験をすることが重要である。特に教育課程を学校の裁量によって構築しうる時代になった現在において、ボランティアの活用の場は拡大している。ボランティアを意味のある教育的活動とするためには、子どもをボランティアに導く教師や地域の人々がボランティアの教育的意味について深い自覚を持つことが必要だと思う。

（1）　本章は内海成治（二〇一三）「ボランティアの意味と教育課題——学校へのボランティアの導入をめぐって」村田翼夫・上田学編『現代日本の教育課題——21世紀の方向性を探る』東信堂、一二三－一四六頁、を書き改めたものである。そのため当時の状況が反映されている。
（2）重松清（二〇一〇）『青い鳥』新潮文庫。
（3）Robert Coles（1993）"The Call of Service-A Witness to Idealism"（『ボランティアと言う生き方』池田比佐子訳、朝日新聞社、一九九六年）
（4）同前、一五一頁。
（5）内海成治・入江幸男・水野義之編著（一九九九）『ボランティア学を学ぶ人のために』世界思想社。
（6）入江幸男（二〇〇四）『哲学者は授業中』ナカニシヤ出版。
（7）「ルカによる福音書」一〇章二七－三七節。
（8）入江幸男（一九九九）『哲学者は授業中』ナカニシヤ出版。
（9）柏木宏（一九九六）『ボランティア活動を考える』岩波ブックレット。柏木は当時のボランティアを学校教育に導入するにあたって奉仕という言葉が使われているので、特にこの点を強調している。
（10）渡部邦雄ほか編（一九九六）『中学校ボランティア活動事例集』教育出版、所収。
（11）ジョン・デューイ（一九七五）『民主主義と教育』松野安男訳、岩波文庫、一八頁。
（12）Rahima C. Wade ed.（1997）*Community Service -Learning：A Guide to Including Service in the Public School Curriculum*, State University of New York は公立学校においてカリキュラムの中に地域サービス学習をどのように取り入れるかを、実例を挙げながら解説したものである。
（13）教育改革におけるサービス学習同盟（Alliance for Service-Learning in Education Reform：ASLER）。
（14）内海成治（一九九九）「教育とボランティア」内海ほか編『ボランティア学を学ぶ人のために』世界思想社、八五－八六頁。
（15）ハンナ・アーレント（二〇〇五［一九六八］）『暗い時代の人々』阿部齊訳、ちくま学芸文庫、二〇〇五年。
（16）ベルクソン（一九六九）『意識と生命』池辺義教訳、『世界の名著　ベルクソン』中央公論社、一六〇頁。

第2章

国際ボランティア学会について

――役割と課題(1)――

1 はじめに

国際ボランティア学会は一九九八年一月に発足した。大阪大学で国際ボランティア学会発足の記者会見をしたことが昨日のことのように思い出される。短い歴史ではあるが、これまで様々な変遷を経てきている。また、学会はボランティア学の発展に貢献し、それなりの役割を果たしてきた。

学会が発足した当時は大学でボランティアに関する講座は一つしかなく、また講義もほとんど行われていなかった。そんな中での学会発足は勇気が必要だった。国際ボランティア学会の設立に関わった者として、発足の頃とその後の活動、そして今後の課題について述べることにしたい。

2　学会発足の頃

大阪大学人間科学部にボランティア人間科学講座が設立されたのは一九九六年四月である。前年一月の阪神淡路大震災後にボランティア活動が高まり、そうした状況の中で発足した講座であった。これまで大学で講座として本格的にボランティアが研究されることはなかったと思う。阪大の講座は教授三名、助教授二名、助手二名、客員教授・客員助教授それぞれ一名の合計九名の教員ポストのある大講座であった。人間科学部の既存の教員枠の提供もあったが、教員定員の純増での大講座設立である。国立大学の教員増が行われなくなった年でもあり、国立大学の定員増は稀有な例だと思う。私は最初の教授としてその年の九月に赴任した。

講座設立に尽力された関係者に聞いたところでは、どういう分野の人材を集めるか大いに悩まれたとのことである。最終的に福祉、災害復興、国際協力の三分野を柱として設置することになった。私は国際協力の分野の教員として最初に赴任したのである。ただ、最初の教授であったため講座主任としてその後の人事に奔走することになった。大阪大学人間科学部は発足のときから社会に開かれた学部を目指していたが、その趣旨とは裏腹に、高いアカデミズムを追求する学部であった。そのため、ボランティア研究のような実践科学に関しては、あまり温かい雰囲気はなかった。私自身、国際協力事業団（当時）で長く開発途上国の教育協力に関わってきたため、学術論文や著作はわずかしかなかった。にもかかわらず私に課せられた課題は、ボランティア研究をいかに形成するかということであった。そのために当面、二つのことを考えねばならなかった。一つは大学院課程を作ることであり、今一つは研究の場の形成である。

大学院は、学年進行で作るために一九九六年に入学した学生が大学院に入る二〇〇〇年に設置する計画であった。しかし、当時阪大は全学の大学院重点化（大学院大学）を目指しており、ボランティア学講座の大学院設置も急がれていたので一年前倒しにして一九九九年に修士課程一回生を迎えることにした。ボランティア講座からの進学はできないので人間科学部のほかの講座や他大学からの院生であった。

研究発表の場としては、ボランティア講座の紀要を作ることにした。ボランティア講座は大講座であったため共生学系と名乗り、共生学系の紀要として発刊した。しかし、これは内部の紀要であるため、大学外の学会における発表やジャーナルが必要となったのである。

3　なぜ学会なのか

学会とは何か。色々な考えがあると思うが、私としては学会とは一つのアゴラ（広場）であり、アリーナ（競技場）であると考えている。いずれにしろ公共の場であり、誰でも参加ができ、課題について科学的に議論を戦わせる場でなくてはならない。科学的という意味は、そこに提出される研究は、科学的手続きに従って行われたもので、他者による検証可能性が担保される。そしてその結論は別の研究者が利用可能でなくてはならない。つまり、学会における研究発表や論考は、一種の公共財なのである。

このような原則的なものとは別に、ある学問領域が確立されるためには研究領域と研究手法を確立することが重要である。これは一つの領域や手法を用いるという意味ではなく、ある方向性を持つということである。ボランティアのような複合領域でありかつ理論と実践の両面に配慮することが必要な場合は、領域や手法も複合的なものにならざるをえない。

また、ボランティア領域の大学院は専門職や大学教員を目指す院生も少なくない。その場合には学会での研究発表や学会誌への論文投稿は必須である。新しい研究領域の場合には発表の場がきわめて限られている。例えば、当時の比較教育学の分野では途上国の教育研究は、投稿しても学会誌に採択されることは困難であった。それは、その領域の研究者が少なく査読が困難であるからである。まして、ボランティアは心理学、経済学、教育学、社会学、医学、福祉学等々の多くの領域を含む複合的、学際的な分野であり、既存の学会に発表の場を求めることは難しかったのである。

学会を立ち上げる

学会の必要性は強く感じていたが、実際に作るとなると躊躇せざるをえなかった。公共財としての学会であるから、運営できなくなったら解散というわけにはいかないのである。つまり継続することが大前提だからである。

また、ボランティア学会にいったい何人の会員が集まり、どのような場を持つことができるのかも不安であった。大阪大学以外にボランティア講座があるわけではなく、事務局機能を講座で担うことができるのか、さらに、大阪大学のボランティア講座もいつまで続くか分からないからである。大学の講座は学生がいなくなれば消滅してしまうからである。そんなことを講座内で何度か議論した。当時の助手の方から「よく考えたほうがいいですよ」と噛んで含めるようにいわれたことをよく覚えている。

そのときにＹＭＣＡをはじめとするキリスト教の団体が、学会の設立に手を挙げてくれた。キリスト教の世界は国の内外でのボランティア活動に長い歴史を持っているからである。そんなことから、多少の不安はありながら、何とかなるだろうということで、ボランティア学会を設立することを決断した。また、私自身国際協力を研究していることからＮＧＯ活動や開発途上国への支援、国際的な災害救援も視野に入れて国際ボランティア学会という名称を選んだ。

学術会議の協力学会へ

学会とは公共財であるといったが、この根拠としては日本学術会議が学会の集まりとして形成されていることも関係している。学術会議の議員は学会の選挙で選出されるのである。日本学術会議協力学術研究団体が学術会議のメンバーである。協力学術研究団体とはそれぞれの学会からの申請を学術会議が認定した学会である。学術会議の認定の基準は明確に定められているわけではないが、目安として会員三〇〇名、学会誌が三号まで発行されていること等が必要である。そこで二〇〇二年に申請し、協力学術研究団体に認定された。これによってボランティアを研究する学会が日本に正式に誕生したのである。

学会誌の発行

学会の公共財としての意味は、研究発表の場である大会の開催と学会誌の発行にあると思う。学会誌の発行は、学会の最も重要な活動である。特に大学院生や若手の研究者にとって学術雑誌に論文を投稿して採択されることが最も重要な業績である。また、多くの大学では博士論文を提出する条件として学術雑誌への投稿採択を義務としている。

国際ボランティア学会誌は『ボランティア学研究』とし、第一号は二〇〇〇年一〇月に発行された。学会誌の論文は他の学会員による査読が必要であり、学会員が相互に切磋琢磨する場でもある。学会誌の継続した発行は、小規模な学会にとって大変な努力が必要であるが、日本のボランティア研究のために継続することが大切である。

日本においてボランティア研究はまさに始まったところであり、どのような論文が学会誌に掲載されるかが、学会の水準を測るメルクマールとなる。ボランティア学は理論と実践の二つの領域にまたがった研究分野であるため理論的枠組みに基づく実践や実践を分析した理論等、実践と理論の両方をにらんだ研究領域である。また、様々なディシプリン（学問分野）が融合した領域でもあり、査読や編集は一筋縄では行かない。

第一〇号の発行後、これまでの学会誌をレビューした論文を書いた（第4章参照）。一〇冊の『ボランティア学研究』を通読し、一〇年の歩みを概観したが、ボランティアに関する様々な領域の高い水準の論文を読むことができて、いささかの感慨を覚えた。

この『ボランティア学研究』への投稿を経て博士論文を完成させた研究者も多い。そうした方々は現在研究職に就かれている。これは日本の多くの大学でボランティア関連の講義が行われるようになり、この分野の研究者の需要が高まっていることと、それを学会がサポートしてきたからだと思う。

4　国際ボランティア学会の意味

国際ボランティア学会の意味は、何といっても日本で唯一のボランティア研究の拠点であることだと思う。ボランティアは二一世紀には、市民社会を支える重要なファクターとして認識されている。災害救援はもとより青年海外協力隊、NGOなどの海外ボランティア活動、オリンピック・パラリンピック等のスポーツ大会や音楽イベント、福祉の分野などもボランティアなしには実施できない。教育の分野では「総合的学習の時間」をはじめとしてボランティアの重要性は認識されている。また、特別支援教育の実施にはボランティアが必要である。さらに、大学での障がい学生の受け入れもボランティアによるものである。企業のCSR（社会貢献活動）が一般化しているが、これもボランティアの一種である。

つまり、現代社会はボランティアなしには動かないのである。それだけにボランティアの研究は政府、地方自治体、大学、企業、ボランティア団体に至るまで広くその成果が期待されている。そのため日本におけるボランティア研究の唯一の場である国際ボランティア学会の意味があるのだと思う。

5　国際ボランティア学会の課題

国際ボランティア学会も学会である限り、学会という組織が持つ課題を負っている。学会の会員の最適規模はどの程度か分らないが、数千人を数える巨大な学会から数十人の小さい学会もある。国際ボランティア学会は二〇〇人程度の会員であるため、今後の会員の増加も課題の一つである。これは会員数が多ければよいというものではない。学会は企業ではなく、量より質が重要である。しかし、ボランティア研究の質を担保するためにもアクティブな会員の数は重要である。

今一つは、学会としての発信力である。現在、毎年の大会の開催と学会誌や、ニュースレターの発行などを行っている。これは小さい学会としては大変な努力だと思う。しかし、もう少し社会に対する発信力を上げることも重要だと思う。そのためには、学会誌を充実させ、学会誌の掲載論文を中心とした出版活動なども必要であろう。また、学校や団体などへの出張講義ももっと実施することが必要だと思う。

そして、国内外のボランティア団体との連携も重要である。青年海外協力隊、NGO、地方自治体、ボランティア団体、大学、学校等のボランティア実施機関・団体との連携である。韓国、台湾、中国でのボランティア活動は盛んで、研究団体も組織されている。こうした東アジアの大学や研究団体との連携も視野に入れなくてはならないだろう。国内外の団体との連携は相互の交流から研究協力やモニタリングなどできることは多いと思う。

さらに、メディアへの発信も大切である。これまで、新聞社等からの取材には積極的に協力してきた。また、学会として放送大学の番組への協力も行っている。こうした連携は今後いっそう強くする必要がある。こうした活動の基盤は、あくまでもしっかりした調査・研究である。そのためには研究資金を得るための活動も大切である。公的な資金や様々な財団の資金などを積極的に獲得することも重要な課題である。

【付記】 国際ボランティア学会　設立趣意書は以下のとおりである。

阪神・淡路大震災以降日本の社会にボランティアに対する理解と関心が広がってきている。ながくボランティアといえば福祉、しかも弱者救済的な狭い理解が中心であった。またその関係で学問研究も社会福祉分野において担われる傾向が強かった。

しかし大震災のボランティア活動はその枠を超えて大きな広がりを見せた。

またこの活動には国際的な連帯が見られたことも特徴的であった。20世紀、人類が科学技術を大きく発展させ地球を激しく開発した。その結果われわれは地球の資源枯渇の問題や環境悪化にともなう人類生存の危機を21世紀へ持ち込むことになってしまった。いま日本の政府、NGO（非政府組織）、NPO（非営利組織）も含めて地球規模の諸問題解決のために世界的なネットワークで取り組みが始められている。

日本の市民は震災を契機にボランティアへの理解・関心を広げ、さらにそれが世界的な文脈で地球や人類の利益に関わっていることを認識するようになっている。また、政府、行政、企業もまたボランティアへの関心を持ち始めている今、学問研究分野も積極的なかかわりが期待されている。ボランティアに関連する学問は大きな広がりの中で研究が進められ、かつそれらが有機的に結びつけられなければならない。

ボランティアの原理、理念が究明されるためには、心理学、哲学、宗教学やそれらに密接に関連する社会倫理が問題になる。活動展開にあたっては、経済学、政治学、法学、教育学、社会学さらには医学・理学・工学・文化人類学など、さまざまな既存の学問分野を踏まえた学際的な協同作業が求められている。そこで、学会という自由で開かれた場の中でフィールドにおける実践を科学しつつ、「ボランティア学」の構築を目指したい。

そのためにもボランティアの実践的な展開と日本における市民社会形成にむけてさまざまな現場で実際に活動を担っているフィールドワーカーや市民の参画が不可欠である。ともすれば日本のボランティア活動はその働きを地域や国内で完結し、国際的・地球的文脈で捉えることに意を用いることが少なかったのではなかったか。われわれの活動の成果をひろく世界に分かち合うことやそのための発信もまたこの学会の役割の一つである。

国際ボランティア学会には従来の専門領域の学問研究を越えて、学際的な視点で国際的な協同を実現しつつ、複合的総合的な学会を目指すことが国内外から求められている。きたるべき21世紀に向かって地球とその社会をより望ましい形で次の世代に引き継いでいくためにも、あらゆる分野が連帯してしかも緊急に対処することが急務である。

私たちは違いを超えて学問研究の成果を分かち合い、それにもとづく実践を通して地球市民社会を実現するために「国際ボランティア学会 The International Society of Volunteer Studies in Japan」を設立する。

（1）本章は二〇一六年二月に行われた国際ボランティア学会第一七回大会での講演原稿を書き改めたものである。

第3章　ボランティア研究の射程

――雑誌『ボランティア学研究』の一〇年[1]――

1　はじめに

国際ボランティア学会の学会誌『ボランティア学研究』が創刊されたのは二〇〇〇年である。[2]当時学会事務局長であった私は、巻頭の「『ボランティア学研究』発刊にあたって」（一―二頁）の中で次のように記している。

それぞれの学問領域には固有の研究手法や様式が形成されています。それゆえに多領域にまたがるボランティア研究を一つの方向にまとめることは困難でした。また、実践との関わりもそれぞれの領域によって独自の方法論があり、事例研究の様式はそれぞれ特徴を持っています。ボランティア研究の領域における事例研究の在り方は確立しているわけではありません。しかし、それまで我が国にはボランティア研究を柱とした雑誌がなかったのですからこうしたことは産みの苦しみと言えましょう。逆に会員の皆様の投稿、編集委員会での議論、そして

雑誌への意見や批判が新しいボランティア研究の在り方を形成していくのではないかと思われます。（二頁）

『ボランティア学研究』は二〇一〇年まで一〇号が発刊されているが、『ボランティア学研究』の内容は、特集あるいは講演記録のような依頼論文と投稿論文（論文、研究ノート、フィールドレポート）と書評から構成されている。研究雑誌にとって最も重要なものは投稿論文であるが、ボランティア学のような形成途上の研究分野にとって、時代の思潮を伝える特集の重要性が高い。特集には学会員以外のその分野の専門家による課題の背景や分析、動向もが記載されるからである。

一〇号までの掲載論文の分類は、依頼論文三七、研究ノート等も含めた投稿論文は三四編とほぼ同数である（表4－1）。第二号から始まった特集のテーマは以下のようになっている。

第二号（二〇〇一年）：ボランティアの未来
第三号（二〇〇二年）：ボランティアと公共性
第四号（二〇〇三年）：介護保険とボランティア活動
第五号（二〇〇四年）：震災ボランティアの10年
第六号（二〇〇五年）：ボランティアとジェンダー
第七号（二〇〇六年）：教育とボランティア
第八号（二〇〇七年）：環境問題とボランティア活動

表4－1　「ボランティア学研究」（1号から10号）掲載論文等の数

	1	2	3	4	5	6	7	8	9	10	合計
依頼論文等（特集）	2	3	4	3	6	3	4	5	3	4	37
投稿論文	3	2	1	1	1	5	2	1	0	0	16
研究ノート	0	0	0	2	1	0	1	3	1	2	10
フィールドレポート	2	3	0	0	1	0	1	0	1	0	8
書評	5	4	0	0	0	0	0	0	3	1	13
計	12	12	5	6	9	8	8	9	8	7	84

第九号（二〇〇九年）：ボランティアの現在
第一〇号（二〇一〇年）：再論　ボランティアの未来を問う

第九号の発行が遅れて年が繰り越されているが、この特集のテーマを見ると年ごとのその時々の社会的課題のありようがよく分かる。

本稿ではこの一〇年のボランティア学研究の動向を探るために、第一号から一〇号までに掲載された主な論文の内容を紹介し、この間の動きを概観したい。

2　第一号（二〇〇〇年）

第一号の巻頭は隅谷三喜男会長（当時）による設立記念講演の記録である（五―一四頁）。隅谷会長は二〇世紀の末から二一世紀に向かって社会の変化が激しいことを挙げている。その社会の変化には三つの側面があるという。一つ目は情報化による経済のドラスティックな変化。二つ目は科学技術の発展による人間の物象化。三つ目は、伝統的社会の崩壊と個人の解放と不安定化、である。こうした状況を乗り越えて隣人の発見を行うのがボランティアであると位置づけている。現代の日本のボランティアの課題として、ボランティア組織の強化と理論化、最後に国際化を挙げている。まことに学会設立総会の講演に相応しい内容である。この三つの点は現在でも課題として残されている。特に東日本大震災と原発事故に対して、ボランティア活動が必ずしも十全に機能していないことを考えると、今後の大きな課題として残されているのである。

論文としては、坂口緑の「教育の『公共性』をめぐる一考察――公共圏とコミュニティ・スクール」（一七―三六頁）および入江幸男の「ボランティアと公共性」（三七―三五頁）が、ともに公共性あるいは公共圏と公共をタイトルに含む論文であることに注目したい。

坂口論文

坂口論文はニューヨーク市におけるコミュニティ・スクールの活動を対象に、コミュニティ・スクールは公共性を有した組織であり、ボランティアによる継続的な活動とチームによる運営を必要としている。この新しい学校は形骸化する公共圏に抗する中間団体として機能するという。

日本の教育は一九八〇年代後半から教育の画一化が問題とされ、①個性重視の原則、②生涯学習体系への移行、③変化への対応、へと大きく舵が切られた。それに対する多くの批判が起こり、二〇〇〇年代に入って再び逆方向に舵が切られており、蛇行状態にある。ニューヨークにおけるコミュニティ・スクールの復権は、かつての教育の機会均等への視点ではなく、公立学校の学力低下や暴力に対抗して、コミュニティが学校運営に参加する形での新たなコミュニティサービスとして一九八〇年代以降に再評価されたものである。学校は教育の場から保健サービス等も含む複合的住民サービスの場として機能し始めるのである。これは、近年の住民と企業そして行政が参加する形でのコミュニティ再開発という「新たな公共」につながるものであると思われる。

こうした動きを「学校を教育的領域として『生活世界』における中間団体として位置付ける変革である」（三二頁）として、そのためには次の三点が有効であるという。すなわち、「第一に学校の地位を相対化させるためのチームによる運営方法を採用し、校長と教師の権限と負担を分散する」、「第二に、従来の学校を単なる場にするためにボランティアを活用し、多様な評価と人間関係を持ち込む」、「第三に、学校の役割を学力の向上と学習環境の整備に制限すると言う教育観を確認する」（三二頁）ことであるという。かなりラディカルな提案である。

このような提案を日本に導入するのは難しいであろうといっているが、近年の日本におけるコミュニティ・スクール活動と学校ボランティアの活性化を考えると坂口論文の指摘は必ずしも導入不可能なことではないであろう。日本においては、社会の格差の拡大に伴う、住民の棲み分けと学校の差別化が進んでおり、地域に開かれた学校への模索が各地で進められる時代が始まっている。こうした中で教育ボランティアやサービスラーニングも新たな課題を担うことになると思う。なお、本論文は第一回隅谷三喜男研究奨励賞（国際ボランティア学会賞）受賞論文である。

入江論文

入江論文は、公共性をキーワードとしてボランティアの意味を問う論文である。入江のこの論文の背景にはボランティアが自発的で多様であるがゆえに、「公共益」をリードする支配的な言説に親和的にならざるをえない、という中野敏男（一九九九）の指摘がある。つまりボランティアは国家システムへの動員・参加を阻止できないというのである。その危険性を認識しつつ、そうした指摘に対抗してボランティアの別の可能性を探るのが入江の意図である。その可能性を「市民的公共性」の中に見出している。では、「市民的公共性とは何か」、そして「何故その重要な担い手としてボランティアが登場するのであろうか」。思わずこのような問いを発したくなるように、この論文はスリリングである。

入江は、公共性には二つの種類があるという。一つは共同体を基礎とした公共性であり、今一つは個人を基礎にした公共性である。つまり、共同体的公共性と市民的公共性である。後者の市民的公共性は都市の教養市民層の自由な討論が行われるようになった一七世紀中ごろから現れるようになり、これはボランティアの出現と同じ頃である。市民的公共性は個人と個人が出会う場の創出によって生み出されるものであり、これはボランティアと同じであるという。「討論や経済活動と同じく、ボランティア活動もまた、その内容だけで評価される。それが誰の誰に対する行為であるかと言うことは重要ではない。同じ行為であっても、する人によって、その行為の意味や行為に対する評価が変わると言うことはない。ボランティアの人間関係は、市場での人間関係と同じく、個人と個人の関係になる」（四三頁）。ボランティアは市民公共性や自由市場と同様に個人と個人が自由な活動空間の中で出会うのである。

また、ボランティア活動の実施は組織によって行われるが、その組織内でボランティアは個人として重要な討議を行うのであり、それは社会正義や政治的諸価値に及ぶのであり、その意味でボランティアは市民的公共性の担い手の一部なのだという。

こうして市民的共同体の担い手としてのボランティアの諸側面として、非営利の問題、世論形成、市民運動との関係を詳細に論じ、さらにボランティアの社会の中での位置づけを論じている。ボランティア活動は企業と対峙するときにNPO、政府と対峙するときにNGOと呼ばれることになる。こうしたボランティア活動を第三セクターとして行政の失敗、企業の失敗を補完する論議に対しては、ボランティアは直接的なサポートによる問題解決とともに交流の中で個人として承認しあうという側面が見失われているとしている。つまり、ボランティアは社会の課題を引き受け、苦しんでいる人を助けるのであるが、「その活動の中で、人と触れ合い、同じ人間として認め合い、生きる力を分かち合うということに重要な意味」があり、成果ではなく活動の中での「相互了解や相互承認を志向する活動なのである」（五一頁）と結んでいる。

市民的公共性とは自由な個人の出会いとそこでの自由な論議が基礎となるのであり、ボランティアはとりもなおさず、この市民的公共性の一部であり、それを担うものだというのである。この論文は現代市民社会におけるボランティアの意味を考えるうえで、非常に重要な論点を含んでいると思う。

またフィールドレポートとして村井雅清「阪神淡路大震災から生まれた『まけないぞう事業』から考察するボランティア」（七五－八六頁）が掲載されている。東日本大震災支援にも活躍している被災者がつくる「まけないぞう」活動の原点が報告されている。

3 第二号（二〇〇一年）

二〇〇一年一〇月に発行された『ボランティア学研究』第二号は「ボランティアの未来」を特集している。二〇〇一年は二一世紀のはじめの年であり、また「国連ボランティア国際年」として、ボランティアが広く論じられた年であった。そして、九月一一日の同時多発テロとそれに続くアフガニスタンのタリバン政権に対する攻撃と新たな政権の樹立という、その後の一〇年を規定するような大きな事件の起きた年でもある。

特集には二つの論文が掲載されている。塩月健太郎の「21世紀のボランティアの当面する課題――平和と公正な地球社会のために」と原田隆司「意味から人間関係へ――立体的なボランティア理解に向けて」である。塩月論文は二〇世紀の歴史を紐解きながら二一世紀の課題として人口の増加による資源の収奪や環境の悪化、貧困問題の激化を挙げ、こうした中でボランティアの果たす役割は大きいとしている。しかし、具体的なボランティアの役割には言及がなく、二一世紀の社会にボランティアが何を担い、どのような意味を持つのかが、明らかにされておらず今後の課題として提案されている。

原田論文は、ボランティアを無前提に良い行為として、その意味を考えるのではなく、あくまでも実践の場で構築される継続的な人間関係に焦点を当てる必要を訴える。ボランティアの未来にとっては、個人としての意味と構築される人間関係からもたらされるものが車の両輪として考えられるべきであるとしている。「具体的な活動が継続されるなかで、相手との関係と言う側面は、大きな比重をもち、他の人間関係とは異なる独特なものとなっているのである。当事者たちにとって、他の関係では経験できないような感覚と充実感が、そこにはある」と結んでいる。こうした結論には賛意を表したい。ただ、ボランティアが取り結ぶ人間関係に関しては多く論じられているが、ボランティアの未来にとっては、ボランティアによって形成される人間関係が市民社会や民主主義あるいは自由といった社会的価値とどのように結ばれるのか、そのためのボランティア論が提示される必要があるように思う。

二号のフィールドレポートは三本で、関野彰子の三宅島災害への支援、松田浩敬のインドのマイクロファイナンス、大江浩のＹＭＣＡの災害救援に関する論考など、現場からの幅広い報告が掲載されている。

4　第三号（二〇〇二年）

第三号の特集はボランティアと公共性である。これは第一号の入江論文を受ける形で三篇の論文が特集されている。佐藤慶幸「公共性の構造転換とアソシエーション革命」、山下明子「ボランティア活動と公共性」、関嘉寛「公共性の三つの位相と新しい参加としてのボランティア」である。それぞれに市民的公共性を分析し、それにボランティアがどのように関わるのか、ボランティアの意味とは何なのかを問い直したものである。ここでは一号の入江幸男と異なる分野からの公共性を扱った佐藤と関の論文を紹介する。

佐藤論文

佐藤論文のキーワードはアソシエーションである。アソシエーションとはなじみのない言葉であるが、「アソシエーションとは『人と人とが出会い、ともに語り、理解し合い、結び合い、そして共に行う、相互肯定的な関係』である。語源的には、アソシエーションは、人と人とを結び付けるという動詞的な関係概念であり、その関係はつねに『流れ』としてある関係である」（二一頁）。市民的公共性は、多様なアソシエーションから形成されており、こうした観点から見ることのできる市民社会は、資本主義的市民社会ではなく、非資本主義的な社会だという。さらにアソシエーション市民社会は、公的公共性と結びついた共同体的公共性を、市民革命あるいは市民運動を通して市民的公共性を獲得するのだ、としている。市民的公共性とは「個人の人権と生命の尊重を基盤とする、自由で平等主義的」（五頁）なものである。

では市民的公共性とボランティアはどのような関係になるのか。佐藤はボランティアにおける自発性（ボランタリー）とは、国家権力からも営利主義からも自由であることを意味するとする。ボランタリーとは独我的意思決定ではなく、「他者への配慮を踏まえての、他者肯定的な意思決定」であり、ボランティア活動は「慈善や温情からではなく、他者との連帯のために行われるのである。この他者との連帯がアソシエーションである」（二二頁）。

フランス革命起源の言葉としてアソシエーションを取り上げ、公共性との関係で分析を加えているが、私にはアソシエーションという言葉にリアリティーがないために、言葉の上では理解できたのだが、現実的な場面でこうした分析がどのように機能しうるのか、また政策的インプリケーションとして論議可能なのかが分かりにくかった。

関論文

関論文は、第一号の入江論文、第三号の佐藤論文と異なる視点から公共性とボランティアを論じている。関の論点は、公共性とボランティアの関係は多様だということであり、この点を前提にする必要があると指摘する。なぜならば、公共性とは複層的であり、ボランティアは多様だからだ。それゆえに、公共性の概念整理と、現時点におけるボランティアの意味を再検討する必要があるとする。

公共性には三つの層があるとする。一つは公共事業等に含まれる行政や官僚機構の活動を指す公共であり、Official としての公共性である。第二の層は、公共の福祉、公益という際に含まれる公共で、Common を含意している。第三の層は公園や公共スペースという際に含まれる公共性で Open といいうるであろう。現代日本における公共性にはこうした三つの位相がある。

一方ボランティアにも多様な位相が認められるという。すなわち伝統的で非制度的なボランティア（町内会等）、伝統的で制度的なボランティア（民生委員等）、非伝統的で非制度的なボランティア（市民活動等）、非伝統的で制度的なボランティア（政府行政によるボランティア推進運動等）等である。しかし、このようなボランティアを分類しても、たとえ非制度的なボランティアでもそれは制度的なボランティアとの親和性が高く、常に制度化される可能性がある。つまり、インフラや環境、権益に対する市民運動は、施策や制度を補完する活動であり「制度的ボランティア」ということができる。それに対して、関は阪神淡路大震災後の災害救援や仮設住宅への福祉支援などを、行政や企業の論理と異なる「市民」の論理によるものであり、「新しい参加としてのボランティア」と名づけたのである。

公共性におけるOpenな公共と「新しい参加としてボランティア」をキー概念として現代社会および現代人における課題としてボランティアを分析すると「新しい参加としてのボランティア」は新しい公と私の関係を形成しうるのであり、これはOpenな公共の位相に関わっているのだという。「新しい参加としてのボランティアがつくり出す公と私の関係性は、国家や共同体との関係でOfficialやCommonな公共性を否定しているのではない。単一の公と私の関係性を堅持することは（中略）新しい不平等や自由の抑圧の問題が付随する。したがって、Openな公共性を組み入れたかたちで、新たに公共性を構想する必要がある」（五九頁）と結んでいる。

現在の東日本大震災後の復興支援における、被災した行政や被災者と、ボランティア等の外部者の関係を考えると、OfficialとOpenという公共概念や制度化されない「新しい参加としてのボランティア」は今後も考えていかねばならない重要な概念であると思う。

竹端論文

第三号には投稿論文として隅谷三喜男賞を受賞した竹端寛「ボランティアと言わないボランティア――福祉資源としてのPSW」が掲載されている。この論文は精神科ソーシャルワーカー（PSW）の活動を分析し、本来業務である家族機能の代行から、再生のための仕切り直し、制度的福祉を超えた働きが同定でき、その結果、自発的福祉というボランティア活動を行っていることを指摘した。このＰＳＷは制度的な福祉であるためその活動における自発的部分もボランティアとはいわないが、実はボランティアなのだという指摘である。また、こうした自発的ボランティアを担うＰＳＷに、当事者が「お伺いを立てる」という権力関係が生じていることも問題としている。福祉資源の拡大と各種資源の連携が行われなくてはならないことを結論としている。

5　第四号（二〇〇三年）

第四号の特集は「介護保険とボランティア活動」である。二〇〇〇年四月一日に始まった公的介護保険制度は、家庭の中で行われていた介護を社会に開放した（介護の社会化）。また、無償で行われていた介護が有償の経済活動となり、これまでの福祉領域のボランティア活動は大きな影響を受けた。その端的な表れは、これまでの介護関連のボランティア団体がＮＰＯ法人となり、事業体として様々な経済活動を行うようになったのである。そのことを特集のコーディネーターである石田易司はボランティア活動のノーマライゼーションと呼んでいるが、これにより介護の質は良くなったのか、ボランティアはどのように変化したのかが特集のテーマである。

山添論文

山添玲子「介護保険とボランティア――コープこうべの事例から」（七‐二五頁）は生活協同組合運動の発祥の地コープこうべが、ボランティア活動を組織化するために「福祉・ボランティアセンター」を組織し、さらに有償の「コープくらしの助け合いの会」を運営してきたが、それが介護保険によりどのような影響を受けているかを分析した。コープこうべでは介護保険導入に伴い、介護保険対応のサービス事業を開始し、「助け合いの会」は保険外サービスを行うという棲み分けをしている。しかし、助け合いの会の登録者の数は二〇〇〇年以降減少し、利用者の高齢化が起きている。登録者の中で要介護認定の方は退会していくのである。

コープこうべでは介護保険事業には様々な課題があるが、この制度により、家族だけでなく高齢者自身の制度や福祉資源およびボランティアへの関心が高まっていることを前向きに受け止めている。「介護保険サービスの質を向上させ、日々の暮らしに必要なサービスを、福祉・医療制度とインフォーマルなサービスとの連携によって充実させていくためにも、『介護サービスの消費者』としての学習が必要である。(中略) 賢い消費者がよい商品を育て、創り出す」(二五頁) からである。

高齢者福祉シンポジウム報告

次に、隈埜千晶、能仁秀信、稲松真人の三人の福祉の現場の方と森定玲子、石田易司の五人による「高齢者福祉シンポジウム——介護保険とボランティア活動」(二七-五〇頁) が掲載されている。この報告は介護保険とボランティアの現状と課題を現場の目から解きほぐしたもので、説得力のある報告である。シンポジウムのまとめとして石田は四点の指摘をしている。一つ目は財源の問題で、介護保険を充実するには国民の負担が重くなる、負担を減らすと介護が不十分になるというアンビバレントな関係があること。二つ目は介護の現場へボランティアを導入するにはボランティアコーディネーターが必要だという指摘。三つ目はこうしたコーディネーター育成にかかる大学教育の課題、教育システムがない中で介護保険だけが導入されてしまった。四番目は山添論文でも指摘されていた介護ボランティアの事業化、有償化である。同じ関わりがボランティアから仕事になったのだが、そこには思いと現実の落差があるということである。

6　第五号 (二〇〇四年)

二〇〇四年に発行された第五号は阪神淡路大震災一〇年目の節目を迎え「震災ボランティアの10年」を特集した。また、この号は二〇〇頁を超えるもので、一〇年の節目への思いが伝わってくる。

特集を担当した山口一史は特集解説の中で、阪神大震災の生んだボランティアの最大の影響は、誰でもが肩の力を抜いてボランティア活動に駆けつけることができるようなったことだという。神戸に駆けつけた人、来られなかった人、それぞれの人にとってその後の生き方に大きな影響を与えている。「ボランティア活動の根っこにある『助けあい・支えあう』の『合う』に注目したい。合うは、一方からだけの力の流れをさすのではない。右から左に流れれば、今度は左から右に流れ返す――こう言う交流がボランティアの基本である」(四頁)。神戸の被災者はこうしたことを体験しているのである。その上で、震災後のボランティアとしての参画と協働、コミュニティビジネス等の課題の論考とシンポジウムの内容が掲載されている。シンポジウム「震災ボランティアの10年」(六三－八九頁)は渥美公秀をコーディネーターに神戸での活動家四名と菅磨志保の六名、また会場からの参加者(村井雅清等)によって行われた。渥美はこのシンポジウムの目的として次の四点を挙げている。一番目は震災後の活動から得たもの、そして活動を支えたものは何か、二番目は一〇年間の変化、三番目はその変化の中でもボランティア・NPOと行政や地域社会との関係、四番目は活動資金の問題である。

シンポジウムでは多様な課題が次々と語られた。例えば、最後のファンドレージングに関して、島田誠は「理念に対してはなかなかお金を出してくれないけれども『夢』についてはお金をだすという、これがキーワードかと思います」(八三頁)という発言などは新鮮に響く。

渥美は最後にこう締めくくっている。「語り尽くすことなんてできないという感じがします。それは消化不良ということではなくて、ひとつの話題について、それぞれの話が出てくる、またいっぱい考えが出てくるという、豊富な流れの中での話です。(中略)語り続けていくということが大切だろうと、私も思います。『夢を紡ぎ続ける』、あるいは『展望』などいろいろないい方をしていただきましたが、被災したあの頃のことを、どこか胸に秘めながら、そして夢を紡ぎ続ける」（八九頁）のが、このシンポジウムの意味なのではないかと思う。

7　第六号（二〇〇五年）

第六号の特集は「ボランティアとジェンダー」である。また、この号には五編の研究論文が掲載されているが、論文のテーマは多彩であり、ボランティア研究の広がりを感ずる雑誌である。

さて、特集は担当の森定玲子の解説（三－六頁）と二つの論文から構成されている。論文は、佐藤美穂「アフガニスタン保健プロジェクトにおける『ジェンダー』の活動内容」（七－二六頁）、清末愛砂「女性に対する暴力としての人身売買：国連の2つのアプローチと日本政府による法改正、及びその問題点」（二七－四六頁）である。

森定の特集解説はジェンダーの現在の課題を的確にまとめた上で、なぜジェンダーをボランティアの世界で考えなくてはならないかを説明したものである。すなわち、「ジェンダーは常に社会に論争を巻き起こす概念と言えるであろう。言い換えれば、ジェンダーは社会構造の深部に切り込む力を持つ概念である。ジェンダーの視点で様々な社会現象を見直すことは、従来『見えてなかったもの』、『気が付かなかったもの』に光を当てることにつながる」（五頁）からである。それゆえにジェンダーの視点からボランティアやNGO活動を再検討しなければならないという。

佐藤論文はアフガニスタンでの保健プログラムにおけるジェンダー課題を扱ったものである。一方、清末論文は、アジアからの女性移住労働者は性産業への人身売買の被害にあっており、彼女らの救済を取り扱ったものである。この論文を読んで、私自身が関わった活動を思い出した。すなわち、一九八〇年代の初期に日本人のアジア（韓国・フィリピン）への観光買春の問題を扱ったスライド「恥ずかしい日本人」を婦人矯風会とともに作った。また、八〇年代の半ばに松井やより（当時朝日新聞編集委員）と「Japanese Dream」というジャパユキさんの実態を訴えるスライドを作成した。その中で、本論文で示される構造的な人身売買、暴力による人身売買の実態を知る機会があった。

清末は、日本における取り組みは反テロ対策としての国際組織犯罪条約の批准が行われているが、暴力による人身取引による被害者である女性の救済という観点が希薄であるという。それゆえに、「人身売買政策はあくまで、女性に対する暴力の観点から取り組みがなされなくてはならず、具体的には被害者の保護に重点をおき、同時に加害者の処罰、および人身売買防止のための対策がとられなければならない」(四二頁)と結んでいる。

投稿論文としては隅谷三喜男賞を受賞した桑名恵「紛争後の援助におけるコミュニティの社会開発に関わる課題」(一三七‐一五九頁)が優れている。この論文は東ティモールの農村を事例として、国際緊急人道支援の影響を、特に負の要因を実証的に検討したものである。

また、本号には加藤健介「『地域猫』活動における『対話』の構築過程」(四九‐六九頁)、諏訪晃一ほか「学生による災害時のボランティア活動と状況的関心」(七一‐九五頁)、中村有美ほか「学校と家庭と地域の協働による教育コミュニティの活性化」(九七‐一一七頁)、小島祥美ほか「ボランティア団体・行政・研究者による協働調査とその意味」(一一九‐一三五頁)と多彩な論文が掲載された。

8　第七号（二〇〇六年）

第七号は学会誌としてはかなりユニークで、実践を中心とした内容である。特集は「教育とボランティア」(二一‐四六頁)であり、また政治家によるシンポジウムが掲載されているのである。担当の山口一史の解説と二つの論文が掲載されている。また、投稿された論文、研究ノート、フィールドレポートは特集に合わせて教育や大学に関する論文である。

山口の解説によると、教育とボランティアは前年の大会でアンケートを取った際に最も要望の高かったテーマとのことである。教育基本法の改正、教育再生会議の設置、いじめによる自殺等、教育が政治課題となり、学校教育への奉仕的活動の導入などが論議され、教育とボランティアが一緒に論じられたことも影響しているという。しかし、この解説の中では神戸でのＳＶＣ（シャンティ国際ボランティア会）による「識字教室・ひまわりの会」が紹介されている。ひまわりの会は震災直後に支援に入ったＳＶＣが非識字者の存在を知り、カンボディアで行ってきた識字教室を神戸で開いたのだという。主に在日韓国・朝鮮人の高齢者が学んでいる。こうした活動こそ教育とボランティアの原点といえると思う。

池田幸也「学校教育とボランティア活動のディレンマ」（五一－二三頁）によると、教育とボランティアのディレンマとは、ボランティアの自発性と教育における子どもに教えることの自明性のことである。このディレンマを克服するには「ボランティアを行う人のあり方、いいかえれば社会性をいかにして育むかという課題を解決することである。この課題に挑戦するためには、以前は日常生活に組み込まれていた多様な社会体験を、学びの機会として新たに設ける必要がある」（一八頁）という。池田はレイヴとヴェンガーの正統的周辺的参加をモデルとして考えているようであるが、これは西アフリカにおける徒弟的な学習をモデルとしたものであり、日本の学校教育に導入するには慎重でなくてはならないと思う。また、池田は兵庫県のトライアルウィークなどをモデルとしているようにも感じられるが、そうした活動の効果や評価はかなり限定的であると思う。

第七号で目を引くのは、はじめに述べたように、第七回国際ボランティア学会大会（文教大学）で行われたシンポジウム「各党のＮＧＯ政策を問う」（四九－七〇頁）が掲載されていることである。シンポジウムには各党の現職議員が参加し、それぞれＮＧＯ政策を語ったものである。参加したシンポジストの国会議員は、自民党塩崎恭久、社民党（当時）辻本清美、公明党遠山清彦、民主党（当時）西村ちなみの四名で、また大西健丞（ピースウィンズ・ジャパン）がコメンテーターとして参加し、司会は中村安秀事務局長（当時）が務めた。

塩崎恭久は当時外務副大臣であったが、日本のＯＤＡのＮＧＯに流れる予算の少なさ、外務省がＮＧＯを信用していない点、ＪＩＣＡの高価格体質などを語り、同席の辻本清美よりもラディカルで激しい指摘をしている。辻本清美はＮＧＯやＮＰＯには資本主義の質を変えていく力があるという。「ＮＧＯ、ＮＰＯには、困った人を助けてやろうとか、何かただでいいことをしようとかそういう以上に、社会そのものを変える起爆剤的な可能性を秘めた原石のようなところがあるのではないかと思っています」（六九頁）と続けた。西村ちなみは民主党のマニフェストとしての戦略的国際協力、国際開発、また党としてのアフガニスタン支援等を紹介した。

公明党の遠山清彦は国会内にはＮＧＯは非政府組織であり、そこへ政府が資金を渡すことはおかしいという言説がまかり通っている。そのため、最近欧米で使用されてきているＣＳＯ（Civil Society Organization）を紹介している。司会者の中村安秀は「このような形で、政党の方々、市民社会の立場からの参加者が学会と言う場で自由闊達に議論できたことは、恐らく日本では前例がないだろうと思います。お話を聴きながら、いろいろな意味での宿題や問題提起をいただき、同時に、未来への希望と勇気もわいてきた、そんな温かい雰囲気のシンポジウムだったと思います」（七〇頁）と結んでいる。私もこのシンポジウムに参加したが、これまで学会と政治家はあまりに距離がありすぎたようである。ボランティアやＮＧＯのように政治課題として重要な課題は、国会との距離をもう少し狭めることも必要であると感じた。

9　第八号（二〇〇七年）

第八号の特集は「環境問題とボランティア」である。特集担当の斎藤清明は特集の解説で、環境問題に身近な問題から地球規模の課題まで多様であるが、大きく二つの流れがある。一つは自然保護運動のような環境保護であり、今一つは反公害運動の流れから生命や健康を守る活動である。また、地球温暖化のような地球規模の課題は、国家や経済のあり方から個人のライフスタイルまで幅広い対応が必要となる。つまり、環境問題に対する活動を考える際には幅広いパースペクティブが必要だという。

特集で掲載されている論文は二つで、児玉香菜子ほか「植林ボランティアにおける『緑化思想』の解体」（五一一八頁）と木岡伸夫「風土学から見た環境問題」（一九－三四頁）である。

児玉論文は内モンゴルにおける植林ボランティア活動を事例として、海外における植林ボランティアが自明的に是としている活動も現地の風土を無視してはならないことを指摘している。植林は環境運動の中で最も活発なもので「砂漠に緑を」というキャッチフレーズとしてアフリカ、アラビアそしてアジアで行われている。NGOがスタッフを現地に派遣して活動するケースと、ボランティアツアーを募って植林を行うタイプの活動である。このツアータイプの植林ボランティアは中国の内モンゴルに多いという。内モンゴルでの植林活動を行っている日本の団体は一七で、植林数は三〇〇〇ヘクタールに約二六三三万本になっている。しかし、日本の団体による植林活動は、モンゴルの牧畜民が育ててきた水を節約し、手間をかけない伝統的な植林と異なり、灌水を行い手間のかかる方法であるという。また、砂漠といっている土地も決して荒地ではなく、牧畜に必要な多様性に富んだ土地なのである。

「牧畜民と日本の植林ボランティアの間には風土の違いにもとづく認識と経験の差がある。植林ボランティアはこの差を埋めることなく、緑化思想をそのまま乾燥地の中国内モンゴルにもちこんでいるといえよう。そして、植林が『ボランティア』という形で実施されることによって、行為とその影響が無批判に是とされ、植林活動を評価する仕組みの欠如が許されてしまっているのではないか」（一五頁）と述べているが、傾聴すべき指摘である。

木岡論文は環境倫理学への批判から風土学を提唱したものである。自然保護運動は自然を客体としてその保全（Conservation）を目指すものであり、人間中心主義は変わっていない。また、自然そのものに価値があり人間もその一部であるとする保存（Preservation）運動も「自然の権利」の代弁者たる活動家の運動であり、その権利表明の裏に人間がいるのであり、人間と人間の対立の構図であるという。環境ではなく風土を基盤とする風土学（Climatology）の必要性を指摘する。

木岡は「なぜ『環境』ではなく『風土』なのか。人間に対立する自然として環境を捉える点に、二元論の誤りがある。というのも、人間と周囲の事物とは、自然科学がそれらを分離する以前の生において、あらかじめ出会っているからである。（中略）環境世界の事物は道具的に存在する。道具的事物は『手元にあるもの』として道具的関連を形づくる。したがってそれらは、単独では存在せず道具全体性を構成する。このように、日常の目立たない配慮の内に出会われている道具的事物の全体と人間の不可分の結合こそ『環境』（Unwelt）の意味にほかならない」（二七頁）と述べている。また、こうした風土学的活動を実践している二人の実践家（増山たづ子と島岡強）が紹介されている。近年、風土論や風景論が環境学に代わって論じられるが、この論文はその思想的背景を説明したものである。

また、この号には第八回大会のシンポジウム「紛争後の人道支援――教育と保健を見据えて」の記録が掲載されている（五七‐九三頁）。これは私が司会をし、岸守一、平林国彦、池田満豊の三氏をパネリストに迎えて行われた。緊急人道支援は紛争や自然災害後に行われる大きな支援であり、そこでは大量のボランティアが活動する。しかし、これまでボランティア側からの論考はあるが、人道支援論としての捉え方は少なかった。そのため、国連難民高等弁務官事務所ＵＮＨＣＲ、ユニセフ、国際ＮＧＯからの報告と課題を内容として行われたものである。

10　第九号（二〇〇九年）

第九号の特集は「ボランティアの現在（いま）」である。特集を担当した関義寛は、こうしたテーマの設定は学会が持つ「個人と共同体や社会との紐帯が以前にもまして弱まり、ボランティアを支える他者への関心そのものが希薄化しているという状況」（三頁）に対する危機感ではないかという。このような状況に対して今一度ボランティアを考える必要があるからであると指摘している。

私は、阪神淡路大震災から十数年、時間の経過とともに震災後のボランティア活動の風化、あるいはボランティアの日常化が起きていると考えている。ボランティア活動には、非日常的な体験としての価値と人間として日常的な継続する生活の中の行為としての両面があるのである。そのため不断にボランティアと自分のあり方を検討しなければならないと思う。

特集論文としては山口洋典「自分探しの時代に承認欲求を満たす若者のボランティア活動——先駆的活動における社会参加と社会変動の相即を図る『反返し縫い』モデルの提案」（五一-五七頁）と高橋真央「市民参加と国際協力事業——アフガニスタン女性教員研修を事例として」（五九-八〇頁）の二編である。

山口論文

山口論文はボランティア活動における自分探しの問題を先行研究の中から、中国内モンゴルでの砂漠緑化運動に参加した若者の語りからを取り上げた。そこで、ボランティア活動の意味を再構築し、そのうえで日常と反日常の関係を反返し縫いのメタファーとして、そのモデル構築を行ったものである。現状での若者のボランティア参加は自分の目的のために他者を巻き込むあるいは反日常体験に浸るためのボランティアとして、否定的に捉えている。しかし事例として取り上げた内モンゴルの活動は、若者と現地の人々との間に構築された関係から、肯定的に評価している。この記述を読む限り、山口は日本からの投入と参加者の意見に着目しており、内モンゴルの植林事業への、前号の児玉論文で批判されている「緑化思想」そのものを反省する点が希薄なように感じられた。反返し縫いモデルはアナロジーであるから、こうしたモデルが実際に、どこまで実践を説明しうるかは今後の課題であると感じた。

高橋論文

高橋論文はアフガニスタンの女性教員研修を行っているお茶の水女子大学をはじめとする五つの女子大学の国際協力事業参加の意味を検討したものである。これまで国際協力の世界とほとんど無縁であった女子大学のアフガニスタンの研修員受け入れは、大学にとって非日常的な課題であった。高橋は「五女子大を中心に研修に関わった人々は、常に『この研修がアフガニスタンの復興に役立ってほしい』という願いを持ち、そのような国際協力活動に自分達が関われることに充実感や達成感を味わっていたように思われる」（七七頁）としている。しかし、ボランティア研究はここから始まるのであって、これが結論ではないだろう。日本の対アフガニスタン支援のあり方、研修事業の課題、カリキュラムの正当性等々、多くの課題が隠されている。こうした複眼的、複層的検討の中で研修事業も評価しなくてはならず、国際協力にボランティアとして参加した人々の気づきや学びは国際協力や人道支援の矛盾や課題に気づくことが求められているのではないだろうか。

11　第一〇号（二〇一〇年）

第一〇号の特集は「再論　ボランティアの未来を問う」である。第二号の「ボランティアの未来」、第九号の「ボランティアの現在」を継続した形での特集が組まれている。冒頭論文は山口洋典「ボランティアの未来を再論するということ」（三―九頁）で、こうした特集を組むのは学会誌が発刊されてからの一〇年間に社会は大きく変容し、ボランティアをめぐる状況が変わってきたからだという。その端的な表れとしてNPO法人の増加、ボランティア活動を行う学生の増加、さらにはボランティア活動の領域の拡大等を挙げている。また二〇〇一年は国連ボランティア年であり、二〇一一年は国連ボランティア年一〇年の年でもあることを指摘している。

論文は三つで内海成治「国際ボランティア学会創設のころ」（一一―一四頁）、竹端寛「ボランタリー・アクションの未来――障害者福祉政策における社会企業家の視点から」（一五―三八頁）、山口（中上）悦子「病院ボランティアの未来――医療の改善と質向上を目指す病院経営の視点から」（三九－七七頁）である。この内海のものは論文というよりエッセイで、国際ボランティア学会創設時の状況を説明したものである（本書第2章参照）。

竹端論文

竹端論文はノーマライゼーションを成文化し障害者福祉政策のパラダイムシフトを起こしたベンクト・ニィリエの活動を社会企業家の実践として再解釈する試みである。竹端はニィリエへのインタビューも含めた調査から次のように指摘している。「彼の実践の秘密から今日の〈制度の未成熟〉という複雑な問題を解くためのヒントが得られた。〈制度の未成熟〉に立ち向かうボランタリー・アクションには、『働きかける側と対象になる側に切り分けるのではなく、両者を、相互に依存し、影響し合う一つのシステムとして認識しようとする』『洞察』の姿勢が求められる。その上で『当該領域（障害者福祉――引用者）』がシステムとして再生産しつづけるための新しい『秩序』という『未来の領域が立ち現れる』（Presenting）瞬間を捉える必要がある」（三四頁）と述べ、その上でこうした瞬間を人々と共有することで新しい秩序に向けた「結晶化」と「プロトタイプ」が生まれるという。

山口（中上）論文

山口（中上）論文は、病院ボランティアのアクションオリエンテッドな研究である。病院ボランティアの導入の意味は、関係性の構築に基づく「かけがえのなさ」を感じることであるとしている。さらに病院ボランティアの持つ潜在力として、「病院コミュニティの共助機能を活性化する可能性、制度の〈暴力〉に当事者と共に抗する意思、「参加としての活動」を通じて既存の社会システムの陥穽を指摘し、システムの外に広がる代替選択肢を提示する」（三九頁）ことの三点であるという。さらに「『参加としてのボランティア』と現場職員とのコラボレーションは創造的な改善活動へと発展し、制度の枠にとらわれず、制度の枠の外に広がる新たな方向性を開発しつづけるだろう。（中略）

『未定形』なボランティア活動を積極的に医療に取り込むことによって病院組織の体質改善や再生を図るという、大局的・戦略的・先駆的な経営の視点と意思とが求められる」（六九頁）と結んでいる。

この二編の論文に見られるのは、既存の体制（政府や病院）に対してボランティアあるいはボランティアスピリットが持つ、新たな地平を切り開く力の提示である。しかし、それは漫然とボランティアを導入すればできるものではなく、常に新たな課題に臨む姿勢が必要だということであろう。

12　まとめにかえて

ボランティアを科学するとはどういうことなのかを、これまでの『ボランティア学研究』一〇冊を机上に置いて探ってきた。一〇年にわたる一〇巻の編集作業を傍から見ており、またその時々に雑誌は拝読していた。そのため、実をいうとレビュー論文を書くことを気楽に考えていた。つまり、これまでの論文をざっと読み返してどのような傾向があるかを示すことで、任を果たせると思っていた。しかし、読み返してみると『ボランティア学研究』に掲載されている論文はそれぞれの専門家の見地からの真摯なボランティア研究であり、読む者の姿勢を問われるような迫力を感じた。その意味で『ボランティア学研究』はわが国で最初に現れたボランティア学の研究誌に相応しい内容であり、学の形成に大きな役割を果たしていると感じた次第である。

私が特に教えられたことは、暗黙にあるいは明示的に是とされ肯定されてきたことも、新たな研究あるいはパラダイムシフトにより、別の顔を見せるということである。これはまた、論文を読む醍醐味でもある。

二〇一一年の日本は東日本大震災と東京電力福島第一原子力発電所の崩壊というまさに未曽有の災害に見舞われ、その対応に追われている。また多くのボランティアが現在もなお各地で活動している。つまり、ボランティアは動的な課題であり、現在の課題である。その意味でボランティアの科学はまさに喫緊の課題になっていると思う。

（1）本章は、内海成治（二〇一一）「ボランティアを科学する――ボランティア研究の10年」『ボランティア学研究』第一一号に掲載されたものである。本書への収録にあたり、意味を変えない範囲で、一部表記等の変更を行った。
（2）「ボランティア学研究」は原則として毎年発行されており二〇一八年現在、一七号まで発行されている。

第4章 支援される側から支援する側に
――中高生のボランティア――

1 はじめに

国内外を問わず教育分野におけるボランティア活動は盛んである。わが国にとどまらず世界的にボランティアの教育的意義が認められてきているからである。これは世界のグローバル化とも関係している。なぜならば、主体性、自立性を保ちながら他者と積極的にコミュニケーションを行うことが、グローバルな社会に生きる人間にとって重要な課題の一つだからである。ボランティアは自発的に行う公益に関わる活動であり、こうした社会に生きる人間を育成する場でもあるからである。

また、現代は地球温暖化などの地球規模の課題が深刻化し、さらに紛争や災害による難民や国内避難民が世界的規模で大量に発生している。こうした課題に応えるには市民のボランタリーな活動が欠かせない。

ボランティア活動が活発に行われている中で、見逃せない動きが起きている。その一つはボランティアを行う側と受ける側の区分の変化である。これまでボランティアを行う側とボランティアを受ける側とがはっきり分かれていた。すなわち、支援する側と支援される側の二つの区分は明確であった。ボランティアを受ける側は被災者や難民であり弱者と考えられていた。教育の世界では子どもは弱者であり支援を受ける側であった。こうした関係が大きく変わってきたのである。

本章では、こうした状況を三つの事例によって考えてみたいと思う。一つ目は東日本大震災で被災した地域の中学校の取り組みである。二つ目は同じく震災で被災した高等学校の生徒のボランティア活動である。三つ目は山梨県の高校生のアフリカの子どもへの教育支援である。それぞれの事例は場所も活動内容も別々であるが、筆者自身が直接見聞きした事例である。こうした事例から、中高生によるボランティアをめぐって何が起きているのか、今後の方向性はどのようなものか、教育とボランティアをめぐる新たなデザインを考えてみたい。

2　仙台にて

二〇一五年三月一四日から一八日にかけて仙台において第三回国連防災世界会議が開催された。本会議と並行して、様々な政府間協議やフォーラムがもたれた。その中の一つに文部科学省・日本ユネスコ国内委員会・宮城教育大学の主催で「持続可能な開発のための教育を通じた防災・現在の展開―より良い子どもたちの未来に向けて―」と題するフォーラムが東北大学川内萩ホールで開催された(1)。報告とパネルディスカッションがもたれたが、私はこの中の二つの報告に心を引かれた。

一つは気仙沼市市立階上《はしがみ》中学校の取り組みであり、今一つは宮城県立多賀城《たがじょう》高等学校の活動である。この二つの学校はともに東日本大震災の被災校であり、多くの支援を受けてきた学校である。しかし、このフォーラムで報告されたのは、この二つの学校が、被災の経験を踏まえて、学校として支援する側としての活動の報告であった。

3　階上中学校の避難者支援

気仙沼市立階上中学校の取り組みは、指導にあたっている吉田智美教諭と生徒会執行部の二年生小野寺宙斗君と田代沙希さんから報告された。二人の生徒のしっかりした英語の発表に感銘を受けたが、もっと驚いたのはその内容である。

図４－１　震災後の気仙沼の様子　2011年４月筆者撮影。

気仙沼市階上

階上は岩手県気仙沼市の南端で、三陸海岸国立公園の一部である。気仙沼は岩手県の南端で人口五万人、全国的にもよく知られた港町である。港は細長い気仙沼湾の奥にあり、湾に沿って住居が立ち並んでいる。この地形が津波の被害を大きくした。大震災による被害は、死者行方不明者、関連死も含めて一三五九人、住宅被災棟数一万五八一五棟である[2]。私自身、震災から一か月後に気仙沼を訪れたが、港には大きな船が打ち上げられていた（図４－１）。また、津波により沿岸部の石油タンクが湾内に流され、それが大火災を引き起こし、辺り一面、火事の後の臭いが漂っていた。港一帯は地盤沈下のため海水が入り込み、海に近づけない状況であった。

階上地区は人口四八〇〇人の半農半漁の地区である。東日本大震災の犠牲者は二〇八人、被災家屋は六七パーセントと気仙沼でも高い割合である。階上中学の生徒も三名の行方不明者を出し、多くの生徒の家も被害を受けた。三月の卒業式での梶原祐太君の答辞は「被災した一五歳、泪の答辞」としてNHKニュースで放送された。「階上中学は防災教育に取り組んできたのに、自然の前には無力であった。くやしいです。しかし、前を向いて歩いていきます」という言葉は彼の涙とともに多くの人々を感動させた。

階上中学の防災教育

気仙沼のある三陸海岸はこれまでたびたび地震と津波の被害を受けている。階上中学は海抜三一メートルにあるため気仙沼市の指定避難所になっていた。こうしたことから階上中学では二〇〇五年から防災教育に取り組んだ。そして、二〇〇九年からは気仙沼市教育委員会が行っているユネスコスクールに参加し、ESD（Education for Sustainable Development：持続的開発のための教育）の一環として防災教育を進めることになった。

階上中学の防災教育は総合的な学習の時間、年間三五時間を使っての防災リーダー育成カリキュラムの展開である。リーダー育成のためのカリキュラムは三つの柱から構成された。一つ目は災害発生時に自らを守るための対処法を学ぶ「自助」である。二つ目は地域の人や学友と協力する「共助」、三つ目は外からの公的な支援の中で自分たちの役割を見つける「公助」である。この三つを三年サイクルで取り組んだ。

二〇一一年三月一一日に大津波が気仙沼を襲った。階上中学の三年生も三名が行方不明となった。そして学校は避難所となり、多くの車や人々が避難してきた。生徒たちと駆けつけた卒業生は防災学習の経験をもとに被災者への支援を行った。体育館や教室は被災者の宿泊所として利用された。残った教室を使って二か月後から授業が開始された。

階上地区は気仙沼市の中でも犠牲者が多かった。特に杉の下地区は八五世帯中八一世帯の家が流出し、九三名の方が犠牲となった。そこで学習の一環としてどうして津波の犠牲が多かったのか住民にアンケート調査を行った。その結果、「津波が来ても大したことないと思っていた」「これまで何度も津波が来たが、自分の家は大丈夫だった」という意見が多かったのである。つまり、アンケート調査からは津波の危険性への認識不足があることが分かった。また、家族が心配で家に戻ったり、大事なものを取りに家に戻っていることも分かった。それゆえ、防災教育では津波の危険の認識を高める必要性が示唆された。

階上中学の生徒の活動

階上中学では、こうした調査とともに、生徒会が中心となり学校内の避難所設営訓練を強化することにした。学校の体育館は、市の指定避難所であり、三・一一では二〇〇人もの住民が避難してきた。こうした被災者をスムーズに受け入れるためには、日ごろ学校で生活している生徒自身が避難所を設営し、被災者のお世話をすることが大切だと考えたからである。そのための組織をつくることにした。

生徒会執行部は対策本部、運営委員会は体育館内の避難所を地区ごとに割り当てる区割り、生活委員会は避難者のカードとリストの作成、図書委員会は高齢者や幼児のスペース作りを担当するというプランである。この組織作りは毎年行い、三年生が一年生を指導して引き継いでいくことにした。

こうした生徒主体の避難所作りと被災者への支援に対しては、教員や地域住民からは不安の声があった。ところが、この不安を取りはらう出来事があった。二〇一二年一二月一七日午後七時一八分に地震とともに津波警報が発令された。学校に残っていた生徒はすぐさま体育館に避難所を設営し、帰宅していた生徒も学校に戻り設営を手伝った。集まった避難者のリストが作られ、トイレの案内、毛布の配布が生徒たちによって行われたのである。避難者は三〇〇人を超えたが混乱はなく、訓練の成果が発揮された。こうした生徒の活動は、これまで不安視していた人々に大きな感銘を与えたのである。その活動は、地域に広がり、階上学校区では、各地区に防災委員会が形成され意識の向上が図られた。また、学校と共同の訓練も行われるようになった。

こうした活動には、毎年の取り組みが大切であり、各地区の取り組みには温度差があるなどの課題も多い。しかし、被災した学校の生徒が、被災者を助けるというボランティア活動の共同性は今後も変わることはない。階上中学の活動は支援される側が実は支援する側になることと有効性を明確に示したものである。

4 多賀城高校の活動
――防災ボランティアと防災科学科――

宮城県多賀城市は県の中央に位置しており、仙台に隣接する人口六万四〇〇〇人余りの市である[3]。多賀城は古代より国府が置かれ、鎮守府として多賀城が築かれ長きにわたって北の守りであった。現在は仙台のベッドタウンとしての性格が強い。東日本大震災では、市内の津波の高さは約四・六メートル、六二ヘクタールが浸水した。市内の犠牲者は一八八人、地震と津波による被害住宅は一万一六二一棟に及んだ。

多賀城高校

宮城県立多賀城高校（図4－2）は一九七五年に設立、教員六二名、生徒数八四二名の男女共学校である。生徒は多賀城市以外に塩竈市や仙台市からも通学している。平成二六年卒業生の進路は国公立大学四七名、私立大学三七一名となっている[4]。

東日本大震災の際、多賀城高校は生徒の死者はなかったが、家族を失った生徒がいた。地震当日は一〇八名の生徒が帰宅できずに校舎で一夜を過ごした。翌一二日は、近くの仙台製油所の火災により、校舎からの避難勧告が出た。家族との連絡が取れない生徒は教師の家に避難したという。

仙台でのフォーラムでは小幡綾香さん（三年生）と藤門莉生君（一年生）が同校の防災教育、防災ボランティア活動を英語で発表した[5]。多賀城高校の活動は多岐にわたっている。生徒は、震災直後から災害ボランティアとして組織的に浸水家屋の復旧の手伝いを行った。

生徒の活動

防災教育では社会の授業と連携して「通学防災マップ」を作成した。これには市内の津波浸水域を地図上に示し、生徒一人ひとりが自分の通学路を書き込み、通学の際に避難できるところをマークするようにしたものである。

今一つは津波高標識設置活動である。この活動は理科教諭の呼びかけに生徒有志が集って二〇一二年七月から始められた。現在まで継続している活動である。電柱などに標識を設置するのだが、これがなかなか難しいのである。一つはその場所の津波の高さを決めることである。震災発生から一年半以上が経過していたからである、これは痕跡の残っているところや近くの住民からの聞き取り調査で決めていった。二つめは標識を設置する許可の取得である。電柱に設置するには東北電力に許可申請をしなくてはならない。また電柱に何かを張る場合には材質も決められており、プラスチック製でなくてはならない。また、ＮＴＴの柱の場合には企業の広告と同じ申請をし、次に設置証明をしなくてはならないのである。このように標識を設置するといっても、時間と予算がかかる作業である。時間は生徒が頑張るしかないが、予算は県の教育委員会に補助してもらうことができた[6]。

図４－２　多賀城高校　2014 年７月撮影。

多賀城高校は、防災教育活動を他県や外国にも発信している。「減災市民会議」や「せんだいメディアテーク」への協力、「『生きる力』SENDAI CAMP」への参加などである。また、活動に対して二〇一五年三月の「国連防災会議世界防災Jr会議」において金賞を受賞した。

防災科学科の創設

多賀城高校の学校には、二〇一六年四月から生徒募集を行う防災科学科を設置する。高等学校で防災を学科名としたコースは日本でははじめての試みである。一学年四〇名一学級のコースである。このコースは基本的には防災関連の大学への進学を目指している。防災科学科のカリキュラムは七五パーセントは普通科と同じで、二五パーセントが防災の専門科目に割り当てられる。専門科目には、「暮らしと安全」、「科学英語」、「自然科学と災害」、「生命環境学」、「ボランティア」などが含まれる。また課外活動も積極的に取り組まれる予定である。進学先としては理学部、工学部、医学部等の理系のほかに歴史学、福祉学、心理学等の文系も考えられている。将来は防災に関する研究者、技術者、専門職、公務員等を送り出すことを想定している。非常にユニークな取り組みであり宮城県教育委員会や東北大学が支援している[7]。

このような多賀城高校の取り組みは、被災地、被災した生徒らが、自ら発信し、被災者を作らない、被災者を減らすための取り組みである。

5　高校生の途上国教育支援

二〇一五年一〇月九日に東京大学教育学部を会場として第一六回アフリカ教育研究フォーラムが開催された。そこで、アカデミックな学会としては珍しく、高校生が発表を行った（図4－3）。これは大会実行委員長の北村友人東京大学准教授の計らいで実現した。山梨県北杜《ほくと》市立甲陵高校の市川琴子さんら九名の生徒の研究発表「開発途上国の小学校の計算力調査と教材開発」である[8]。

北杜市立甲陵高校

北杜市は、山梨県の北西部の八つの町村が合併してできた市であり、人口は五万人、八ヶ岳、甲斐駒ヶ岳、金峰山といった山々に囲まれ、また八ヶ岳の山麓の高原も含まれる。北杜市立甲陵高校は公立の中高一貫校（二〇〇四年から）で、現在の校名になったのは二〇〇六年である。普通科のほかに特別進学コースを併設した単位制高校である。生徒数は一学年一二〇名弱であるが、県内有数の進学校として知られている。

本発表は、青年海外協力隊ＯＢの佐藤吾郎教諭の指導の下に行った開発途上国の算数教育支援の実践報告である。いくつかの国で実施したが、今回はガーナ共和国（以下ガーナ）の事例報告が行われた。

図４－３　アフリカ教育研究フォーラム（東大）で発表する甲陵高校の生徒　2015年10月筆者撮影。

算数教育支援

理数科教育は青年海外協力隊派遣の重要な分野であり、多くの隊員がアジア・アフリカ・中南米で活動している。ガーナに派遣されている隊員から中等教育段階での生徒の基礎計算力の不十分さが報告されている(9)。また、計算力の不十分さは初等教育に起因すると考えられるため、小学生の基礎計算力の調査を行い、その分析をもとに教材を開発し、その効果を測定したのである。

基礎計算テストは七か国の小学三、四年生一〇六七名に足し算・引き算各一〇問で行った。その結果から、計算力の不足は、計算ができないのではなく、計算練習が不十分で、計算に非常に時間がかかるからだと思われた。そのため、計算練習のできる教材「足し算練習シート」の開発を行った。開発した教材は、十の位を大きい円で表し、そこに小さい黒丸をはめ込むことで、結果が容易に分かるようにしてある。この教材は二人で使用するようになっており、一方の生徒が解答し、他方の生徒が裏面の答えを見て確認するペア学習教材である。また、計算練習が不十分な理由の一つに、計算する紙が不足していることがあるため、教材をビニールコートして、何度でも利用できるようにした。この教材をガーナに派遣されている協力隊員に送り、実際に一か月間使用してもらい、事前事後テストと三か月後の評価テストによってその効果を測定した。

ガーナでは計算スピードに関しては九八パーセントの生徒に効果があり、五四パーセントの生徒は計算スピードが一・五倍になった。この教材の効果に関しては、様々な面から考察が行われており、さらに引き算版も完成して、今後現地で使用することが考えられている。

発表のまとめとして次のように述べている。「途上国の小学生の計算力の不十分さは、計算練習不足に起因し、開発した計算シートはこの問題を解消し、計算力向上に大きく貢献できるものであった。今後は、本教材を改良、充実させ、ガーナのAdansi North郡90校2万人の小学生の計算力向上を図るため、普及を進めたい(10)」。

この発表を聞いていて、高校生グループが実際に途上国の教育支援ができることに感心したが、さらに現地の状況を深く考えて、教材の内容や仕様を作り出し、実際の効果測定まで考慮していることに驚かされた。これまで高校生の国際協力は様々な形での資金や物品の提供などが中心であった。協力隊の経験のある教諭の指導があったとはいえ、生徒が具体的にテストや教材を開発することは、学習を超えた本格的な協力活動であると思う。

6　考察とまとめ

これまでの三つの事例は中学高校の生徒によるボランティア活動である。特に東北の二つの事例は被災した学校の生徒による防災の取り組みであり、地域への発信である。また甲陵高校の事例は生徒による開発途上国の子どもへの具体的な支援である。いずれもこれまでの学校におけるボランティアの枠を超えたきわめてアクティブな活動である。

最後にここから考えねばならないことを指摘したい。

一つ目は、支援を受ける側は決して弱い存在ではないということである。適切な状況があれば、支援をされる側はいつでも支援する側に回ることができるということである。私たちは、いつの間にかボランティアされる側、支援を受ける側は弱い存在であると見がちである。特に教育の場では子ども、生徒は守られるべきと思いがちである。これは間違った認識なのではなかろうか。教師と生徒、教える側と教えられる側、支援する側と支援される側、こうした二つに分ける発想は克服するべきではないかということである。

二つ目は、そのためには、ボランティア活動や支援の場において、お互いが理解しあえる場を用意することが重要だということである。学校は学習の場を超えて学びの広場として、人を助ける場、人と人が理解を深める場として設計することが大切なのである。これはお金のかかることではなく、思いの問題である。お互いが他者を認めあうことによって、可能になることである。こうした認識の中に未来に向けた教育とボランティアのデザインを考える必要があると思うのである。

本章では筆者自身の経験を語ることを通して、教育とボランティアの関係、あるいは教育におけるボランティアについて考えてみた。それぞれ、違う場面であるが、こうした活動の創造性、そして生き生きと活動している場面を見て、ボランティアには何か大きな力があるとしみじみ感じた。こうした思いを分かち合うのも教育におけるボランティアの働きであると思う。総合的学習の時間においてボランティアは大きなテーマであるが、新たなカリキュラムのデザインによって、いっそう大きな力を発揮することができると思う。

(1) 第3回国連防災世界会議（二〇一五）「東日本大震災総合フォーラム　プログラム」三頁。
(2) 気仙沼市ホームページによる（二〇一六年一月一三日閲覧）。
(3) 多賀城市ホームページによる。人口は二〇一四年一二月現在。

（4）多賀城高校『平成27年度学校要覧』および『2015年学校案内』。
（5）多賀城高校『多高通信』二〇一五年三月三一日号。
（6）多賀城高校『多高通信』二〇一五年四月二〇日号。
（7）宮城県教育委員会（二〇一四）『宮城県高等学校防災系学科設置基本構想』。
（8）市川琴子ほか（二〇一四）「開発途上国の小学校の計算力調査と教材開発」『第16回アフリカ教育研究フォーラム発表要旨集録』東京大学教育学部、一二四頁。
（9）JOCV/JICA Ghana Office（2009）“Report about Calculation Test”.
（10）市川琴子ほか、前掲。

第５章 ボランティアをめぐって

本章では、これまで書いてきたボランティアに関するエッセイや書評を集めた。多様なボランティアをその時々の課題に寄せて考えたものである。かなり前のものもあるが、現在のボランティア論議に多少の示唆を与えるのではないかと考えている。

中田厚仁さんのこと

国際協力の危険性

一九九三年四月と五月にカンボディアで相次いで二人の日本人が亡くなった。一人は国連ボランティアの中田厚仁さんで、今一人は文民警察官の高田晴行氏である。二人とも射殺されたのであり、まことに痛ましい限りである。この連載『国際協力のひろば』を始めてから二年に満たないのに、すでに国際協力や国際ボランティアの関係者が一〇人以上、ペルー、ドミニカ共和国、ネパールでの事件や飛行機事故で亡くなられた。

私がトルコに赴任しているとき（一九九一年）、湾岸戦争（第一次）が勃発した。イラクのクウェート侵攻に伴うアメリカを中心とした連合軍のイラク攻撃である。トルコにはＮＡＴＯの基地があり、そこを使っての攻撃が行われたためにトルコも臨戦態勢であった。専門家を預かるプロジェクトリーダーであったために、その対策に大使館や在留邦人と連日協議を行った。帰国するにしろ、とどまるにしろ、その判断は大変難しい。同じＪＩＣＡの専門家の間でも、「血を流してまで、国際協力をすることはない」から「踏みとどまるべきだ、尻尾を巻いて逃げるわけにはいかない」まで意見は色々であった。国際協力専門家や国際ボランティアは民間人と大使館員の中間の立場であり、その行動が制約を受けることはやむをえない。しかし、国と個人ではその立場が同一ではないのである。

こうした戦争や紛争でなくても国際協力に関わる者は常に危険と隣り合わせの生活であることを知らねばならない。日本は世界に類がないほど国内が安全なために、日本人には危険に対する準備が不足している。

今回のカンボディアの事件は国連の指揮の下で起こったものであり、これまで日本が経験しなかった種類の事件である。カンボディアのＰＫＯは国連の主導によるはじめての本格的活動である、超大国が担っていた地域紛争の調停を国連が行う時代になったことを象徴する事態である。米国の傘の下で歩んできた日本が、国連の下でどう歩んでゆくのかが具体的に問われている。高田氏と中田さんの死は、国連の活動を担うことの責任の重さと危険性を教えているのである。そして、国際協力で最も優先されるべき人命に関する議論が抜けていたことへの警鐘でもある。

国連ボランティア

中田さんの死に関してマスコミは、カンボディアＰＫＯとの関係もあり、非常にセンセーショナルに扱った。しかし、センセーショナルな報道は反動を生むのではないかと危惧している。

ボランティアは奉仕と訳されることもあるが、日本語の持つ「奉仕」とは意味が違う。ボランティアの仕事は生産活動ではないが、無料奉仕とは異なる。しかし、仕事であることは間違いない。国連ボランティアも一つの仕事である。しかも困難な仕事である。

国連ボランティアと同様のボランティア活動として、わが国には青年海外協力隊がある。協力隊の場合はだいたい月に数百ドル前後が現地手当てとして支給される。現地でのこの金額は大きな額であるが、だからといって高い水準の生活ができるわけではない。開発途上国の社会は貧富の差が大きく経済や生活が二重構造になっているために、日本と同様の清潔で便利な生活をするには数百ドルでは困難だからである。

ボランティアへの参加は個人の意思による。しかし、開発途上国でのボランティア活動は誰でもができることではない。知識・語学・人格・体力的に優れていることが必要である。選ばれた人の仕事であるといえよう。さらに、将来国際機関への就職など国際協力を仕事とするための布石の意味もある。中田さんは、留学の経験もあり、将来は国際機関で仕事をする希望を持っていたという。

専門家としての国際協力

国が国際協力を行うのは、公的に表明された援助大綱やＰＫＯ法案の論議に見られるように、様々な理由がある。しかし、国の政策決定は基本的には経済・国際的体面・安全保障の三つの要因が重要であろう。またそれを忘れて政策決定をされては困るわけである。長い過去の歴史を通して形成されたわが国と国民の生活をむなしくするようなことはできないからである。

しかし、そのことと、個人が国際協力を自分の仕事として、自ら望んで途上国に出かける理由は同じではない。人を国際協力・国際ボランティアのような行動に駆り立てるのは、個人的動機・仕事のイメージ・行動様式等の要因が考えられる。個人的動機とは、正義感、信仰、冒険心等その人の求める価値観と関係している。仕事に対するイメージや行動様式は社会に強く規定されているにしても人はそれを触媒として形成される心情的動機に動かされている。

海外で援助担当者や専門家と話をすると、国際協力という仕事に対する認識が日本と欧米ではかなり異なっていると感ずる。欧米の専門家はプロ意識が強く、自分の国での仕事との強い連続性を強調する。日本の専門家は日本での仕事との異質性・不連続性を口にされることが多い。欧米人は国内でもできる仕事を途上国でやっているという感じであり、日本人は異なる仕事をしなくてはいけないので大変だという。

現在（一九九三年）の日本では年間一〇〇〇万人が海外に出かけ、二〇～三〇万人の人が海外赴任している。先進国が多いとはいえ、開発途上国への旅行や赴任も多いのである。それでもなお、ボランティアや国際協力に対して専門職としてより、奉仕という意識が一般的であるというのは残念である。

【付記】 私は当時、国際協力事業団（現・国際協力機構）に在職しており、中田厚仁さんの死に大きな衝撃を受けた。ただ、事件の報道が、国連ボランティアや国際協力をする人間に対する見方が表面的なことに怒りを覚えたのであろう。中田さんが十分な教育を受け高い理想を持って、カンボディアで活動し、人々からも感謝されている中での事故であり、仕事に打ち込んでいる中で倒れたということがないがしろにされていると感じて、このような文章を書いたのである。

『視聴覚教育』一九九三年五月号。「カンボディアでの事件を思う」の一部を書き改めた。本書への収録にあたり、意味を変えない範囲で、一部表記等の変更を行った。

中田武仁先生の思い出

中田武仁先生は、カンボディアで亡くなった厚仁さんのお父上である。武仁先生は長男の厚仁さんの死後、「息子の意志をつぐ」と商社マンとしてのキャリアを捨て、国連ボランティア名誉大使としてボランティア活動や国際平和のために尽力された。しかし、二〇一六年五月二三日に七九歳で亡くなられた。

私が中田武仁先生とお知り合いになったきっかけは、大阪大学人間科学部にボランティア人間科学講座（以下、ボランティア講座）が設置され、そこに赴任したからであった。

大阪大学ボランティア講座

ボランティア講座は一九九六年四月に阪神淡路大震災後のボランティアの高まりの中で設立された。また、カンボディアで亡くなられた中田厚仁さんが大阪大学法学部の卒業生であったことも要因であると思う。人間科学部は三系（教育学、行動学、社会学）で構成されていたが、どこにも属さない新たな共生学系という一系一講座で設置された。教員の定員は九名の大講座で、系内の専攻は、福祉ボランティア論、国際協力論、災害援助論の三専攻であった。私は、先任教授であったため講座主任を命ぜられ、国際協力論を担当した。

問題はこのボランティア講座に学生が集まるかである。「ボランティアは行うもので研究するものではない」という風潮が強かったからである。そこで一九九六年度からボランティア講座の宣伝を兼ねて市民のための公開講座「ボランティア論」を開設し、年に数回実施した。この講座は私が在任中（二〇〇八年度まで）続けた。この公開講座には当時の中島学部長も力を入れてくれ、常にこの講座に出席してくれた。ある日の公開講座の日は珍しく豪雪で、交通機関が動かなくなった。そのため公開講座を中止することにして広報も行ったが、知らずに来る人もいるであろうと、学部長と一緒に会場の入り口で中止の知らせとお詫びをしていた。するとやってきた女子学生が「私はボランティア講座に入るために阪大人間科学部に入学しました」という。それを聞いた中島義明学部長は「内海先生良かったですね。少なくとも一人はボランティア講座の学生が確保されましたよ」と笑顔でいった。私は、ボランティア講座がこんなにも心配されていたのだとうれしくもありまた心細くも感じた。

全学共通科目「ボランティア論」

ボランティア講座の開設と同時に大阪大学全学共通科目として「ボランティア論」が石橋キャンパスで開講された。この全学共通科目はオムニバスの講義で、世話教員のほかに一〇人以上の講師が出講し、ボランティアに関わる理論と実践について様々な分野から講義したのである。その講師のお一人として中田武仁先生にお願いしたのである。

この「ボランティア論」は文学部哲学科の助教授（当時）であった入江幸男先生のご尽力で開講された。入江先生は初年度の世話教員としてシラバスや講師の選定も行ってくださった。入江先生ご自身ブータン難民の支援を行うNGOに関わっておられ、ボランティア論の必要性を感じておられたのである。人間科学部にボランティア講座ができたので、私のところに尋ねてこられ、自分の本来業務ではないので、ボランティア講座で担ってほしいとのことであった。私自身、自信はなかったが、ボランティア講座を名乗る以上断ることもできないので二年目からは私が世話教員を担当することになった。しかし、入江先生にも長くボランティア論の一コマを担当していただいた。そして、入江先生のお世話でボランティア論のテキスト『ボランティア学を学ぶ人のために』（世界思想社）を上梓することができた。

また、ボランティア論という講義は、ほとんどの大学で行っていなかったので、その後にできたメディア教育開発センター（当時）のスペースコラボレーションシステム（SCS）という大学間講義配信システムを使って、いくつかの大学に配信した。同時に、そのシステムを利用して石橋キャンパスから吹田キャンパスにも配信したことを記憶している。

中田先生の思い出

ボランティア論は毎回講師が変わるため、入江先生と私とで、講義の前に一時間ほど打ち合わせを行うのが恒例であった。石橋キャンパスの中の待兼山カフェを使うことが多かった。前期の講義だったので、中田先生は六月末か七月はじめに出講されることが多かった。はじめて中田先生に会ったときのことは鮮明に覚えている。先生は白い麻の背広、白い網目の革靴、白いパナマ帽というきわめて洗練された服装であった。暑い国の外交官のような感じがしたが、中田先生はもともと一流の商社マンであり海外生活も長いため、先生にとっては普通の姿だったのかもしれない。野暮ったい教員の多い大阪大学ではなかなか目にしない姿であった。また、冷たいコーヒーを飲みながらの打合わせでも、白い扇子を使いながらゆったりと話される姿は、異なる世界の方だなと感じた。

中田先生の講義の内容は厚仁さんの思い出と国連ボランティアの意味についてのお話であった。厚仁さんの思い出では、先生のポーランド赴任中に厚仁さんとアウシュビッツを訪ねたお話や国連ボランティアとしてカンボディアに行く際のやり取りなどが忘れられない。厚仁さんは大阪大学法学部卒業後は日本銀行に就職することが決まっていた。日本銀行入行は難関である。将来の金融マンとして日本の舵取りをするべき人材である。それを捨ててカンボディアへ国連ボランティアとして派遣されるのである。父としては反対すべきであるが、厚仁さんの将来は国連あるいは国際機関で仕事をしたいという強い思いに賛成されたという。しかし、国連ボランティアはあくまでボランティアであり、国連への道ではないこと、国連ボランティアをいくら続けても、それは山手線を回るようなもので将来は開けないと忠告したという。それに対して厚仁さんは「そのことはよく分っている、しかし、今できること、今しかできないことをしておきたい」と話したというやり取りを紹介された。厚仁さんのカンボディアでの悲劇やその後の国連ボランティア名誉大使としてのお話はあまり出なかったように思う。

講義は大きめの写真を一〇枚ほど用意され、それを見せながら噛んで含めるように、ゆっくりとお話しになられていた。多分、中田先生は厚仁さんが過ごされた大阪大学石橋キャンパスで厚仁さんの後輩の阪大の学生にお話しすることに、大きな意味を感じておられる様子であった。

中田武仁先生の貢献

中田先生の貢献としてまず挙げられるのは、厚仁さんの死を悲劇としてではなく、厚仁さんの生きた証として、平和への礎としての意味を日本社会、国際社会に訴え続けたことにあると思う。そして、新しい世紀の開始の年、二〇〇一年を国連ボランティア年とすることに尽力されたことは広く知られている。

二〇〇一年の国連ボランティア年には様々な行事が行われたが、私自身は総務省の行っている「世界青年の船」のその年のテーマがボランティアであったため指導官として同乗した。東京から南アフリカのケープタウンへの往復の二か月にわたる船の中で日本と一〇か国の青年たちとボランティアに関して様々な話し合いを行ったことを覚えている。

中田先生の語られたことは平和のための国際ボランティアである。国際ボランティアはアメリカの平和部隊、日本の青年海外協力隊など国際協力と青年育成を兼ねて国の施策として行われている。しかし、市民の国際ボランティアに関する関心、すなわち、世界の平和や貧困をなくすために自分は何かができるのではないかという思いが高まらない限りそれは意味のあるものにならない。つまり、世界に関する関心を市民の目線で語ることが大切なのである。中田先生は、厚仁さんの悲劇を平和のための悲劇として受け止め、世界への関心を市民のものとするためにはボランティアが大切だという思いを形にしたのである。この中田先生の思いは、ボランティアを研究する者、実践する者がしっかりと受け継いでゆかなくてはならないものだと思う。

【付記】　この文章は二〇一六年一〇月に行われたボランティア論特別講議・中田武仁先生を偲ぶ」での私の講演をまとめたものである。

ボランティアの現在

来年二〇一五年は、阪神淡路大震災から二〇年である。そして今年（二〇一四年）は中越地震一〇年の節目の年である。阪神も中越も地震の記憶は消えることはなく、元に戻ることはないのであるが、それぞれに新しい街づくり村づくりが行われている。テレビニュースでは山古志村の米つくりの様子が紹介されていた。一方、東日本大震災は来年で四年目になるが、その復興は困難を極めている。さらに原発事故の収束は遠い未来のことである。私は震災一か月後に訪れた陸前高田や気仙沼の様子や人々のお話が、時にまざまざとよみがえり目頭が熱くなることがしばしばである。

ボランティアのありようもこの三つの大災害を契機に変わってきた。阪神や中越の支援やボランティアの記録はたくさんあり、東日本の記録も数多く出版されている。そして、この三つの災害後のボランティア活動を見ると、ボランティアが市民や若者に身近なものになってきていることが見て取れる。

私の身近なところでは、多くの若者が日常的にボランティア活動を継続していることを感じる。私は京都の女子大学に勤務しているが、ゼミの学生が、「先週は東北に行ってきました」と当たり前のように報告する。また、卒業論文でも「東日本大震災が教師や子どもにどのような影響を与えたのか」、「東日本震災後の学校の防災教育への取り組み」、といったテーマで現地でのフィールドワークをもとに取り組んでいる。ボランティアは特別なことではなく、当たり前に行い、考えるものとなってきていると感ずるのである。

今年（二〇一四年）の夏休みに、ケニアとアメリカで若い研究者とともに、ソマリア難民のアメリカへの第三国定住の調査を行った。予備調査の段階で大したことはできなかったが、いくつか心に残ることがあった。一つは、アメリカがユダヤ人やベトナム難民の受け入れ以来、難民の再定住に長い歴史を持っていることである。これには政府の方針と受け入れを担当するＮＧＯの成長が相まって可能になっていることである。二つ目は、難民定住には連邦政府や州政府の資金的制度的支援があるものの、それぞれの家族の定住はＮＧＯと多数のボランティアの存在なしにはできないということである。

難民定住の公的資金（一人当たり一七五〇ドル）による活動期間は九〇日であり、その後はボランンタリーな活動によらざるをえないのである。多くはキリスト教の教会が中心となっているボランティア組織であるが、こうした活動には改めて心を動かされた。なぜならソマリアへのアメリカの思いは複雑であり、またイスラムの人々への思いも簡単ではないからである。そうした中で献身的なボランティア活動が全米各地で行われており、それによって多くの難民が新しい生活を始めているのである。

最近の日本の若者のボランティアへの取り組みを見ていると日本の社会にも本格的にボランティアが根づいていることを感じている。こうした動きを学校や社会で制度的資金的に支えていくシステムの必要性を強く感ずるのである。

【付記】　本節は「国際ボランティア学会２０１５年度ニュースレター」（二〇一五年一〇月）に掲載されたものである。本書への収録にあたり、意味を変えない範囲で、一部表記等の変更を行った。

陸前高田にて

二〇一一年三月、私はお茶の水女子大学を定年退職して、四月から客員教授になった。最終講義などの退職に伴う行事は三月一一日の東日本大震災のためにすべて取りやめになった。卒業式の日にゼミ生がささやかな、お別れの会を近くの小さな喫茶店で開いてくれた。お茶の水女子大学のゼミ学生とは、ウガンダ、ケニア、東ティモールと、一緒に調査を行ってきたために、話は尽きなかったが、さわやかな思い出となった。

東北に出かける

四月のはじめに大学の近くのカレー屋に行くと同僚の熊谷圭知教授と助教の小田隆史君と一緒になった。熊谷教授のお父上は陸前高田の出身、小田君の実家はいわき市である。なぜ東北に行かないのかと聞くと、「何をしていいのか分からない」という。「何ができるか分からないけど、ともかく行って状況を見ることから始めよう」ということになった。四月に私が購入したばかりの軽自動車で東北に出かけた。

気仙沼、大船渡、陸前高田を回った。震災から一か月もたっていない東北の状況は驚くべきものであった。多くの方々が亡くなった地域や学校現場、そしてえんえんと続く瓦礫の山になんということが起きたのかと呆然とした。

気仙沼は細長い湾の沿岸にある石油タンクが湾内で燃え広がった。津波と火災の被害で一か月後も市内には火事場の臭いが立ち込めていた。大船渡は海産物の加工工場が立ち並んでいた街である。それが津波で倒壊した。そのため、魚の腐った臭いに覆い尽くされていた。私はテレビでは体感できない災害のすさまじさを、全身で感じた。

陸前高田

陸前高田では七万本といわれた海岸沿いの松林がなぎ倒されていた。一本残った奇跡の松も見た（図5－1）。避難所になっていた体育館が津波に襲われ、そこに避難していた五〇人以上の方が亡くなった。助かったのは天井の梁に引っかかった二、三人の方だけだという。廃墟となった体育館を見たときに人々の叫び声が聞こえてくるようであった。そして、陸前高田では何の臭いもしないのを奇妙に感じた。陸前高田は平坦であり、すべてが津波に襲われて流されてしまったのである。瓦礫の山は海岸からかなり離れたところに山積みになっていた。そして津波は陸前高田を流れる気仙川をさかのぼり、五キロもの上流まで両岸の鉄道線路や家屋を破壊しつくした。

図5－1　陸前高田、奇跡の一本松　2011年4月。

陸前高田では熊谷教授の親戚の家で話を聞いた。家は川岸にあったが、そのすぐ下まで津波が来たという。居間には亡くなられたご親族の五つのご位牌が並んでいた。「火葬するのが大変でした」という言葉に胸を突かれた。

陸前高田では四階建ての市役所も破壊されプレハブの仮設の役所である。そこで戸羽太市長にお話をうかがった。市長ご自身が奥様を亡くされた。「遺体が見つかっただけで喜びを感じるというように、感覚が麻痺しているんです」と寂しそうに微笑されていたが、悲しみの深さが伝わってきた。そして「復興は復元ではなく、昔の陸前高田のイメージではなく、頭を切り替えて、若い人が住める街を目指したい」、そのため「地元を知らない外部の人たちが、いろいろなオルタナティヴを出してほしい」と話された。

私たちに何ができるのであろうかと考えながら、その後も月に一度のペースで、東北に足を運んだ。六月には気仙川の河原で、被災した家族とバーベキューを楽しんだり、盛岡にいる私の息子のチームにマンドリンの演奏を行ってもらったりした。しかし、ほかにお茶の水女子大学らしい活動があるのではないかと摸索していた。

林崎仮設住宅

二〇一一年の七月に陸前高田の海岸のすぐ近くに林崎小学校を訪れた。林崎小学校は少し高台にあり被害を免れた。校庭にはぎっしりと仮設住宅が立ち並んでいる。自衛隊によるお風呂のサービスが行われていた。この林崎仮設住宅のリーダーの佐藤さんは、牡蠣の養殖を行っていたがすべてが流されてしまった。東京の築地市場には佐藤の牡蠣として知られる品質だったという。

佐藤さんは仮設住宅の課題の一つは「皆が話し合う場がない。狭い仮設住宅に閉じこもってしまいがちだ。特に高齢の女性たちが外に出ない」のだという。早く養殖を復活したいという日に焼けた佐藤さんの顔が曇っていた。

大学に戻って学生たちと話し合いを行い、仮設住宅の横に近くできあがる林崎地区集会所でカフェを開くことはできるのではないかと、話がまとまった。コミュニティカフェの開催である。そこにお茶の水女子大学の学生が出向き仮設の住民と珈琲やお茶を飲みながら話をするのである。家に引きこもりがちな住民に出てきてもらうのである。学生たちは珈琲を入れて話を聞くのである。それは仮設住宅の人々にとって心を開放する時間を提供できるのではないか。そして学生は話を聞くことで様々な学びが起きるのではないか。また、学生にとって得がたいボランティア活動の場を提供できるのではないか、と思ったのである。

しかし、まったく金がない、学生の旅費はどうするか、珈琲の材料はどうするか、機械や備品はどうするのか、無いものずくしである。学生の派遣はこの活動への参加を単位にすることで自費で参加してくれるのではないかということになった。問題は珈琲の機械・備品や豆である。

私は東ティモールの珈琲のフェアトレードの調査をしたこともあり、大き目の珈琲メーカーや焙煎機を持っていた。これを陸前高田に持って行けばいいと思った。しかし、コーヒー豆や机やカップ等の什器が必要だった。

カフェを始める

そのとき、ふと珈琲の支援だからコーヒー屋さんに声をかけたらどうだろうかと思いついた。私は大学や家で珈琲の生豆から焙煎していたので、生豆を買っている店があった。それは浅草橋にあるワイルド珈琲店である。さっそく店主の天羽信冶さんに電話をかけた。「今度お茶大の学生たちと陸前高田の仮設住宅の集会所でカフェをやろうと思っています。そこで、あつかましいのですが何か寄付していただけませんか」。天羽さんはすぐさま「それはいつですか」と聞く。「九月一〇日と一一日です」と答えた。すると天羽さんは「私もその日に珈琲の道具を持って陸前高田に行きますよ」というのである。天羽さんは寄付しますとも何を持ってきてくれるとも何ともいわれなかった。でもその日の珈琲は大丈夫だろうと思った。

図5－2　林崎仮設住宅集会所　2011年9月10日。

九月九日に私は軽自動車で妻や学生と陸前高田に行き、一〇日の朝、集会所で「お茶っ子カフェ」の準備を始めた（図5－2）。

そこへ天羽さんのお店の大きなバンが到着した。天羽さんとお店の女性の店員さんの二人が降りてきて「東京から徹夜で運転してきました」という。お二人はさっそく車から荷物を集会所に運びはじめた。業務用の珈琲メーカー二台、業務用のコーヒーミル、机、大量の紙コップ、コーヒー豆、砂糖、ミルク、ビスケットそれぞれ一〇〇〇人分である。「機器も珈琲もすべて寄付します」というのである。天羽さんは徹夜運転の疲れも見せずに運び込んだ機器を組み立て、機械の使い方を学生たちに教えはじめた（図５－３）。

大きな喫茶店にしかないような業務用の器具はいったいいくらするのであろうか。全部新品である。珈琲メーカーのガラスポットは破損することもあるので予備のポットも用意されている。コーヒー豆や砂糖、ミルクなど一〇〇杯分というのはどのくらいするのか見当もつかない。

集会所の中はかぐわしい珈琲の香りで満たされた。リーダーの佐藤さん家族をはじめ一〇人ほどの仮設の人々が集まってくれた。学生たちは慣れない手つきで珈琲を配りはじめた。私は学生の入れてくれた珈琲を味わいながら、涙を抑えるのに苦労した。

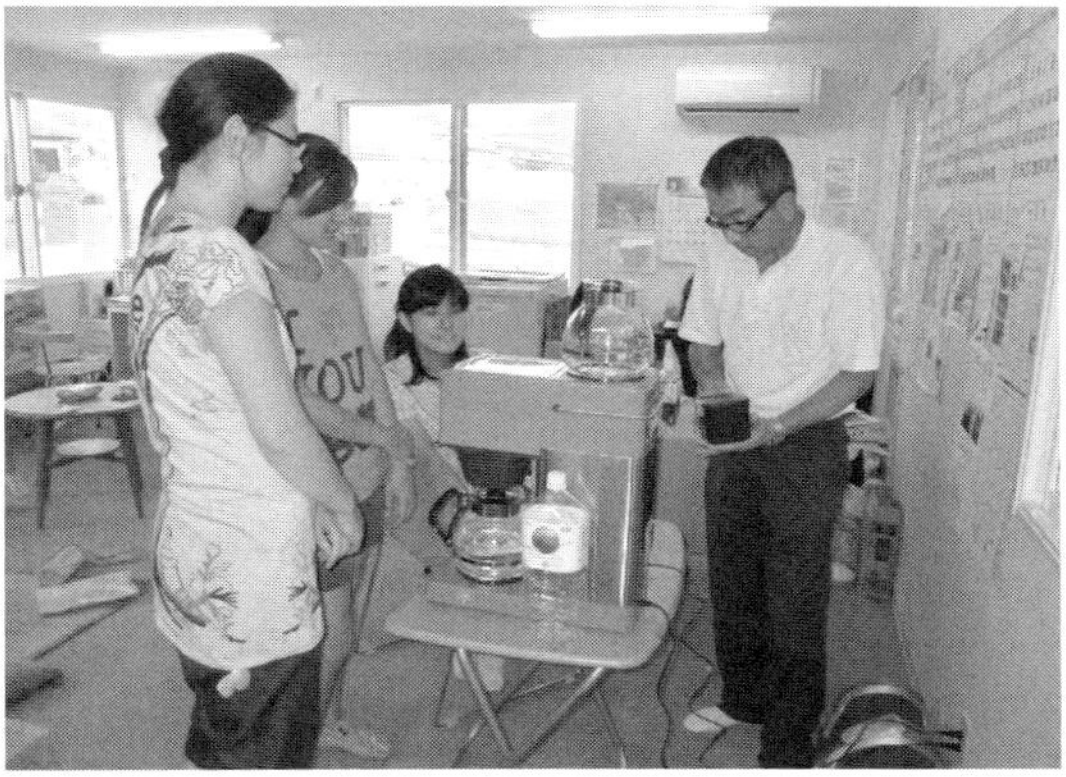

図５－３　林崎仮設住宅週箇所でお茶大生に珈琲の入れ方を教える天羽さん　2011年9月10日。

天羽さんに聞いた。「どうしてこんなに寄付してくださるのですか」。天羽さんは「東北の状況を見聞きして、何かしたいと思っていました。そこに先生から電話があったんです。私の知識を生かすことのできるボランティアです。やるのが当たり前ではないですか」という。人間とはなんと素敵なのだろうかと思わずにはいられなかった。

後日、熊谷教授とともに浅草橋のお店に行き、天羽さんにお礼とその後の状況をお話しした。天羽さんは「たいしたことをしたわけではありません。わざわざ足を運んでくださりありがとうございます」といって、珈琲を出してくれた。陸前高田で学生が作ってくれた珈琲も美味しかったが、やはり本職の入れる珈琲は違うなと思いながら、熱い液体がのどを通るのがうれしかった。

書評『〈できること〉の見つけ方——全盲女子大生が手に入れた大切なもの』

著者の石田由香理さんは、国際基督教大学（ＩＣＵ）を卒業した全盲の学生である。西村幹子さんはＩＣＵ教養学部の上級准教授である。西村さんの書かれた二つの章の中に石田さんの文章がはさまれており、共著となっているが、内容は石田さんの文章に、西村さんが解説を付けたというほうが正確であろう。

著者について

はじめに二人の著者について本書の中から紹介しておこう。石田由香理さんは大阪生まれ、三人兄弟の末っ子、一歳三か月のときに網膜芽細胞腫《もうまくがさいぼうしゅ》という眼球にできる癌の病気で転移予防のため眼球を摘出したために全盲である。和歌山県盲学校から東京の護国寺にある筑波大学附属特別支援学校高等部（付属盲学校）に進学した。一年間の浪人生活を京都の盲学校で過ごし、国際基督教大学に合格。三年生修了後、フィリピンに一一か月留学、ＩＣＵ卒業後は同大学大学院に進学し、二〇一四年九月からイギリスのサセックス大学教育系大学院で学んでいる。

もう一人の著者西村さんは、私にとって一五年以上前からの若い友人で、ウガンダやアフガニスタンでもご一緒したことがある。国際教育開発やアフリカ教育研究の分野で意欲的な研究を進めておられる。その西村さんがＩＣＵへの赴任を前にした二〇一一年二月に石田さんから届いた一通のメールから物語は始まる。西村さんの講義に全盲の学生が参加するというのである。

本書の内容

「はじめに」では、西村さんの講義を石田さんが受講することになり、初めての全盲の学生との出会いで西村さん自身が様々なことに気づき、また石田さんから学ぶ場面が描かれている。例えば、大学が点字ブロックを設置したりしてバリアフリー化することは、実は障がいのある人を自立の名のものに孤立させてしまうのではないか、他の学生との関わりこそが大切だということを教えられる。

第一章「私がいたら邪魔？」は石田さん自身が振り返る大学に入るまでの思い出である。この中で、大学進学をめぐっての母親との確執が、石田さんの側から語られている。「あんたは目が見えないのやから、どうせ将来就職なんか無理やから、高いお金使って大学行っていったいなんになる。……」という言葉に自分の存在が否定されたという思いを強くする。この思いは本書の通奏低音のように流れている。私は、この言葉を石田さんとは少し違って、お母さんとしての愛に裏打ちされた言葉と受け取りたい。

第二章「自ら壁を作っていたかもしれない最初の一年」はＩＣＵでの寮生活の体験が語られる。寮での役員をめぐる確執、アルバイトでの苦い思い出を経て、フィリピンへのスタディーツアーに参加した体験が語られる。石田さんはフィリピンへのスタディーツアーはＮＧＯのフリー・ザ・チルドレン・ジャパン（ＦＴＣＪ）が行っているもので、困難な状況にある子どもたちとの交流を中心としたツアーである。このツアーで、石田さんは傷ついた子どもたちとのふれあいから自分が何かできるのではないかと感ずるのである。

第三章「みんなの『できること』を見つけたい」はスタディーツアーから戻って、再びフィリピンに一か月留学した現地での経験が語られる。ここには第一章の内向きの石田さんとは違う、前向きの石田さんが生き生きと語られている。フィリピンの盲学校での体験は、心打たれる話が続く。

第四章「見方が変われば景色が変わる」は石田さんの最近の生活のエピソードが語られる。フィリピンから帰国し、積極的に人生を始めた石田さんの生き生きした生活の点景は、思わず笑い、思わず胸をうたれる。服飾デザイナーの横森さんとの話は盲人であっても服装へのセンスや色が大切なことを教えてくれる。また、一章で語られた浪人生活を経てICUに合格したとき、周りの人たちと喜びを分かち合う話が、やっとここで語られる。ここまでの石田さんの文章は率直かつ論理的であり、思わず読み進めてしまう魅力に富んだ筆運びである。

第五章「誰にでもできることがある社会を求めて」は再び西村さんの思いが語られる。アマルティア・センのケイパビリティ、本書のタイトルをめぐる石田さんと西村さんの葛藤、最後にインクルーシブな社会、インクルーシブな教育について西村さんの思いが語られる。

私が感じたこと、思い出したこと

私は本書を読み終えて、私自身の経験と思いも合わせていくつかのことを感じた。まず、心を打たれたのは、七二頁にあるICUにはじめて全盲学生として入学した草山こずえさんの在学記録の中から石田さんが発見した文章である。「周囲からいろいろ助けていただく代わりに、私にとってできることは誠実でいることだけです」とこずえさんが記している。この言葉に石田さんは入学前の母親との葛藤や自分が大学に入る意味について考えてきたことの答えと感じたとある。

哲学者の三木清が、ゲーテの「幸福とは人格である」を引用して、幸福とは人のうちにあり外に表れる。人に寛容であり、親切であるということなのだ、ということをいっている（三木清『人生論ノート』）。誠実であることも、このような意味で幸福の形なのだと思う。石田さんが見出した言葉は私自身にとってもとても大切なことだと考えている。

私自身、二〇代から三〇代にかけて盲人のクリスチャンのためのいくつかのプロジェクトを行った。ひとつはテープ雑誌（年四回発行）の作成であり、日曜学校のクリスマス献金での『声の聖書』の制作である。また、全盲の子どもの学校生活を描いた『目の見えないお友達』という音声スライドセットを制作した。その取材と撮影のために石田さんが通った東京護国寺にある筑波大学付属盲学校に何度も足を運んだ。そこでは西村さんが石田さんとの出会いから感じたのと同じような積極的で前向きな盲児に心を動かされたことを覚えている。

もう一つ思い出したことは、石田さんが服の話に関連したことである。私も全盲の友人から、「『ワイシャツの襟が汚れているよ』と、人に言われてとても恥ずかしい思いをした。だから僕の服がおかしかったら教えてほしい。それが友情だと思ってほしい」といわれた。障がいのある人と当たり前に付き合うことの難しさと楽しさを知らされた。

石田さんのフィリピンの経験の一つにフィリピンの盲人の教会の状況が語られている。何もない、十字架すらない教会の壁に折り紙を飾っていくという話である。私のはじめての海外は四〇年前に日韓の盲人クリスチャンの交流会に同行してソウルに行ったことである。そこで、私は、韓国の盲人の方の教会を見て、石田さんと同じ思いを抱いた。そして韓国の盲人の方々の生活を見て心痛めたが、一方韓国の盲人の方々の人格の素晴らしさ、心温まる親切な歓迎に、何かをしなければ、自分でも何かできるのではと思ったことが忘れられない。この韓国での体験が、私が国際協力を自分の仕事として選んだことの原点であると思っている。

この本を読むと、私自身心の奥にしまっていた、色々なことが出てきて、本書は私自身にとってとても大切な本になった。

おわりに

石田さんはたくさんのボランティアの方々の支援を前向きに受け止め、「自分を支えてくれる人たちに自分は何ができるだろうか」という問いに対する答えを見つける過程をこの本で一つの形にしたのだと思う。そして今、サセックス大学で国際教育開発あるいは国際教育協力について学んでいるのではないかと思う。石田さんがフィリピンでの経験とＩＣＵ、サセックス大学での学びと研究からどのような歩みを始めるのか期待を持って見つめたい。また、私に石田さんをはじめとする国際協力に思いを持った若い研究者に何ができるかを問い直していきたい。

本書は、岩波ジュニア新書として二〇一四年一一月に出版された。ジュニア新書は高校生を主な対象としたシリーズであるが、本書は大学生や社会人もひも解く価値のある本であると思う。

【付記】　石田由香里・西村幹子著、岩波ジュニア新書、二〇一四年。本節は『ボランティア学研究』第一五号に掲載されたものである。本書への収録にあたり、意味を変えない範囲で、一部表記等の変更を行った。

第II部 難民

◈第Ⅱ部は難民に関する調査研究や難民へのインタビュー、エッセイをまとめた。第6章は「難民と教育――カクマ難民キャンプにて」である。これは二〇一五年と二〇一六年に行った、ケニアのカクマ難民キャンプでの教育調査の報告である。この調査で二つのことを強く記憶している。一つはインタビューした初等学校の子どもたちの力強さである。難民となって教育を受けることで自分の人生を切り開いていこうという強い意志を感じた。これは日本の小中学生からは感じられない強さであった。今一つは、カクマ難民キャンプでは一週間の滞在であったが、体調を崩して同行の澤村信英教授（大阪大学）や阪大の院生に迷惑をかけたことである。ふらふらになり額に熱冷ましのシートを張って飛行機に乗った。

第7章と8章は、難民の第三国定住に関する二〇一五年と二〇一七年の、ケニアのナイロビでの調査報告である。これはあまり研究されていない分野でもあり、システムと定住前の文化研修を中心に調査した。なぜならば、こうした知見は日本にとって今後重要になると思ったからである。

第9章は、上記の第三国定住の調査で出会ったソマリア難民の家族のインタビュー記録である。ともかく難民の家族の生の声を聞きたいと思い、実現した記録である。

第10章は、JICA客員研究員として作成した報告書「復興支援における教育支援のあり方」の一部である。二〇〇〇年代のはじめはアフガニスタン支援に関わりながら、シエラレオネや東ティモールなど紛争後の国や地域に出かけて調査を行っていた。紛争後の復興支援の研究の中で作成したものである。また、当時発行されたINEEの「緊急教育支援のミニマムスタンダード」も訳して冊子やWEBに掲載するなど、復興期の教育協力を良いものにするにはどうしたらいいかを常に考えていた。

こうした調査の中で出会った南スーダンの男の子の顔が今でも忘れられない。戦闘で父を亡くし、母親と一緒にジュバに逃げてきた。一〇歳くらいの幼さの残る子の、希望を失いうつろな目を見て、心が痛んだ。思い出すたびに、祈ること、思い続けることが大切なのは分かるが、一歩踏み出すことの重要性を感じるのである。

第6章

難民と教育
――カクマ難民キャンプにて――

1　はじめに

一九九一年一二月のソ連の崩壊により、四〇年以上にわたる冷戦構造が終焉した。東欧や旧ソ連圏の独立と自由化、さらには東西ドイツの統一等の大きな変化が生起した。こうした報道は民族自決、抑圧からの解放、民主主義の勝利等々、世界が平和に向かうことを予感させ、明るいニュースとして迎えられた。しかし、一方で九〇年代は地域紛争が激化し、独立戦争や対外的な戦争と同時に内戦や地域紛争が各地で勃発した。国内の内戦や紛争の激化は大量の難民や国内避難民（ＩＤＰ）の発生をもたらした。アフガニスタン、東ティモール、ミャンマー、中東地域とともにアフリカの多くの国で紛争が収まらない。二一世紀に入って二〇年を迎えようとする現在でもシリアや南スーダンの紛争は出口のない状態が続いている。

こうした中で、国境を越える難民や国内避難民の数は増え続けている。ＵＮＨＣＲ（国連難民高等弁務官事務所）

によると二〇一七年の段階で難民が二五四〇万人、庇護申請者（Asylum-seekers）三一〇万人、国内避難民四〇〇〇万人で、総計六八五〇万人と報告されている。各地の内戦、紛争による難民の発生は継続しており、難民問題は国際的な最重要課題であり、そして解決の難しい最難関課題である。

私は二〇〇二年から新生アフガニスタンの教育復興支援に関わって以来、ポストコンフリクト状況における教育を見てきた。調査したのは難民流出国としては、シエラレオネ、東ティモール、ルワンダ、南スーダン、ウガンダ等であり、難民受入国としてはケニア、ウガンダである、第三国定住国としてはアメリカの調査を行った。私自身はこれまでアフリカを中心とした教育開発にかかる調査研究をしてきたために、アフリカにおける難民の教育課題を検討してきた。

本章では難民と教育の課題を二〇一五年と二〇一六年に行ったケニア北西部のカクマ難民キャンプでの調査を中心に述べてみたい。

2　難民化効果

私は二〇〇〇年以降、ケニアにおいてマサイが居住するナロック県とスワヒリ地域のラム島の教育調査を行ってきた。その際の関心は伝統的な社会における近代教育の意味あるいは位置づけである。それを子どもの生活と学校の状況から明らかにしようというものであった。伝統的社会は近代教育に対して敵対的といわれてきたが、私が調査を始めてからのおよそ二〇年間で、大きく変化し、教育への志向性は高まっている。それは国の教育政策や経済発展等の影響が大きいが、それだけでは説明がつかない。それ以上に伝統的社会そのものが変化してきているのである。それは例えば、これまで就学率が低かった女児の就学率が高くなったことに現れている。

その後、アフガニスタン、東ティモール、ウガンダ、南スーダン等で紛争後の社会や難民コミュニティにおける教育調査を行った。こうした中で、紛争後の社会や難民を経験した家族の教育に対する認識や期待が非常に大きいことに気がついた。紛争後の困難な状況の中で始まった学校には多くの子どもが集まり、教室は子どもたちで文字通り溢れんばかりであった。また、教室がなく木の下で始まった学校にも子どもたちが熱心に集まっているのである（図6－1、6－2）。こうした難民を経験した人々や子どもの教育熱の高まりを、あまりよい表現ではないが、「難民化効果」（Refugee Effect）と名づけた。

なぜ難民経験が教育への期待を高めるのか。これに関しては、いくつかの指摘がある。紛争や難民化によって土地や財産は失うが、知識、技能や資格などの教育によって付与されるものが失われることはない。私は、それゆえ教育

図6－1　ウガンダ・アムリ県、帰還したIDPの村の野外学校　2014年9月。

図6－2　帰還IDPが建設した4年生までの学校　ウガンダ・アムリ県・リリャンゴ村、2014年9月。

への志向性が高まるのではないかと考えている。また、難民となった国での教育や難民キャンプの教育経験も無視できない。難民や紛争後の国に対しては国際機関やNGOが活発に活動するため、資格や英語力が就業に必要となり、そのために、近代教育への需要が高まることもあるだろう(1)。

3 難民支援

難民に対する支援は、UNHCRをはじめとする国連機関、国際機関、各国援助機関、そして国際NGOおよびローカルNGOによって行われている。しかし、最も重要なのは難民受入国のオーナーシップである。当該国のキャパシティーと国連機関の関わりによっていくつかのパターンがあるが、長期的に見てその国のガバナンスを担う政府の強化と長期的な視点からの支援策が重要であることは自明のことである(内海 二〇一七)。

日本は政府資金による国連機関や国際機関を通しての支援のほかに、JICAやNGOによる支援を行っている。特に近年、日本のNGOの難民支援が活発化しているが、その一つの理由はジャパン・プラットフォーム(JPF)を通して政府資金や民間資金が国際緊急人道支援を行うNGOに供与される仕組みができたことが大きい。難民支援には食料や物資の配布、シェルター(住居)の提供、保健衛生の支援とともに教育の提供が重要な分野を占めている(2)。

私はJPFの助成審査に関わり、各NGOによる難民支援を見てきた。国際緊急人道支援はまさに緊急事態の中で行われるために復興開発支援とは異なることは当然である。しかし、教育分野の支援であるからには、国際教育協力の視点から何が異なり、何が同じであるかを検討する必要がある。そこで実際に難民への教育支援の現場を調査し、現状と課題を探る必要があると考えた。二〇一五年九月と二〇一六年九月の二回にわたってそれぞれ二週間程度であるが、ケニア北部のカクマ難民キャンプでの教育の現状および支援状況を調査することができた。

カクマ難民キャンプは一九九〇年代から独立をめぐって内戦が続いた南部スーダンからの難民を中心に受け入れて

きた。二〇一一年七月の南スーダン独立後に難民数が減少し、支援も縮小された。しかし、独立後、二〇一三年末から始まった南スーダンの紛争により再び難民が急増した。そのため新たに形成された「カクマⅣ」と呼ばれる難民キャンプを中心に国際支援が再開された。この新たに形成されたカクマⅣを中心に調査することにした。

二年間のカクマでの調査の中で、これまで私が考えてきた教育の難民化効果と全く異なる現象を見ることになった。すなわち、難民となることで教育への志向性が高まるのではなく、教育を求めて難民になる子どもや青年が見られたのである。教育を求めて難民となる、つまり「教育難民化」とでもいうべき事態が起きているのである。こうした状況を踏まえて、本章ではカクマ難民キャンプにおける学校の状況と生徒の調査から難民の教育支援の状況と課題を検討したい(3)。

4　南スーダンの情勢

南スーダンは二〇一一年七月九日、二〇年以上にわたる独立戦争の末にスーダンから独立した。私は、独立前の二〇〇九年八月に（すでにGOSS：Government of Southern Sudan として機能していた）はじめて南部スーダンの教育調査を行ってから、何度か同国を訪れた。教育省はもとより、ジュバ大学、ジョン・ガラン中等学校、そして初等学校（七年制）等を訪問した。ジュバで最も古い女子初等学校であるジュバ第一女子初等学校では破壊された校舎に職員室もなく、教材もほとんどなかったが、多くの女子生徒が集まっていた（図6－3）。

教育省では新国家建設の熱気を感じた。国際機関や援助機関からの支援により、行政組織作りや校舎建設が始まっていた。例えばユニセフの支援で全国規模の教育統計が行われていた。日本は教員研修施設の建設、教育行政専門家の派遣、NGOによる学校建設、井戸掘り、トイレ建設等の支援を行っていた。

また、独立により多くの難民が帰還した。一九九〇年代初頭に始まったカクマ難民キャンプの縮小、さらには閉鎖

図６－３　ジュバ第一女子初等学校　南部スーダン・ジュバ、2009年８月。

との情報が聞こえてきた。しかし、南スーダン国内は、長期にわたる戦闘により電気・水道・道路等のほとんどのインフラが破壊されていた。そして独立戦争によって一五〇万人以上の死者が出たといわれており、たくさんの孤児や寡婦が生み出された。今でもその頃ジュバで会って話を聞いた、目がうつろで不安そうな孤児の顔が目に浮かぶ。

南スーダンの独立は二〇一一年であるが、二〇〇五年のナイロビでの和平合意により独立戦争の英雄ジョン・ガラン・デ・マビオル（John Garang de Mabior）による自治政府が始まっていた。ジョン・ガランはスーダン人民解放運動（ＳＰＬＭ：Sudan People's Liberation Movement）の議長であり最高司令官であった。そして自治政府の長でもあったが、二〇〇五年七月三〇日にウガンダからの帰国の際、ヘリコプターの墜落事故で死亡した。その後、そして独立後もＳＰＬＭが政権を担当し、独立後の大統領はキール（Salva Kiir Mayardit）、副大統領はリエック（Riek Machar Teny）でいずれもＳＰＬＭの指導者である。この政権は多民族国家南スーダンの代表的民族であるディンカとヌアーのバランスの上に成立したものであった。

ジョン・ガランの記念墓所がジュバの中央部にある。墓所を訪れた際に、警備兵とのやり取りから、兵士の規律が不十分なことに不安を感じた。そんな思いは現実のものとなり、二〇一三年一二月にキールとリエックとの対立が武力衝突となり内戦状態となった。そのため再び大量の難民がケニア、ウガンダ、エチオピアに流出したのである。

5　ケニアの難民

ケニアには南スーダンやソマリア等から多くの難民が流入し、二〇一六年のＵＮＨＣＲの報告ではその数は五六万人である。最も多いのはソマリア難民で、その多くはソマリア国境のダダーブ難民キャンプ（三四万人）に居住している。また、首都のナイロビにも約六万人のソマリア難民が集住している。南スーダン難民の多くは北西部のカクマ難民キャンプ（一六万人）に居住している。難民および庇護希望者（Asylum-seekers）の数は政治情勢により大きく変動する。また難民の第三国定住もアメリカを中心として多くの国で活発に行われている。

図６－４　UNHCR ナイロビ事務所で難民登録を待つソマリア難民　2015 年 9 月。

またナイロビのＵＮＨＣＲ事務所前は難民登録を申請する人々で溢れ、ＵＮＨＣＲは連日約五〇〇人の難民の登録を行っていた（図６－４）[4]。

南スーダン難民は二〇一三年一二月の内戦勃発以来急増し、多くはカクマ難民キャンプに流入した。二〇一六年のカクマ難民キャンプの難民数は約一五万人で、そのうちの五一パーセントが南スーダン出身者である。さらに二〇一六年一一月には南スーダン内での戦火の拡大により、新たに多くの難民がウガンダに流出している。二〇一七年九月現在、ウガンダの南スーダン難民数は一三〇万人といわれている（ウガンダ首相府による）。ウガンダはケニアと異なり難民キャンプではなく、セツルメントを用意し、難民居住地に難民を受け入れている[5]。

難民の流入は政治問題であると同時に、難民に対する対応は人道上の課題である。そのため、難民の流入に対しては国際的な支援が要請される。難民に対する国際緊急人道支援は生存のための住居、水・食料、医療とともに教育支援が大きな課題となる。その理由は難民には多くの子どもが含まれているからであり、彼らに対して保護と教育の機会を提供することが必要だからである。また、難民の滞在が長期化することも教育の必要性を高めている。近年では学校の存在は支援のセンターとなり、子どもが学校にいることで親への支援が効果的になることも指摘されている。

私自身、先に述べたように日本の国際NGOの緊急人道支援の中間組織であるJPFに関わっているが、NGOによる難民への支援内容には教育分野や子どもへの支援が多くなっている。これは二〇〇〇年代の半ばから目につくようになり、二〇一〇年代に入ってからは多くのNGOが手がけるようになった。

6 難民の教育調査

なぜ難民の教育を調査するのか

難民問題の根本的な解決は、帰還、流入国での定住、そして第三国定住の三つの方法しかないといわれる。帰還と流入国での定住が進まない中で、第三国定住の重要性は高まっている。アメリカのように毎年七万人から一〇万人規模で難民を受け入れてきた国もある（しかし、第8章で述べるようにトランプ政権は難民受け入れに否定的であり、アメリカへの定住は急速に減速しており、今後も不透明である）。カナダ、オーストラリア、ヨーロッパ諸国は積極的であるが、受け入れ人数は多くない。近年のシリア危機ではEU諸国、特にドイツが多数の難民の第三国定住を行っている。しかし、同時に第三国定住は受入国において政治問題となりやすく、その拡大は困難な状況にある。

一方、帰還に関しては、その実現には当事国の紛争の終結、政治的安定が必要である。そのためには経済的な安定と同時に教育の普及が重要であり、難民への教育支援が喫緊の課題なのはこのためでもある。

難民に対する教育支援はUNHCR、ユニセフをはじめとする国連機関や国際機関、国際NGOおよび大学等によって活発に行われるようになった。国際緊急人道支援における教育支援に関する国際的緊急教育支援グループである国際緊急教育支援ネットワーク（INEE：Inter-Agency Network for Education Emergencies）が「教育ミニマムスタンダード：緊急時の教育のための最低基準」（INEE 二〇一一）においてその必要性や支援策の基準を提示している。このミニマムスタンダードは、人道支援の基準を定めたスフィア・スタンダードに教育分野がないために作成されたものである。ただし、これはあくまでも一般的な基準であり、それが現場においてどのように行われているかは別問題である。

日本においては先に述べたJPFを通じて、主として政府資金による難民支援が行われ、教育支援も増大している。またこれまで、緊急人道支援における教育支援は初等教育が中心であったが、就学前教育や中等教育に拡大している。支援内容も学校建設から教育研修、社会心理的支援、青少年活動、保健教育等々多様化しつつある（JPF 二〇一七）。

その支援内容や成果は各援助団体の報告やJPFによるモニタリング調査によって報告されている。しかし、緊急人道支援としての教育支援は、緊急性、および、現場が難民キャンプ内にあることから、実態をつかむことが難しい。そのため、二〇一六年からNGOの協力を得て、カクマ難民キャンプ内の学校の調査を行うことにした。その主な目的は学校の実態を明らかにすることと今後の支援課題を検討することである。

調査地と調査対象

調査地であるカクマ難民キャンプはケニア北西部トゥルカナ県にあり、南スーダン国境から約一〇〇キロ離れている。ナイロビからは小型のプロペラジェット機で約二時間である。ナイロビ–カクマ間の飛行機は週二往復（月曜日と金曜日）の便が、国連によって運行され、ナイロビのウイルソン空港と難民キャンプに隣接したカクマ空港を結んでいる。

図６－５　難民キャンプの入り口、カクマⅣ

カクマ難民キャンプは南スーダン独立戦争の激化に伴う難民流入を受けて一九九二年にＵＮＨＣＲの支援によって開設された。二〇一七年にはカクマⅠからⅣまでの四つのキャンプと、二〇キロほど離れたところに居住型キャンプとしてカロベイエ居住区が開設され、あわせて五つの地区から構成されている。カクマには副大統領府カクマ事務所、ＵＮＨＣＲカクマ事務所と宿舎のほか、各国際機関、ＮＧＯの事務所や宿舎が設置されている。また、木の橋のかかる川をはさんで三〇〇メートルほど離れたカクマの町には様々な店舗やレストランがある。

難民キャンプは囲いがあるわけではなく、自由に出入りできるが、許可のない外部者の出入りはできず、また難民も外に出ることは原則禁止されている（図６－５）。難民以外のケニア人等は夜間（六時以降）キャンプ内にとどまることはできない。

南スーダン人はケニアとの国境を越えると、そこにあるＵＮＨＣＲレセプションセンターで難民登録をし、カクマキャンプにバスで移送される。キャンプ内ではシェルターが用意され、後に述べるように食料や薪の配布も行われる。シェルターは柱や扉の材料となる木材と屋根のブリキ板が供与されるだけで、壁の日干し煉瓦は難民自身で作る必要がある。

調査は二〇一五年九月と二〇一六年九月にカクマ難民キャンプ内で実施した。調査内容はドナー側としてＵＮＨＣＲの教育担当官、教育分野のＩＰ（Implementation Partner）であるルーテル世界連盟・ケニア（初等教育）、ウインドル・トラスト・ケニア（中等教育）の担当者、日本のＮＧＯ難民を助ける会（ＡＡＲ）、ピースウィンズジャパン（ＰＷＪ）へのインタビュー、初等教育と中等教育学校の校長や教員へのインタビューと生徒への質問紙およびインタビュー調査である。また二〇一六年には初等教育七年生（P7）、中等教育二年生（F2）への質問紙調査も行った。質問紙調査の回収数は初等学校P7で七七名、中等学校F2は五三名であった[6]。

南スーダンでは独立後に教育言語がアラビア語から英語に変更された（実際には二〇〇五年の自治政府の成立後、学年進行で英語に切り替わっている）。また、難民キャンプ内ではケニアのカリキュラムに基づいて教育が行われているため、生徒の英語力は調査するに十分である。スワヒリ語は教科として教えられており、またケニアの卒業試験科目であるが、南スーダンではほとんど使われていないため生徒は苦手としていた。

7　難民キャンプにおける教育

教育システム

カクマ難民キャンプ内での教育制度は、ケニアのシステムに準拠したものである。学校は公立ではなく、すべてUNHCRとIPによって運営されている（政府認可の私立学校の位置づけ）。そのためケニア政府の無償教育制度による支援はなく、校舎建設、教員採用や給与、教科書等の教材教具もすべてUNHCRとIPによって提供されており、学費は無償である。通学にはかばん、そしてノート、ボールペンなどの文房具が必要だが、これらは十分に支給されず、不足分は生徒自身が用意しなければならない。また、スクール・ユニフォームに関しては、女子生徒にのみ支給される。ただしそれも一度だけで、破損したり小さくなったりすると自分で用意しなければならない。男子生徒にはスクール・ユニフォームの支給がない。中等学校を訪問した際に、このことに不満を述べる生徒の声を聴いた。学校給食は二部制をとっている学校も多いため実施している学校もある。それも予算の関係からポリッジのみが用意されていた。

初等教育修了時（スタンダード8〔八学年〕の一二月）と中等教育修了時（フォーム4〔四学年〕の一二月）には

それぞれケニア初等教育資格ＫＣＰＥとケニア中等教育資格ＫＣＳＥの試験を受ける。教師はケニアの教員資格を有することが採用の条件である。しかし、難民から資格のない教員を短期間の研修を行って採用している。カクマの初等教育の教師の半数以上は難民教師であるという。このようにキャンプ内の学校は基本的にケニア国内の公立学校のシステムを踏襲している。

カクマ難民キャンプにおける教育機関としては、幼児教育施設が一二園、初等学校（八年制）が二〇校、中等学校（四年制）五校である。そのほかに、国際ＮＧＯドン・ボスコの職業訓練校が一校ある。また、スイスのジュネーブ大学はインターネットによる遠隔教育でサーティフィケートコース（看護やＩＣＴ）を行っている。かつてあった教員養成学校は活動していないが、難民に初等教員資格を与える短期間の訓練コースがＮＧＯによって運営されている。さらに、ドイツ政府や民間財団の支援により高等教育への奨学金制度があり、少数（一〇名以下）だが毎年カナダやケニアの大学に進学することが可能である。

教育統計(7)

二〇一四年から二〇一六年までの生徒数および就学率を表6－1に示す。全体の傾向をつかむために初等学校の就学率を見てみよう。各年の総就学率は、一〇七・三パーセント（二〇一四年）、一二三・〇パーセント（二〇一五年）、一二二・三パーセント（二〇一六年）である。二〇一四年から一五年にかけて生徒数も就学率も高くなっている。それが二〇一六年には多少落ち着いたようである。これは二〇一三年末の内戦で難民が増加したことの影響であろう。

表6－1から見て取れる問題は三つあると思われる。一つは中等教育の就学率が非常に悪いことである。例えば二〇一六年の中等教育就学率は総就学率（ＧＥＲ）で二四・二パーセント、純就学率（ＰＥＲ）では三・二パーセントである。三パーセント台の就学率ということは当該学齢期の子どもの三〇人に一人しか学校にいないことになる。これはタリバン時代のアフガニスタンの女子初等就学率と同じである。カクマのあるケニアのトゥルカナ地区と比べて

表6－1　カクマ難民キャンプ内学校の生徒数、総就学率（GER）、純就学率（PER）（2014－2016年・教育段階別）

年	指標	就学前教育			初等学校			中等学校		
		男	女	計	男	女	計	男	女	計
2014	生徒数（人）	4,953	4,809	9,762	30,764	19,244	50,008	2,700	674	3,374
	GER（%）	53.9	50.3	52.1	144.8	75.9	107.3	33.2	5.2	16.0
	NER（%）	35.4	28.8	32.1	31.0	52.2	65.3	4.0	1.3	2.3
2015	生徒数（人）	5,953	5,513	11,466	37,278	23,278	60,556	3,251	1,027	4,278
	GER（%）	61.3	59.0	60.2	139.8	103.1	123.0	23.8	11.8	19.1
	NER（%）	40.9	38.9	39.9	76.5	69.8	73.4	2.6	2.4	2.5
2016	生徒数（人）	5,699	5,332	11,031	37,464	24,054	61,518	4,453	1,274	5,727
	GER（%）	59.9	57.2	58.6	138.8	103.3	122.3	31.4	13.4	24.2
	NER（%）	38.3	36.7	37.5	74.9	63.8	69.8	3.1	3.2	3.2

出所：UNHCR資料より作成、澤村・山本・内海（2017）20頁。

も非常に低い。

二点目は総就学率と純就学率の極端な差である。これは学齢期を過ぎたたくさんの子どもが通学していることを反映している。その差は、初等学校で二倍、中等学校では七・八倍となっている。こうした差が生じるのは、落第が多いか、就学年齢が遅いかのどちらかによるものである。後に見るように落第は非常に少ないことから、初等学校への就学年齢が遅いこと、あるいは中等学校への進学年齢が遅いことが影響していると考えられる。この中等学校の純就学率の低さは難民キャンプにおける中等教育の必要性の根拠となっているが、中等学校の総就学率は二〇一六年で男子三一・四パーセント、女子一三・四パーセントである。この数字も決して良いとはいえないが、ケニアのこの地域の数字としてはあまり悪くないことも注意する必要があるだろう。

三点目は就学率における男女格差である。就学前ではあまり差がないが、初等学校で格差が大きくなり、中等学校では女子生徒数は男子の三〇パーセント以下である。この原因としては難民キャンプ内の女子の初学意欲が低いことと女子初等学校卒業生が少ないことの二つが考えられる。また、南スーダン国内の教育の男女格差が大きいことも反映しているのであろう。この点に関しては後に考察する。

表6－2　ピース初等学校およびビジョン中等学校の概要（2016年）

事項＼学校	ピース初等学校			ビジョン中等学校					
				Bコース（現在1年）（午前・午後）			Aコース（1、2年）		
	男	女	計	男	女	計	男	女	計
生徒数（人）	4,581	2,225	6,806	411	64	475	599	12	611
教員数（人） ケニア人教師 難民教師	 5 45	 1 7	 6 52	 2 9	 3 2	 5 11	 9 10	 3 1	 12 11
施設	2014年開校。23教室に加え、就学年齢を超えた進級促進クラス用の教室を建設中。			2016年開校。12教室？　第1学年は午前・午後のダブルシフト（教員組織も異なる）でそれぞれ8クラス。第2学年はAコースにのみに4クラス。					
その他	教員数は前学期から14名の増加。2015年KCPE受験者220人（男193、女27：欠席6人含む）。199人が中等学校へ進学。2016年は350人が受験登録。			女子生徒の数はBコースに（1年）に64人、Aコース（2年）に12人のみ。生徒の受け入れは3学期（9月）も続けており、男子はKCPE240点、女子は200点が最低ライン。午後5時以降はキャンプ内にケニア人が残ることは許されていないので、4時以降の授業はすべて難民の教員が担当。					

出所：UNHCR、AAR、ウインドルトラストおよび学校での聞き取り調査による。澤村・山本・内海（2017）24頁。

8　学校の状況

調査学校の概要

二〇一六年に行った調査対象校の概要を表6－2に示す。両校とも日本の政府資金により、難民を助ける会（AAR）によって校舎建設が行われた。

ピース初等学校（図6－6）は、カクマⅣの難民の急増に伴って、二〇一四年に日本の緊急支援によりテントを校舎にして開校された。二年後にテントが老朽化したため、恒久的な校舎が建設された。生徒数七〇〇〇人に近い超マンモス校である。生徒の増加に校舎建設が追いついておらず、調査時には就学前教室やオーバーエイジの生徒の進級促進用クラスが建設中であった。また、ケニア人教員の配置が少なく、五八人中五二人（八〇パーセント）が難民教師で、短期研修によって教員資格を得て教師として雇用されている（難民の場合にはワークパピットが得られないので、正規の教員ではなく、短期雇用の形を取って働いている）。また、ケニア人教師、難民教師とも男性が多く女性教員は全体の一〇パーセントにすぎない。

ビジョン中等学校（図6－7）は二〇一六年に新しく開校した中等学校である。二〇一五年に日本の政府資金でAARが建設した学校で、二〇一六年度には理科教材や教科書等のソフトの支援が行われた。学校開設にあたり、IPのウインドル・トラスト・インターナショナルでは、Two Schools in Oneという仕組みを導入して学校を開校した。[8] これは一つの校舎に二つ学校を設置する仕組みで、校長や教員組織も異なる二つの学校がこの校舎を使用している。ここではAコース、Bコースと表記することにした。現在Aコースは一、二年生、Bコースは一年生のみである。[9] 一年生は午前と午後のダブルシフトである。今後、学年進行で生徒数の増加が見込まれ

図6－6　ピース初等学校（カクマⅣ）　2016年9月。

図6－7　ビジョン中等学校（カクマⅣ）　2016年9月。

ることから、ウインドルトラストでは Two Schools in One の仕組みを導入したが、教育的、学校経営的に良い方法ではないと思う。この方法は生徒急増期のインドネシアでも行われた方法である。しかし、こうした学校経営を行うのであれば建設段階からいくつかの配慮が必要である。建設後に生徒の急増が見込まれるから二つの学校にするのは問題が多い。問題の一つはダブルシフトになってしまうことである。また、理科室の使用や、放課後の活動が制限されることも問題である。また、校長や教員の数が増加することから、経営にも問題が残る方法である。

初等学校の登録生徒数の変化

表6-3はピース初等学校の二〇一五年と二〇一六年の学年別男女別の登録生徒数である。学校全体の生徒数が二〇一六年は八〇〇人以上減少した。特に一年生が一〇〇〇人近く減っている。これは南スーダンからの難民流入数の変化によるものと思われる。難民家族の中の不就学児はすべて一年生に入学するので、難民の流入の増減は一年生に最も影響を与えるのである。

学年別の進級率は一人ひとりの生徒の進級をチェックする必要があるが、ここでは前年度の学年から翌年次の学年に進級すると仮定した擬似的進級率を用いて各学年の進級率を検討したい。表6-4に各学年の擬似的進率を示した。全体の単純平均は八一・四パーセントであり、全体として毎年二〇パーセントほどの生徒が落第あるいは転出等で減少している。しかし、特に四年生から五年生への進級率と七年生から八年生への進級率が、他の学年の進級率より低いことが分かる。四年生で落第が多いのは、ケニアの初等学校が四年生以降、学級担任制から教科担任制に変わって、学習進度が早まるために、学習についてゆけない生徒が多くなるからであると考えられる。これはケニアの他の地域の状況と同じである。七年生から八年生への進級率が減少するのは八年生の一二月に行われるKCPEへの対応である。KCPEの得点が悪いと中等学校への進学ができないために、成績の悪い生徒は落第して対応する必要がある。これは生徒自身の問題でもあるが、KCPEの成績は担任および学校全体の評価にも関わるのである。この点も

表6－3　A初等学校の学年別生徒数（2015年と2016年の比較）

学年	男子生徒数（人）		女子生徒数（人）		合計生徒数（人）	
	2015年	2016年	2015年	2016年	2015年	2016年
1	933	376	696	291	1,629	667
2	830	880	344	650	1,174	1,530
3	713	750	358	390	1,071	1,140
4	661	663	396	290	1,057	953
5	605	494	270	236	875	730
6	730	420	131	230	861	650
7	610	645	101	93	711	738
8	261	353	39	45	300	398
計	5,343	4,581	2,335	2,225	7,678	6,806

注：6－13歳2,087人、14歳以上4,719人（2016年）。出所：各年度の学校への聞き取り調査、澤村（2016）

表6－4　ピース小学校の擬似的進級率

進級の学年	進級率
1年生→2年生	93.4%
2年生→3年生	97.1%
3年生→4年生	89.0%
4年生→5年生	69.1%
5年生→6年生	79.3%
6年生→7年生	85.7%
7年生→8年生	56.0%
平均	81.4%

出所：表6－3のデータから計算。

ケニアの他の初等学校と同様である。

また、この学年別生徒数の二年間の比較から、四年生と七年生以外では進級率は悪くないことが分かる。つまり落第は少ないのである。これは、教員や校長の話からもうかがわれた。

初等学校生徒の出身国

ピース初等学校における生徒の出身国を二〇一五年と一六年で比較したのが表6－5である。二〇一六年の生徒数は八五二人減少したにもかかわらず南スーダン出身の生徒は六六七人増加している。南スーダン出身生徒の率は二〇一五年が六八・七パーセント、二〇一六年は八七・〇パーセントと一八・三ポイント増加している。つまり、カクマⅣの南スーダン化が進んだのである。これは、二〇一四年暮れの紛争により難民が増加し、新たにカクマⅣが開設され、南スーダン国内の紛争がキャンプ内に波及した影響である。カクマ内に南スーダンのディンカとヌアーの対立が起きた。そのため、UNHCRはディンカとヌアーを分離することとし、カクマⅣはヌアーのキャンプとし、ディンカ等はカクマⅠやカクマⅡに移動し、逆にヌアーがカクマⅣに移動した。他のキャンプからのカクマⅣへのヌアーの移動に伴い、難民の数そのものが増加し、南スーダンの生徒の数が増加したものと思われる。

スーダン出身生徒の減少は、カクマⅣにおける紛争の影響と帰還が関係していると考えられる。ブルンジ、ルワンダ出身生徒の減少は、新たに建設されたカルベイエ居住地への移動が原因である。カルベイエはセツルメント型の農耕地が用意される予定で、畑作農民が多いブルンジやルワンダの難民を優先的に移動させているからである。カルベイエは建設途上でシェルター建設は日本のPWJがIPとして担当して建設が進められている。二〇一六年九月に訪問した際にはすでに一部入居が終わっており、カルベイエの初等学校も仮校舎で開校され、多くの子どもが集まっていた。

表6－5　ピース初等学校在籍生徒の出身国（2015年と2016年）

出身国	2015年			2016年		
	男(人)	女(人)	計(人)	男(人)	女(人)	計(人)
南スーダン	3,862	1,410	5,272	3,895	2,044	5,939
スーダン	1,340	870	2.210	593	133	726
ブルンジ	80	30	110	47	13	60
ルワンダ	50	20	70	0	0	0
エチオピア	10	4	14	0	0	0
ソマリア	1	1	2	0	0	0
コンゴ民主共和国	0	0	0	53	42	95
ウガンダ	0	0	0	4	2	6
計（人）	5,343	2,335	7,678	4,592	2,234	6,826

注：ケニア人はいない（本校のあるカクマⅣはカクマの町から一番離れている）。出所：澤村（2016）

初等学校の学力

ケニアの学校の学力は八年生の最後に受ける卒業試験KCPEの成績で測られる。KCPEはケニアの教育界の一大イベントであり、その成績は子どもや家庭にとっても、また教員や学校にとっても重要である。

ピース初等学校の二〇一五年の八年生登録生徒は三〇〇人であるが、そのうち二二〇人がKCPEを受験した。その成績の平均点は五〇〇点満点で二四四点強であり、比較的良い成績である（表6－6）。特に南スーダンではスワヒリ語は使用しないためスワヒリ語の成績は一〇〇点満点の二六・六点と非常に悪い。それにもかかわらず合計点が高いのである。その原因は数学、英語、社会の成績が良いからである。

ピース初等学校の成績が良い原因は何であろうか。いくつか考えられるが、一つは南スーダンでは学校教育の普及が不十分なため、学校に行っている生徒の質が高いことが挙げられる。また、難民キャンプに来ている子どもの学習熱が高いことも理由であろう。さらに、ピース初等学校は新設校であり、これまで通えなかった子どもにとってやっと与えられた学びの場であり、難民化効果

表6－6　ピース初等学校のKCPE成績（2015年）

受験者数	平均点（各100点満点）	最高点	得点分布	順位
男193人 女　27人 計220人	数学　64.7点 英語　49.2点 スワヒリ語　26.6点 科学　48.2点 社会　55.7点 合計　244.2点	男331点 女300点	300点以上　13人 250－299点　168人 200－249点　199人 200点未満　17人	キャンプ内のKCPE校19校のうち第5位

出所：学校での聞き取り調査、澤村（2016）

があるのかもしれない。オーバーエイジの生徒が多いことも成績を押し上げている可能性がある。

キャンプ内にはKCPEを受験できる学校は一九校であるが、ピース初等学校はそのうち第五位であった。ピース初等学校の生徒は二〇一五年にはじめてKCPEを受験したのであり、その中で良い成績を収めたことは支援による教育環境の良さも影響している。私が調査してきたケニアのマサイやスワヒリの学校においても、海外からの支援が入ると、遠方からも生徒が集まるようになり、成績が上昇する現象が見られる。

中等学校の生徒数

カクマ難民キャンプ内の調査を始めたきっかけの一つは、中等教育における女子就学率の低さと男女格差が大きい理由を知りたいからであった。表6－7はキャンプ内の中等学校の男女別生徒数である。表中のM校はカナダの団体によって建設運営されている全寮制の女子中等学校である。生徒数も少なく、良い学校として入学希望者は多いが、生徒数は限られている。他の四校はそれぞれカクマⅠからⅢに建設されている。調査したビジョン中等学校以外は、設立後時間が経過しており、校舎は修繕が必要である。そのため日本のNGOが一部修理を支援している。

M校以外の学校の男女格差は大きい。最も良いK校でも女子の割合は二三・五パーセント、最も悪いビジョン校では六・八パーセントである。M校を除いた女子生徒の数は九五七人であり、生徒数全体の一六・九パーセントにすぎない。さらに、女子生

表6－7　カクマ難民キャンプ内の中等学校別生徒数（2016年7月現在）

学年＼校名	1年		2年		3年		4年		計		
	男(人)	女(人)	男(人)	女(人)	男(人)	女(人)	男(人)	女(人)	男(人)	女(人)	合計(人)
K校	615	218	342	134	277	64	309	57	1,543	473	2,016
S校	278	84	297	70	255	19	134	15	964	188	1,152
G校	410	105	252	66	280	42	200	23	1,142	236	1,378
ビジョン校	959	61	137	12	—	—	—	—	1,096	73	1,069
M校	—	102	—	91	—	87	—	62	—	342	342
計	2,262	570	1,028	373	812	212	643	157	4,745	1,312	
合計	2,832		1,401		1,024		800		6,057		

注：ビジョン校の生徒数が学校調査と異なっているが、登録後の移動等があり統計により異なっている。出所：Windle Trust Kenya資料より作成、澤村（2017）。

徒の率は一年生を除くと学年進行で高学年のほうが悪くなっている。M校以外の女子生徒の学年別割合は、一年生一六・八パーセント、二年生二一・五パーセント、三年生一三・三パーセント、四年生一二・九パーセントである。

オーバーエイジ

カクマ難民キャンプの学校においては総就学率と純就学率の差が大きい。その原因としてオーバーエイジがあることはすでに述べた。そこで、ビジョン中等学校で質問紙調査をしたクラスの年齢構成を表6－8に示した。年齢は質問紙の中でのそれぞれの個人の書き入れたものを利用した。中等学校の学齢年齢は一四歳から一七歳である。これによるとこの学校の就学生徒年齢は一二歳から二五歳以上に及んでいる。学齢期生徒の数は四七名中四名（うち女子二名）である。最も多いのは、一八－二〇歳である。この三年間の生徒は三四名で七二・三パーセントを占めている。男子の二五歳以上を二五と仮定して平均を取ると男子一九・四歳、女子一八・四歳、全体としては一九・二歳になる。つまり、本来の学齢期と比べると平均して男は四年、女は三年ほど遅れていることが分かる。

女子生徒へのインタビュー

ピース初等学校における教室での質問紙調査の後に七年生の女子生徒に

表6－8　ビジョン中等学校の年齢別生徒数（第1学年の調査したクラス）

年齢（歳）＼性別	11以下	12	13	14	15	16	17	18	19	20	21	22	23	24	25以上	計（人）	合計人）
男（人）	0	1	0	0	0	1	1	12	10	6	2	1	2	0	3	39	47
女（人）	0	0	0	0	0	1	1	2	2	2	0	0	0	0	0	8	

注：14－17歳が学齢期に相当（純就学率の算出に使用する生徒）。出所：澤村（2016）。

表6－9　インタビューした女子生徒の属性

番号	年齢	兄弟の数	父親の妻の数
①	18歳	男4人、女3人	2人
②	17歳	男1人、女3人	3人
③	18歳	男4人、女4人	2人
④	16歳	男5人、女3人	2人
⑤	19歳	男5人、女4人	3人
平均	17.6歳	男3.8人、女3.4人	2.4人

出所：2016年9月のインタビュー調査より

表6－10　カクマ到着時の同行者

同行者	回答者数（%）
単独	25人（27.2%）
兄弟・姉妹	32人（34.8%）
おじ・おば	15人（16.3%）
母親とその兄弟	18人（20.0%）
両親	2人（2.2%）
合計	92人（100%）

出所：2016年ピース初等学校の質問紙調査。

インタビューを行った（図6－8）。女子生徒が非常に少ない中でどうして学校にいるかを知りたかったからである。

インタビューした生徒は五人で、個人的な属性は表6－9のとおりである。

五人はいずれも南スーダンのベンティゥ（Bentiu）地区出身で、民族はヌアーである。カクマ難民キャンプには家族と一緒に来たのだと思っていたが、「一人で来た」が四人であった。そのうち一人は、「両親はコンゴ民主共和国へ難民として行ったが、自分はカクマに来た」とのこと。また、姉と来たという女子生徒は「親がカクマに行くようにといった」という。今一人は「自分は勉強するためにカクマに来た」と答えた。

インタビューの際に、隣の五年生の授業が終わり、教室から出てきた六年生の女子生徒は「姉と二人でカクマに来た。母親は死亡し、父親は音信不通」とのことであった。

図6－8　ピース初等学校の7年生の女子生徒

質問紙調査の項目にカクマに誰と来たかという項目を入れた。質問紙調査に答えた一三〇人のうち答を記入した九二人の内容を表6－10に示す。

表6－10を見ると単独あるいは兄弟姉妹と来たものがあわせて六二パーセントを占めており、学校に来ている生徒の多くは親や親戚とは別に、自分一人あるいは兄弟姉妹とともにカクマに来たことが分かる。そしてそれは女子であっても同じなのである。

また、女子生徒に学校生活に関して聞いたところ、女子にはスクール・ユニフォームは供与されるが、破けたり小さくなったりした場合には自分で買わなければならない（八〇〇ケニアシリングおよそ一〇〇〇円）とのこと。新しいスクール・ユニフォームや学用品は配給される食料を転売して得た金で購入しなければならない。そのため十分な食料を確保できないとのことであった。学校の教室やトイレや水には満足しているという。

9　学校調査からの考察

オーバーエイジの原因

まず、オーバーエイジについて考えてみたい。オーバーエイジが純就学率の低下につながり、難民キャンプの教育水準の悪さの象徴として支援が呼びかけられている。しかし、開発途上国では戸籍制度の不備や落第が多いことから純就学率の正確な算出は難しい。特に難民キャンプの場合には出生記録や洗礼の記録などの確認ができないために年齢確定が難しい。それゆえに検討するべきは純就学率ではなく総就学率である。その意味では、カクマ難民キャンプの教育水準はＵＮＨＣＲやＮＧＯをはじめとする援助機関の努力により、それなりの水準にあると考えられる。

では、オーバーエイジの原因は何であろうか。オーバーエイジが生起するのは留年が多い場合、今一つは入学年齢が遅い場合である。前者についてはカクマ難民キャンプの学校には当てはまらない。表6－4に見るように擬似進級率は八〇パーセント程度であり、ケニアのマサイの学校と同じような結果である(10)。

また、校長のインタビューでは、難民生徒は出身地での学年に合わせて転入学していることが分かっている。それゆえオーバーエイジの原因は出身地（この学校の場合にはヌアーランド）における入学年齢の遅れであると思われる。その原因の一つは、ヌアーランドにおける住居と学校との距離である。遊牧民のヌアーは広いエリアに居住し、季節的な移動もあるために、住居と学校の距離が離れている。そのため学校への志向性が高くても子どもが幼いときには通学が困難である。また、安全のため兄弟姉妹が一緒に通学するので就学年齢が遅れるケースも多い。さらに適切なスクールマッピングが政府によって行われていないこともあるだろう。

今一つは、ヌアーの複雑な結婚形態が指摘できる。これはエヴァンズ＝プリチャードの著作（邦訳一九九七）からもうかがえるが、今回の調査でも、生徒から質問紙調査の際に兄弟の数の項目に対して、「生物学的兄弟を意味するのか」との質問が複数あった。また、女子生徒のインタビューでも父親は複数の妻（平均二・四人）があるとの答えであった。つまり、ヌアーのポリガミー（複婚制）による複雑な結婚形態のため子どもの帰属（父か母か）がはっきりせず、子どもの教育への関心が不十分なことも考えられる。

また人類学者のハッチンソンは戦闘による教育の阻害を指摘している（Hutchinson, S. E. 1996）。それに加えて遊牧社会における子どもの労働（男子女子の役割分担）も就学時期の遅れや不就学につながりやすい。しかしながら、こうした考察は、現代のヌアーの子どもの生活状況、教育状況の調査によって検討すべき課題であることはいうまでもない。

また、経済的要因もあるだろう。生徒と話をしていると、現金収入がないため学校に行くために必要なスクール・ユニフォームや学用品が手に入らず、支援者が見つかるまで入学を遅らせるという生徒がいた。この場合母親あるいは親戚の支援が大きいとの答えを聞くことも多かった。

教育を求めて

今回の調査において、明らかになったことは、男子生徒のみならず女子生徒も教育を受けるために、国境を越えて難民になっていることである。これはカクマ難民キャンプの特殊な事情もあるのかもしれないが、広く行われていることも考えられる。

カクマ難民キャンプは一九九〇年代からＵＮＨＣＲの難民支援のショウウインドウといわれ、国際的に手厚い難民支援が行われてきた。シェルターが提供され、小麦粉・ソルガム・食用油等の食料、薪などの燃料配布も受けられる。さらにＮＦＩ（ノンフードアイテム）の台所用品やサニタリー用品の提供もある。こうした物資を売ることで生活費を得ることは一般的に行われている。そのため物資配給日には多くの生徒が欠席する。こうした物質的な優位性が難民となってカクマに来る誘引の一つと考えられる。

生徒や難民教師のインタビューから明らかになった今一つのカクマ難民キャンプのアドバンテージは、「カクマにはチャンスがある」ということである。彼らのいうチャンスの一つは、高等教育に進学する可能性である。南スーダンにおいて、高等教育の個人収益率は非常に高い。また高等教育進学は資格や高い技能を取得することを可能にする。今一つのチャンスは第三国定住の可能性である。第三国定住は難民に対して行われるものであり、南スーダンにいては得ることのできないチャンスである。また、家族のうち一人が第三国に定住すれば、家族呼び寄せの形で家族全員が定住することが可能となる。第三国定住は脆弱性の高い難民が優先されるので、子どもが単独で難民キャンプにいることは第三国定住のチャンスを大きくしているということもできる。

カクマへの脱出は、親の願いか子どもの意思かは不明だが、インタビューから見て取れることは、その両方ではないだろうか。つまり、家族のうちの一人が得るチャンスは家族全体のチャンスでもあり、これは家族としての生き残り方略として位置づけられていると考えられるからである。

教育難民化の意味

教育を受けるために難民になることを仮に「教育難民化」と名づけておきたい。私はこれまで、難民になることによって教育への関心が高まると考えて、これを難民化効果と呼んでいた。この現象は私自身のこれまでの調査においてクロスカルチュラル（通文化的）に見られることであった。

これまでにも難民が教育に夢を託すことは指摘されてきた（栗本 二〇〇八）。しかし、今回の調査で教育を求めて、男子生徒はもとより女子生徒さえもが一人で難民となってカクマに来ていることを知らされた。これをどう理解したらよいのであろうか。

国際教育協力はＥＦＡ（Education for All 普遍的基礎教育）の達成を目標にして教育の完全普及を目指してきた。二〇一五年という目標年での完全達成はできなかったとしても、大きな成果を挙げたと思われる。そして開発途上国の辺境の地でも教育への志向性は高くなった。ところがその教育への志向性が難民を生むというのは、EFAのパラドックス（Paradox 逆説）ではないか。教育は人間の権利であり、すべての子どもに教育の機会が与えられねばならない。その教育の機会を求めて難民が生み出されているとすれば、教育が子どもや人々の安全を脅かしていることになる。つまりEFAを単純化してはいけないということであろう。様々な状況の中で教育支援を考えていかなくてはならないということである。

教育難民化への対応

次に教育難民化に対する当面の対応と課題を考えてみたい。まず必要なのは、南スーダンとカクマの教育格差をなくすための、南スーダンへの教育支援の必要性である。格差をなくすとは、カクマの教育水準を下げるのではなく、南スーダンの教育水準を上げることを目指さねばならない。今回の調査で明らかにしたかったことの一つは、国際緊急人道支援における中等教育支援の必要性の検討であった。これにはカクマ難民キャンプの中等学校純就学率が非常に低いことが支援の理由とされていたからである。この点は本章ですでに述べたように純就学率のみならず総就学率を見ることとの必要性や純就学率の低い理由等を明らかにした。ところがその調査の中から教育難民化の実態も見えてきたのである。

南スーダンへの教育支援の高度化とともにカクマにおける教育の多様化も重要な課題である。難民キャンプが、難民を押し込めておく場から、難民が生活する場、生計を立てる場へと変化しつつあるからである。これは難民の長期化と第三国定住の縮小とも関わっている。キャンプにおける定住化が進むことは、そこでの教育の多様性と質の高度化が求められるからである。

また、喫緊の課題としては、難民が避難前に暮らしていた場所での子どもの生活と教育の状況を明らかにすることの必要性が挙げられる。現状では南スーダンのヌアーランドでの調査は難しいが、教育難民化の原因はヌアーランドでの教育に依存しているのである。

おわりに

二〇一五年九月と一六年九月の短い調査であったが、これまで関わってきた国際教育協力の意味を見直さざるをえない調査であった。難民になることを留学のように語る子どもを見ていると、国境とは何なのであろうか、そして難民とは何なのかと考え込まざるをえなかった。その意味でフィールドでの体験というのはありがたいものだと改めて感じた次第であった。

【付記】 二〇一六年の調査は、科学研究費補助、基盤（A）「接合領域接近法による東アフリカ牧畜社会における緊急人道支援枠組みのローカライズ」（平成二六年－二九年　研究代表者湖中真哉静岡県立大学教授）の一部を使用した。また、二〇一五年調査は科学研究費補助、基盤（A）「発展途上地域における困難な状況にある子どもの教育に関する国際比較研究」（平成二六年－二九年　研究代表者澤村信英大阪大学教授）の一部を使用した、記して感謝する次第である。

（1） 難民化効果に関しては景平義文ほか（二〇〇七）に先行研究の紹介と考察が行われている。
（2） ジャパン・プラットフォームに関しては設立に関わった大西健丞（二〇〇八）が詳しい。
（3） カクマ難民キャンプの現状に関しては共同調査を行った澤村信英ほか（二〇一七）、清水彩花（二〇一八）による報告がある。
（4） 二〇一八年九月現在、ナイロビのUNHCR事務所は難民登録を行っていない。都市難民の登録はケニア政府が行っている。
（5） ウガンダの南スーダン難民に関しては、村橋（二〇一六）が現地調査を行っている。
（6） 本章では質問紙調査の詳細な分析は行っていない。ある程度の分析は清水彩花（二〇一七）が行っている。

（7）教育統計に出てくる就学率について説明しておきたい。就学率（ＥＲ：Enrolment Ratio）とは、ある学校段階に就学すべき年齢の子どもが実際にどのくらい就学しているかを示す指標である。分子の就学者数を分母の学齢期人口で割り、一〇〇をかけたパーセントで指標としたものである。カクマ難民キャンプの小学校は八年制で学齢期は六歳から一三歳である。その年齢の人口を分母とする。分子には初等学校に在籍する生徒数を当てるが、学齢期の生徒のみを分子にした場合の就学率を純就学率（ＰＥＲ：Pure Enrolment Ratio）という。また分子に在籍しているすべての生徒、すなわち学齢期よりも年齢が下の生徒（五歳以下）と年齢が上の生徒（一四歳以上）の生徒も含めた就学率を総就学率あるいは粗就学率（ＧＥＲ：Gross Enrolment Ratio）という。式にすると以下のようになる。PER＝L1/P×100、GER＝L2/P×100、ただしＬ１：学齢期年齢の就学者、Ｌ２：全就学者、Ｐ：学齢期の人口。ＰＥＲは一〇〇パーセントを超えることはないが、ＧＥＲは一〇〇パーセントを超えることがある。年齢の高い生徒が多い場合などである。

（8）Windle Trust International（2016）*Two Schools in One: Management of high enrolment in refugee secondary schools.* この冊子はＵＮＨＣＲ、セーブ・ザ・チルドレン、PEACE ON の共催でニューヨークで開催された Promising practices in refugee education において事例研究として発表された資料である。

（9）ケニアの中等教育は四年制で、Form1、Form2 と表記し、略してＦ１、Ｆ２とするが、ここでは分かりやすく一年生、二年生とした。

（10）マサイの初等学校における進級に関しては内海（二〇一七）の第三章「伝統的社会における近代教育の意味――イルキーク・アレ小学校の調査」（六四－八〇頁）で触れている。

第7章
難民の第三国定住システム
――二〇一五年ケニア調査――

1　はじめに

難民問題の解決は、基本的に三つの方法がある。一つは難民の出身国への自発的帰還であり、今一つは流入国での定住である。三番目は第三国への定住である。自発的帰還は難民流出国の原因である紛争や内戦の終結、あるいは災害の終焉と復興によって進められるもので、最も自然な方法である。アフガニスタンでの新政権の樹立後や東ティモールの独立後、北部ウガンダのIDPの帰還などの場合が当てはまる。流入国での定住は現在のウガンダにおける南スーダン難民の例がある。しかし、帰還と定住という解決方法がうまく進まない場合には、難民の第三国定住が行われる。シリアの内戦において大量の難民がトルコを経由して第三国のヨーロッパに再定住した。これは第三国定住というよりも危機回避的な難民の移動といえるであろう。

第三国定住とは先進国が受け入れを決定した後、UNHCRや国際移住機構（IOM）および国際NGO等の関与により行われる難民の再定住である。(1) UNHCRの二〇一六年六月一四日付けの報告によると第三国定住の枠組みでの再定住難民の数は、二〇一六年は一四万三〇〇〇人と見込まれている。これは前年に比べると約一〇万人増加しており、シリア危機の衝撃が非常に大きいことがうかがわれる。また、二〇一七年の第三国定住数は一七万人と見込んでいる。ただしアメリカのトランプ政権は難民の受け入れに消極的であり、この数字の実現性は低い。

私たちは、第三国定住の具体的なシステムとその状況について、ケニアにおける難民を例として調査を行った。複数の国が関与する事業であり、まさに管見の域を出ないが、あまり知られていないことでもあり、これまでの知見と私なりの課題を報告したい。

2 難民の状況

紛争や迫害、その他の人権侵害等によって故郷を追われた人々は五一二〇万人にのぼり、そのうち一六七〇万人は国をも出ることを余儀なくされた状況にある(UNHCR 2014)。そうした人々は「難民」として、自国外で生活を送っている。

サブサハラ・アフリカには約二七五万人の難民が暮らしており、中でも「東アフリカ・アフリカの角地域(East and Horn of Africa)」に一八七万人と、最も多くの難民が存在する。ケニアは、この地域における「難民のハブ」と呼ばれている。周囲を難民大量発生国に囲まれ、サブサハラ・アフリカにおける最大の難民受入国であると同時に、空路や陸路における交通の要衝として、第三国定住を含むその他の地域に向かう難民の主な経由地ともなっている。

このケニアにおける難民の中で最多の人口を占め、また長期にわたって居住しているのがソマリア難民である。二〇一三年時点でソマリアからは一一二万人の難民が国外に逃れており、アフガニスタン、シリアに次いで世界で三番目の難民発生国でもある(Ibid.)。ソマリア国内では、内乱と旱魃《かんばつ》による飢餓の蔓延、さらにアル・シャバーブ(2)の統治下にある地域では、食料、市場、物資運搬の主要経路がコントロールされ、住民の生活を脅かしている。

3　二〇一五年のフィールドワーク概要

現地調査は二〇一五年九月七日－一三日の七日間、ケニアの首都ナイロビで行った。主な訪問先は、国連難民高等弁務官（ＵＮＨＣＲ）ケニア事務所および国際移住機関（ＩＯＭ）の国連機関のほか、ソマリア難民の第三国定住に関わるＮＧＯとして、RefugePoint[3]とＲＳＣ[4]（Resettlement Support Center）への訪問インタビュー調査を行った。それぞれの機関・団体で、特に第三国定住プロセスにおける役割や課題について、各1－2時間程度の半構造化インタビューを実施した。また、ＰＷＪ[5]（ピースウィンズ・ジャパン）、ＣａｎＤｏ[6]（アフリカ地域開発市民の会）の、ケニアで活動するＮＧＯの職員、現地で暮らしながら研究調査を行う大学院生ともミーティングの場を持った。ただし、今回の調査ではケニア政府の難民担当である大統領府への調査は行っていない。そのため国際協力機構（ＪＩＣＡ）ケニア事務所からも情報を得たが、この調査は難民支援を行う側の調査であることを指摘しておきたい。

4　ケニアで暮らすソマリア難民の現状

ケニアは五八万人の難民をソマリア、エチオピア、南スーダン、コンゴ民主共和国、ルワンダ等周辺諸国から受け入れているが、そのうちソマリア難民は最多の約四三万人と七四パーセントを占めている（UNHCR Kenya 2014）。彼らの多くはダダーブ、アリジュングール、カクマの難民キャンプ、もしくは首都ナイロビ等の都市難民として居住している。難民としての生活は、その居住地によって大きく異なっている。

難民キャンプでの生活

ケニア北東部に位置するダダーブにはケニア最大の難民キャンプが設営されている。そこで現在二一万人（二〇一五年）が居住しているが、ソマリア国境に近く、居住者の大半がソマリア出身者である。キャンプ内や周辺では安全保障上の問題があり、爆発や誘拐、殺人、銃撃戦が多発しており、援助関係者への犯罪も報告されている。

同じく北東部のガリサ地域にあるアリジュングール難民キャンプについて、UNHCR職員は次のように指摘する。アリジュングールは、「辺鄙な地」にあり、食料、シェルター、水、医療、衛生、教育などの最低限の援助はされているが、地理的要因のために現場で自足することはできない。そこで生活する難民は働きに出ることもできず、人道支援に依存するしかない状況に置かれている。

北西部の南スーダン国境に隣接するトルカナ地方のカクマ難民キャンプは、一九九〇年代にスーダン難民受け入れのため建設された。UNHCRとしてアフリカ地域における最初の大規模な難民キャンプである。ここに居住する難民の大半は南スーダン人で、現在四万人が居住していると報告されている。

南スーダンは二〇一一年に独立し、多くの難民が帰還した。しかし、二〇一三年末に内戦が勃発し、大量の難民の流入が始まった。また、そのためカクマ内に新たにゾーンⅣが設営され、現在全部で四つのキャンプがある。カクマ難民キャンプは乾燥地であるが、上流部での大雨による洪水による死者も出るなど住環境は決してよくない。

これらの状況を受けて、UNHCRは新しいキャンプを建てるための土地を求める要望をケニア政府に上げている。しかし、土地の問題に関しては多様な当事者が存在するため、中央政府と交渉するだけでは要望は通らない[7]。

こうした状況の中で、それぞれのキャンプ内に居住する難民にとって必要な生活資源の配布は不十分であるが、一方で、援助機関によって提供される支援への依存を促進したくはないというジレンマを抱えている。こうした課題を解決するため、開発に関わる人材が緊急に必要であり、UNHCRは国連開発計画（UNDP）や現地アクターとの連携を進めているところだという。

都市での生活

難民としての滞在が長期化し、難民人口が多くなるほど、彼らを受け入れる現地コミュニティとの軋轢が生じやすくなる。ソマリア難民についても、ケニア現地住民との関係が良好であるとはいいがたい。

首都のナイロビには約三万二〇〇〇人のソマリア難民が登録されているが、実際の人口は五万人とも一〇万人ともいわれている。ケニア政府は治安の理由からナイロビの街中で暮らす都市難民をキャンプに居住させる方針である。都市では難民キャンプのような支援はないが難民自身の努力で暮らしていくことが可能である。そのためキャンプで外部からの援助に依存した生活を送りたがらず、都市にとどまろうとする難民が大半であるという。

ソマリアでは一九八〇年代から勃発していた内戦が一九九一年に激化し、政情不安は長期化している。内紛勃発当時ソマリアを出国しケニアに逃れた難民の中には、現在に至るまで二〇年以上にわたってケニアに滞在し、ケニアで家庭を築いた難民も少なくない。また、ケニアで生まれたソマリア難民家庭の子どもの中には、自分はケニア人だと自認する者も存在するとのことである。

しかし、そうした長期にわたる難民であっても、「ソマリア人に見える」という理由で、迫害を受けることがある。特に次項で述べるように二〇一二年以降のソマリア難民に対する治安対策（セキュリティ・オペレーション）が強化されてから、通勤、買い物、通学の途中に多くの難民が不当に逮捕・連行された。学校に向かう子どもまでもが迫害の対象になった。現在はそうした状況は改善されつつあるが、最近でも難民登録証を携帯していなかったソマリア人が連行され、そのままカクマ難民キャンプに送還されることも起きている。

都市難民の中には、ソマリアへの帰還に関心を示す人はほとんどいないという。彼らの故郷はいまだ危険な状態にあるため、ケニアでの自活の継続、もしくは第三国定住を希望しているのである。

ソマリア帰還の促進

二〇一二年一二月にケニア難民局（ＤＲＡ：Department of Refugee Affairs）の声明により、ケニア政府による都市での難民支援はすべて打ち切られた。同時に、都市難民のキャンプへの移住政策が強化された。

さらに二〇一四年三月に発表された政府の声明では、すべての難民に対してキャンプに居住することが求められ、都市に設置されていた難民登録センター５（ファイブ）は閉鎖された。これらのケニア政府による厳格な施策により、それまでは決して多くなかったソマリア難民による本国への帰還が増加した。二〇一三年にはそうした「自発的な帰還（Voluntary Repatriation）」を管理するための三者間協定が、ケニア政府・ソマリア政府・ＵＮＨＣＲの間で結ばれた。こうしたケニア政府のソマリア難民帰還促進策には治安の問題もさることながら、これまでも多いソマリ系ケニア人が多数派になることの恐れがあるのではないかといわれている。

ケニア政府はソマリア難民の自国への帰還促進のために、難民自身のみならずＵＮＨＣＲ等の難民支援機関に対して圧力をかけていると指摘されている。前述のセキュリティ・オペレーションの強化もその一環だといえる。しかし、ソマリア国内、特に南・中央部の状況はいまだ不安定なままである。通常、本国への帰還促進は帰還地域の安全が確保されてから行われるものであり、現時点でそのような措置が取られることは異例である。ＵＮＨＣＲとしては帰還を促進するのではなく、あくまで自発的な帰還を手助けするという立場をとっている。

本国へ帰還する難民は、ケニアで生活を開始してから日の浅い難民が多く、彼らは祖国に愛着を持っており、多くは元来の出身地に帰還する。ＵＮＨＣＲとしても、彼らに国内避難民（ＩＤＰ）になってほしくはないため、できる限り出身地（Original Place）への移送を促すという。

表7－1　ケニアからの第三国定住難民数（国別、年度別）

定住国	2012年		2013年	
	承認	出発	承認	出発
アメリカ	1,023	1,686	5,304	2,040
カナダ	820	213	254	464
オーストラリア	50	141	932	311
スウェーデン	402	88	342	331
イギリス	583	460	155	260
オランダ	114	29	145	-
ノルウェー	218	18	218	159
デンマーク	14	10	16	22
フランス	6	6	28	3
その他	10	7	18	14
計	3,240	22,658	7,412	3,604

出所：UNHCR ケニア事務所。

5　第三国定住の状況

現在世界で六二八〇か所の地域が第三国定住の候補になっているが、それでもなお、それらの土地で受け入れられるのはすべての難民のうち一パーセントのみであるという。そうした受け入れ地域の大半はアメリカである。

ケニアからの第三国定住の二〇一二年と二〇一三年の人数を表7－1に示す。承認と出発で人数が異なるのは後述するように、承認から出発までの時間が相当かかるからである。つまり二〇一二年に再定住国に出発した難民は三年から七年前に再定住を承認された難民である。

第三国定住のプロセス

第三国定住にかかるプロセスは、定住先の国によって、必要な手続きや期間などあらゆる点において大きく異なる。共通の要素を抽出した大まかなプロセスは表7－2のとおりである。ただし、ケニアでは、これらの手続きに進む前に、ケニア難民局DRAへの登録が必須となる。難民ではない者（現地ケニア人など）が難民と偽って国外へ渡航するケースが起こったためだという。ただし、前述のとおりDRAは二〇一四年から都市において難民受付を停止しており、現在も新規登録を行うこと

表7－2　第三国再定住のプロセスと担当機関

プロセス	担当組織
身元確認（Identification）	UNHCR / NGO（送出側）
照合（Referral）	UNHCR / NGO（送出側）
裁定（Adjudication）	受入国政府
処理（Processing）	受入国政府／NGO（送出側）
移送（Flight）	IOM
到着（Arrival）	受入国政府／NGO（受入側）

RefugePointでのインタビューより作成。

はできない。また、難民登録を行っていたとしても、援助機関はできる限り本国帰還によって、もしくはケニア国内で難民が抱える課題を克服する手段を探ろうとし、そのための五段階の調査項目が設けられている。その結果、第三国定住が申請者にとって最善の解決方法であると判断された場合にのみ、承認となり第三国定住プロセスに進むことができる。第三国定住の開始点に立つことさえ、容易なことではないのである。

また、第三国定住の基本的なプロセスの合間に、度重なる厳格なセキュリティ・チェックや、バイオデータ（渡航歴、訴求歴、政治活動、民族的出自等）など必要資料の作成および照合、それにかかる関係機関職員との面接が幾度も行われる。さらに、それぞれの手続きがすべて円滑に進むことは少なく、不都合があった場合の処置などにも膨大な時間と手間が必要となる。国によって手続きにかかる時間は異なるが、例えば最も多くの第三国定住を受け入れているアメリカの事例では少なくとも一一一〇日（約三年）が必要だといわれており、申請から六－七年経ってもなお手続きが終了しないケースも珍しくないという。その間に子どもの出生や構成員の死亡等により候補者の家族構成が変化した場合、進捗していた段階から最初の身元確認プロセスへと振り出しに戻されることさえある。

一方、保護者のいない子どもや、多くの子どもを抱えながら夫を亡くした女性、怪我や病気を抱える者など最も脆弱（Most Vulnerable）と認められた難民は、緊急的な移送を必要とするとして、優先的に手続きおよび移送が行われる。特に、夫を失った難民女性が子どもとともに第三国定住する例が全体の六〇パーセントを占めている。

ただ、NNHCRの相当官の話では優先的に第三国定住手続きを受けるため、生存している夫を隠したり、子どもを金銭で雇う者が増加したという。同様の事例として、アメリカへの第三国定住が決定した人に五〇〇〇米ドルを支払い、偽りの配偶者あるいは兄弟として同行しようとする者も存在するという。そうした例を受け、UNHCRでは、家族構成の真偽を確認するため、裁判所から家族構成に関する資料を取り寄せる等の措置をとっている。また、援助機関は難民コミュニティとの連携を強化し、コミュニティ・リーダーを通して候補者の家族構成の確認を行う場合もある。

処理（Processing）までの過程が完了すれば、申請者の第三国定住は確定し、移送の手続きがとられる。他のプロセスに関しては様々なアクターが混在してそれぞれの役割を果たしているが、移送に関してはIOMのみがその責務を担い、航空券の獲得、難民との連絡、書類の準備等移送にかかる業務すべてを行う。IOMは難民の移送について一般の商業航空会社と契約を結んでおり、ケニア国内および受入国内の経路を含むすべての移送を実施する。アメリカへの定住の場合は、定住後に難民自身が旅費を支払わなければならないため、できるだけ安い航空券を予約する等の配慮を行っているという。

第三国に到着した定住難民は、それぞれの国の政府機関、州政府、コミュニティ、NGOによって支援される。アメリカに定住するソマリア難民の多くはミネソタ州のミネアポリスに定住するが、そこではNGOのルーテル世界連盟が連邦政府と州政府のマッチングファンドによって住居、就業、教育の世話をする。

6　文化研修（カルチュラル・オリエンテーション）

第三国定住にかかるすべての手続きが完了し、定住先への移送を目前に控えた難民には、全員にそれぞれの定住先の国に関する文化研修（Cultural Orientation）が実施される。研修内容は、それぞれの定住国の機関において作成されたカリキュラムに従って行われる。定住先の国の地理、文化、福祉制度から、トラブルの多い移送の際の飛行機の乗り方についてまで指導が行われる。

研修を担当する機関は定住先の国によって異なるが、主にＩＯＭとＮＧＯが実施している。ケニアでは、ＩＯＭはカナダ、オーストラリア、イギリス等、ＲＳＣがアメリカの文化研修を担当している（図７－１～７－４）。

ＩＯＭの研修担当者は、文化研修の目的を「難民によりよく準備を整え、自信を持ち、カルチャー・ショックを最小限にとどめるために」行うという。例えば、カナダへの定住を行うソマリア難民に対してＩＯＭが行う文化研修は、計一五－二五時間（五時間×三～五日）実施される。この時間数は成人／青年で異なる。青年は一二－一九歳の者を指し、特にカナダの教育制度について成人より長時間指導を受ける。

また、ＲＳＣがアメリカへの定住に向かうソマリア難民に対して行う文化研修においても、青年（この場合一四－二五歳）は成人よりも二日多く研修を受ける。ソマリア難民の特に青年は、アメリカでソマリア人非行グループに巻き込まれたり、また若者からピア・プレッシャーを受ける等の危険性を孕んでおり、他の者より長く文化研修を行う必要があるのだという。

文化研修で使用するテキストに関しては、カナダ市民権・移民省（ＣＩＣ：Citizenship and Immigration Canada）を通してカナダ政府から援助を受けながら、ＩＯＭ内に文化研修専門の部門（ＣＯＡ：Cultural Orientation Abroad）を設け、五種類の教材を用意している（図７－５）。その中には研修で使用する教科書のほかに、受講者の自主学習のためのワークブックや、カナダへの定住を果たした元難民のその後を描いた事例集も含まれる。それぞれのテキストは各言語に翻訳されており、また文字を読めない難民のため、研修においては動画を使用したり通訳をつけるなどの対策が施されている。

ＩＯＭでは、カナダ定住の文化研修を行う講師二人（女性一人、男性一人）に話を聞くことができた。彼らはどちらもケニア人で、女性講師はオーストラリアのアデレード大学の開発学の博士号を有しており、男性は修士課程に在籍しながら講師を務めている。彼らは二年に一度カナダへ渡航し、最新の定住に関わる研修を受ける。永住した難民等へのフォローアップ調査は別のスタッフが担当する。彼らは文化研修に特化した受け入れシステムの変化や受け入れに関わる最新の情報を入手するのだという。よりよい文化研修を行えるよう自ら学ばなければならないのだと、自らの職務への熱意がうかがわれた。

また、難民も文化研修に熱心に取り組んでおり、与えられた課題や宿題は必ず終えているという。こうした文化研修が、定住後の危険や困難を回避させるだけでなく、難民の精神面の支えにもなっている様子がうかがえた。

図７－１　ナイロビにある RSC 事務所　2015 年９月。

図７－２　RSC のドキュメンテーションルーム

図７－３　アメリカの文化研修のスタッフとバナー

図７－５　カナダの文化研修のテキスト

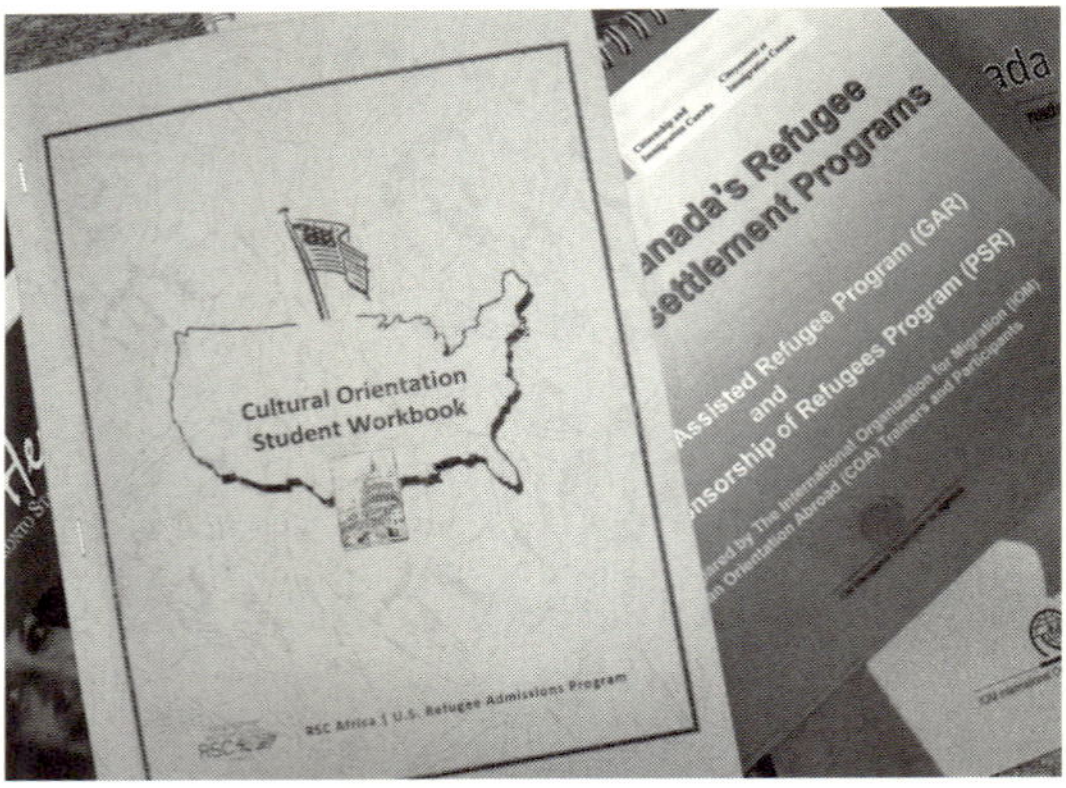

図７－４　アメリカ定住の文化研修のテキスト

7　第三国定住に対する各国の姿勢

多くの国は、難民の受け入れにあたって様々な制限を設けている。国籍、使用可能言語、学歴、家族サイズ（子どもは三人まで等）などの条件を課すことで難民をふるいにかけ、ごく少数の難民のみを受け入れようとする国もある。その一方で、アメリカは多くの人数を特に制限を付すことなく受け入れるので、第三国定住に関わる機関としては交渉が容易という。ただし難民受け入れの選定にあたっては厳重なセキュリティ・チェックを幾度も課すため、手続きに膨大な時間を要し、積荷は大量だが動きの遅い「貨物船」と例えられている（RefugePointでのインタビューより）。他方、スウェーデンやノルウェーをはじめとする北欧諸国は、受け入れ人数は少なく設定しているものの、ＵＮＨＣＲ職員も「どうやっているのか分からない」と驚くほどのスピードで処理を行い、実際の難民受け入れに至るまでの時間が比較的少ない。いうなれば、これらの国は貨物船に対してモーターボートと例えられるであろう。

ただし、多くの制限を課さずに難民を受け入れる国であっても、ソマリア出身者に関しては第三国定住を拒むケースがある。カナダ、オーストラリア、オランダなど多くの国がソマリア難民の受け入れを停止している。そのような中、スウェーデンやイギリスは比較的寛容に彼らを受け入れているが、絶対的な受入数の差から、ソマリア難民はアメリカへ、というスタンダードができているという（ＵＮＨＣＲでのインタビューより）。二〇一四年九月時点でソマリア難民の定住を受け入れている国は、この三か国のみである（UNHCR Kenya 2014）。

アメリカでは九〇日間は難民に対して社会保障的なフォローを行うが、その後は「難民」としてではなく一般市民と同様の扱いとなる。そのため仕事に就き、家賃やその他の生活費を自ら支払うことができなければ、生活がままならなくなる[8]。

スウェーデンはその対極で、住居、教育等すべての必要最低限の社会保障が提供される。しかし、それがゆえに例えば三世代にわたってスウェーデンで暮らす難民でさえ、スウェーデン語を話せない者も多いという。

8　考察にかえて

本調査は、ケニアのソマリア難民について、援助関係者の視点から難民の現状を捉えようとしたものであり、視点の中心を難民自身ではなく援助関係者に置き、彼らが難民をめぐってどのような役割を果たそうとしているのか、特に第三国定住というさらなる越境を含むグローバルな問題を扱った。その中で、多様なアクターが難民問題を取り巻き、それぞれの意志を持って動いている。この調査から気づいたことを次に記しておきたい。

認定から出発までの時間

今回の調査で感じたことの一つは、第三国定住に認定されたとしてもそれから出発までの時間が非常に長いことである。多くの難民を受け入れているアメリカの場合には、ＲＳＣやReugePointの話によると認定までに多くのインタビューがあり、その後認定されてから実際に出発するまでも時間がかかる。その期間は短くても三年、長い場合には七年以上になるという。その間に新たな子どもが生まれたり、家族が死去した場合には家族構成が変わるため、審査の振り出しに戻るという。

本国とケニアの事務所との間での、申請にかかる書類や検査資料のやり取りで時間のかかることはあるであろうが、北欧諸国のようにもう少し効率的な審査プロセスが必要だと思う。

文化研修

今回の調査で分かったことの一つは各国が定住難民の出発前研修に力を入れていることである。それは開発されている教材の質が高いことでも分かる。定住難民にとって飛行機での移動ははじめてであり、異民族異文化の国での生活には不安がいっぱいであろう。そのため文化研修は重要だと思う。文化研修の内容を見ると文化ギャップと制度面の説明が多い。また期間も三日から五日である。一つの教室は二〇人から三〇人で、異なる言語の難民も混在するという。予算や人材の問題もあると思うが、もう少し時間をかけ少人数の研修が必要に思う。特に言葉の研修は重要であろう。これは定住後に本格化するのだと思うが移住前にも最低限のサバイバル言語の習得は必要だと思う。

【付記】　本調査は、平成二六年度科学研究費助成事業（基盤研究（Ｂ））「東アフリカ地域の国際緊急人道支援の再検討――開発における子どもの主流化」（研究代表者：内海成治）により実施した。また、共同研究者の山本香の以下の論文を参考にした。山本香（二〇一五）「ケニアにおけるソマリア難民の第三国定住プロセス・援助関係者へのインタビューを中心に」『未来共生学』第二巻、二八九－三〇三頁。

（1）第三国定住に関しては、ＵＮＨＣＲ「第三国定住ハンドブック」が詳しい。

（2）アル・シャバーブは、二〇〇六年以降無政府状態のソマリア国内において勢力を強めたアル・カーイダ系の武装集団である（Wise 2011）。二〇一三年にナイロビの商業施設が襲撃された際には、犯行声明を発表している。

（3）RefugePoint は、米国ボストンに本部を置く難民支援ＮＧＯである。二〇〇五年設立。人道支援ネットワークからあぶれた難民、特に女性、子ども、都市難民のニーズを聞き、恒久的解決を目指す。難民認定されている人口の約二倍の難民がケニア国内に居住しているとし、ケニア政府やＵＮＨＣＲが認知していない難民でも受け入れを行っている。http://www.refugepoint.org/

（4）Resettlement Support Center（ＲＳＣ）は、米国ニューヨークに本部を置く Church World Service（ＣＷＳ）が米国政府との協力関係のもと、サブサハラ・アフリカ地域において米国難民受け入れ事業を助成する役割を担う組織として一九九一年に設立。当時、ソマリアでの紛争勃発による難民人口の増加に伴い、それまではアメリカ大使館が担っていた現地での第三国定住にかかる手続きを担うようになった。ケニアに本部を置き、米国国務省人口・難民・移住局（Bureau of Population, Refugees, and Migration）の援助を受けながら、米国への第三国定住をＵＮＨＣＲ、ＩＯＭ等関連諸機関と連携して行っている。http://www.cwsglobal.org/where-we-work/africa/resettlement-support-center.html

（5）ピースウィンズ・ジャパン（ＰＷＪ）は一九九六年に設立された特定非営利活動法人。支援の届きにくい世界二六地域での活動実績を持ち、ケニアではナイロビ、ダダーブに拠点を置き、難民支援を中心に活動を行っている。http://peace-winds.org/

（6）アフリカ地域開発市民の会（ＣａｎＤｏ）は一九九八年に東京で設立された特定非営利活動法人。ケニアにおいて社会開発活動、保健活動、教育支援などを行っている。

（7）二〇一六年にカクマから約二〇キロ離れたところに居住型のカルベイエ居住区が設置された。

（8）　二〇一四年八月のミネアポリスにおける調査では、アメリカ定住の支援をするミネアポリスのルーテル社会連盟では九〇日間の連邦政府と州政府資金による支援を担っているが、その後は自己負担でソマリア難民の支援を行っている。特に子どもの教育支援が重要だという。

第8章

難民の現状と第三国定住の課題

――二〇一八年ケニア調査[1]――

1　はじめに

二〇一八年九月にケニアのナイロビにて難民の第三国定住にかかる調査を実施した。その目的はいくつかあるが、一つは、アメリカのトランプ政権が難民の受け入れを厳格にし、最大の受入国であったアメリカへの第三国定住が困難になっている。その状況がケニアからの定住事業にどのような影響を与えているのかを調べることである。

二つ目はダダーブ難民キャンプの縮小によってどのようなことが起きているのか。特にダダーブの難民のソマリアへの帰還が進んでいると聞くが、一方でナイロビに都市難民として流入してきているともいう。都市難民は難民キャンプの難民と比べて様々な困難がある。こうした都市難民への支援状況を調べることである。

三つ目は、二〇一五年の調査で概略を報告した文化研修の実際を見ること、つまり、どのような雰囲気で行われているかを参与観察することである。

四つ目は、これまで継続的に調査を行っている難民キャンプの教育をＵＮＨＣＲのＩＰ（実施団体）として実際に担っている国際ＮＧＯに、最近の課題を聞くことである。

またナイロビのソマリア難民家族へのインタビュー調査も計画したが、ナイロビにおける難民の取り調べが強化されたことから難民の市内での移動や外国人との接触が難しくなり実現しなかった。

今回の調査は二〇一五年の調査の継続であり、訪問先もＲＳＣを除いては同じところである。国際機関の担当者の多くは変わっていたが、当時と同じ方もいて、そのため調査はスムーズに行うことができた。

この報告は調査直後でありインタビューのメモを中心にまとめたもので、十分な資料や文献の調査を行っていないが、インタビューの内容と参与観察の状況を報告したい。

2　調査概要

調査は二〇一八年九月六日から一四日にかけてナイロビで行った。調査方法は半構造化インタビュー調査と参与観察である。各訪問先には一時間半から二時間、複数の職員にインタビューを行った。ただしＩＯＭでの文化研修では約四時間の観察を行った。

主な訪問先は以下のとおりである。ＵＮＨＣＲケニア事務所、RefugePoint ケニア事務所、ＩＯＭケニア事務所、世界ルーテル連盟ケニア事務所、ウインドル・インターナショナル・ケニア事務所。

以下に、訪問先ごとに、調査内容の概要を述べる。

3　ケニアにおける難民の状況(2)
——UNHCRケニア事務所——

ケニアにおける難民の数は二〇一八年七月三一日現在のデータによると、四七万一三三〇人である。出身国別では、ソマリア二五万六六〇九人、南スーダン一一万四五九三人、コンゴ民主共和国（DRC）三万九二八四人、エチオピア三万一四三三人、ブルンジ一万三一六五人等である。難民の居住地としてはダダーブ難民キャンプ二〇万九六〇六人、カクマキャンプ難民一八万五六一五人、都市難民七万六一〇九人と報告されている。

図８－１　UNHCR ナイロビ事務所（2018 年９月）

ケニアの難民政策

二〇一六年に新しい難民登録に関する規定である Refugee Act、Refugee Bill が施行され、この規定に沿った難民登録が行われている。ニューヨークでの国連総会の難民受け入れに関する宣言(3)が出され、こうした流れの中で、より包括的な難民に対するアプローチについて言及されている。個々の事情に対して解決を図るようなアプローチでなく、国際的な問題として、先進国間で負荷をどのようにシェアし、どのように取り組むかという視点が必要であるとされた。また、難民支援とホストコミュニティ支援を統合したアプローチが重視されるようになってきている。ニューヨーク宣言策定に向けた議論の中では、ホストコミュニティにどのような利益

(benefit) があるかという点が重要だとされた。世界銀行の国際財政支援に関するドキュメントの中では、カクマにおける財政的なリターンは年間五六〇〇万ドル（約六一億円）にもなると言及されている。

一方で、二〇一五年にナイロビで起こった大規模なテロの影響で、難民登録はより難しい状況になった。ケニア政府は、基本的に難民はキャンプにとどまるようにとの方針を持ち、キャンプにおいて安全が保障されない人、差別を受けている人等の配慮が必要なケースにおいてのみ、ナイロビや他の地域での受け入れを実施している。

UNHCRは保護の必要な人々に関するアセスメントを実施し、ケニアの難民の一一パーセントが特別な保護を必要としていることが明らかになった。これは非常に高い割合であり、ホストコミュニティへの統合時に考慮されなければならない。

ケニア国内の難民概況

ケニア政府の難民対応機関として難民課題部（DRA：Department of Refugee Affairs）が活動しており、UNHCRはDRAの能力開発を支援してきた。二〇一六年にはケニア政府はDRAを拡大し、難民課題事務局（RAS：Refugee Affairs Secretariat）難民キャンプでの支援等を含む包括的な支援組織にしていくと発表した。現在はUNHCRがその機能を果たしているが、RASが新しい人材、仕組み、ファシリティで発足したため、DRAの機能をRASに引き継げるようUNHCRは新たにRAS向けの能力開発支援を実施している。

UNHCRとケニア政府は並行して難民登録を行ってきたが、その機能を政府機関側に移管できるよう支援してきた。現在ナイロビではUNHCR事務所での新規登録を受け付けておらず、難民登録機能はシャウリ・モヨ（Shauri Moyo）にあるRAS事務所へ移管されている。難民はキャンプにとどまるようにという政府方針（前回の大統領選挙でも政策として大きくキャンペーンされていた）に基づき、ナイロビでの登録手続き後はキャンプへ移動する必要があるが、都市部に残りたい難民については特別な保護の必要性のアセスメント等を経て、例外的にナイロビにとどまることが許可される。

現在新規難民登録を行っているのはこのナイロビと、カクマの二か所のみであり、ダダーブでは新規登録を停止したため、推定一万人ほどが難民登録をしていないまま新たにダダーブキャンプへ流入していると推定される。

教育へのアクセスに関しては、ケニア国内の難民は、国民と同様の教育へのアクセスを得られることになっている。難民キャンプでは中等教育の就学率が低いこと、また、卒業後の進路、就職先が少ないことが課題となっている。そのためＵＮＨＣＲやＮＧＯ等が職業訓練を支援している。

都市部（ナイロビ）における難民支援

ナイロビにおける難民登録者数は九月現在七万一八九九人。未登録の難民も居住していると思われ、実際の人数は不明である。登録したくない、あるいは事情により登録できない難民もいるのである。

ナイロビ市との受け入れ合意の中では、難民に対するヘルスケアや金銭的支援等は含まれていないため、ナイロビに来た難民は自力で生活していかねばならない。ＵＮＨＣＲは特に脆弱（vulnerable）な人に向けた支援、生計を立てるための支援に少額の資金援助を実施しているが、かなり小規模なものにとどまっている。

難民キャンプでは、医療サービス等を無料で受けることができるが、ナイロビでは事情が異なる。ナイロビ市民はＮＨＩＦ（National Hospital Insurance Fund）の対象だが難民は、保険基金に一定額を支払わなければならない。そのため、ＵＮＨＣＲは八〇〇〇世帯に保険料を提供するパイロットスキームを実施している。

難民も労働許可 Class M（Work Permit Class M）を制度上は取得することができる。しかし、労働許可申請プロセスには、難民の定義についての規定があいまいで、外国人として労働許可申請をすることになる。ただし、実際にはこうした手続きに理解があり協力的な雇用主やスポンサーが必要なうえ、大変時間がかかるため、諦めてしまうケースが多い。ＵＮＨＣＲも、非常に限られた規模ではあるが、この手続きの支援を実施する予定である。また、難民が自分でビジネスを始めようとしても国内での移動に移動許可証を取得しなければならないので自力で生計を立てることは大変難しい状況である。

生計支援について、UNHCRとしていくつかのNGOと連携して申請書作成支援、財務計画支援等のビジネス開発支援等を実施している。連携NGOとしてはデンマーク難民評議会（DRC：Danish Refugee Council）、国際救援委員会（IRC：International Rescue Committee）、ノルウェー難民評議会（NRC：Norwegian Refugee Council）等である。また、ケニア国内外のNGOと連携して、労働許可申請等の手続き支援も進めている。こうしたNGO連携についてはケニア政府の対応機関であるRAS（Refugee Affairs Secretariat）の調整のもとで実施している。

帰還難民に対する支援

ダダーブ難民キャンプ閉鎖は国際法に照らして違法であるとされたが、ダダーブに居住している難民への対応については個別に特別な保護の必要性等に関するアセスメントも必要である。

二〇一八年七月時点では八万二〇〇〇人が、二〇一八年末までには一〇万人がソマリアに自主帰還する見込みである。現在RASは帰還のロジスティクスや、手続きの短期化に向けた支援をしている。

また、約一八〇〇人が自主帰還後に再度ケニアに戻ってきて再難民登録をしている。安全面の問題と、医療、教育、その他生活条件が帰還先に欠けていることが主な理由である。

第三国定住について

アメリカは完全に難民受け入れを停止したわけではないが、受け入れ人数を大幅に削減している。オバマ政権時には第三国定住者の推定合計人数（全世界）は一二万人を超えていたが、トランプ政権になり四万五〇〇〇人程度となっている。二〇一九年度以降の推計は出ていないが、最も楽観的に予想しても二〇一八年度と同じ程度か、二万-

二万五〇〇〇人程度まで下がると思われる。
アメリカは、スーダン、ソマリア、イエメンに対して新たなセキュリティチェックを追加しており、公式には受け入れを停止していないとはいえ、実質的にはこれらの手続きが長期間に及び、受け入れが難しい状況である。UNHCRは現在、この手続きにどの程度の時間がかかるか、どのような支援、対応策が有効であるか分からないため、これらの国の難民がアメリカに定住するための支援は行えない状況である。
アメリカが受け入れを実質的に拒否した第三国定住予定者が、他の国への受け入れに置き換えられるということはない。

表８－１　ケニアからの第三国定住難民数（出身国別）

出身国	2015年	2016年	2017年
ソマリア	3,142	5,521	2,102
スーダン	46	123	184
エチオピア	645	1,265	663
ルワンダ	28	56	24
ウガンダ	69	70	50
コンゴ（DRC）	874	2,621	730
ブルンジ	30	70	50
エリトリア	28	121	62
南スーダン	136	412	272
その他	3	27	4
計	5,001	9,286	4,141

出所：UNHCRケニア事務所。

表８－２　ケニアからの第三国定住難民数（受入国別）

受入国	2015年	2016年	2017年
USA	3,610	7,665	2,584
カナダ	174	452	725
オーストラリア	514	580	475
スウェーデン	341	238	83
英国	306	267	248
オランダ	2	20	－
ノルウェー	32	3	7
ニュージーランド	－	5	7
デンマーク	7	4	－
その他	13	2	7
計	6,001	9,286	4,141

出所：UNHCRケニア事務所。

そこでUNHCRは第三国定住とは別のスキームで補償するための解決策を検討している。例えば、カナダにおける労働移動（Labor Mobility）プロジェクトとの連携に向け、難民に、このプロジェクトで要求される教育レベル、スキル等を身につけさせたいと考えている。このため、IRCと連携し難民の教育歴に関するデータベースも作る予定である。また、カナダにおける移民支援に向けた民間のスポンサーシッププログラムの活用も検討している。カナダはこうした別のスキームで検討を始めた最初の国である。

第三国定住とは別の移民プログラム、スキームを政策的に考えている国はほかにもあり、それぞれの国の労働力需要に応じた人材の受け入れの検討を始めた。難民受入国側はより能力の高い難民を求めている。そのため難民向け教育はより重要性を増している。

オーストラリアは、ソマリア人以外（コンゴ民主共和国、エチオピア等）の難民を受け入れるにあたって、独自の選定基準、方針を持っており、それは次の規準である。大家族であること、定住先社会への統合のポテンシャル、英語能力が高いことである。定住社会との統合のポテンシャルとは、宗教的同一性のことではないかと思われる。

また、特記すべきことだがアイスランドは二〇一七年、ＬＧＢＴ等の特に脆弱性の高い一五人の難民受け入れを実施した。人数は少ないが、ＵＮＨＣＲとしては受け入れによりどのような効果があるかという点に関心を持っている。

4　都市難民への支援
――RefugePoint ケニア事務所――

RefugePoint の活動

都市部の難民支援を行っており、主にナイロビが活動拠点である。ザンビアのルサカ等同様の都市難民問題を抱える地域で活動する他の組織とナレッジシェア等で連携している。ケニア国内にはモンバサ、エルドレッド、マウワにパートナーがおり、各地域における公的サービスへのアクセス等を難民向けに支援している。

ＵＮＨＣＲから RefugePoint への資金供与はなく、民間のファンドで活動している。RefugePoint はアメリカのボストンを拠点とする国際ＮＧＯである。

支援内容は多岐にわたり、難民一人ひとりのアセスメントをもとに検討する。子どもだけの家庭等、脆弱性の度合いや教育等の必要な支援に関するデータはKoBo Toolboxを利用して集約している。ＫｏＢｏはスマートフォンやタブレットでデータを登録、集約することのできるオープンソースソフトウェアで、国際連合人道問題調整事務所（ＯＣＨＡ）、ハーバード人道イニシアティブ（Harvard Humanitarian Initiative）、ＩＲＣによって人道支援分野での活用が進められているものである。RefugePointではデータに脆弱性のパラメーターをつけ、必要な支援を決定している。例えば、食糧支援が必要な家族には、必要なカロリーの七〇パーセント程度のドライフードを支援する。また医療が必要な家族には国立病院保険基金（ＮＨＩＦ：National Hospital Insurance Fund）カードの申請支援（入手すれば医療サービスを受けることができる）を実施する。精神的な支援が必要であればカウンセラーと連携して支援するなどである。

ソーシャルワーカーは六か月ごとに支援対象家族の移動状況等を確認する。家族が定住し、小規模ビジネス（小さなカフェテリア、ホテル経営、リサイクルショップ等）を始める場合には資本金として二〇〇－四〇〇米ドル程度の小額の資金を供与するとともに、ビジネス許可の取得を支援する。難民が生計を立てられるようになれば支援をストップする。

現在はケニア政府とも連携して、難民に関する法律が少ないため、難民に関する包括的な法的枠組みを作るべくアドボカシー活動を継続している。また、二〇〇六年の難民法施行および難民局（Department of Refugee Affairs）の設立以降は、政府機関向けに難民支援についてのトレーニング等を実施する形で支援してきた。

都市の難民の概況

難民がナイロビに残りたい場合は、難民キャンプに比べサポートがないため難民自身で生計を立てなくてはならない。ＵＮＨＣＲに対し、安全、医療、教育等の問題を抱えた都市難民から支援要請の声が上がることも多い。しかし増え続ける難民に対して、ＵＮＨＣＲの予算が大きく増えていないため、都市の難民支援は進んでいない。Refuge-Pointはこうした都市難民のニーズに応えるべく支援を行っている。

難民の中には、様々な理由で都市からキャンプへ移れない人々がいる。もともとのコミュニティで安全に関する問題を抱えていた人々は、難民キャンプでも同じ問題に直面し、都市へ逃れてくるケースがある。ナイロビの難民数は六万七〇〇〇人と報告されているが、人数データの正確性は高くないと考えている。

都市難民支援の最も大きな障壁となるのがテロである。犯人が難民であるという噂が出ると難民に対するネガティブな考え方が一気に強まる。また、政府は治安維持の方策としても、難民の数や個人情報を把握することが重視されることになる。

二〇一八年七月に、違法な外国人労働者の取り締まりに関する政府通達があった。発表内容には特に処罰対象者の詳細な定義や難民についての言及はなかった。しかし、今後の難民の生活に影響があることが予想され、Refuge-Pointでは今後の労働環境は楽観視できないと考えている。

イスリー（Eastleigh）地区にはソマリア人とエチオピア人（オロモ族）が居住している。また、ナイロビから四〇キロ北のティカ（Thika）でも難民支援を実施しており、そこにはコンゴ人、エチオピア人、スーダン人が居住している。カワンガレ（Kawangare）のカンゲミ（Kangemi）地域等にも、ナイロビから逃れた人々が住んでいる。道路工事等の仕事や、難民の子ども向けの教育が受けられる等、移動の理由は様々である。またナイロビの西のカジヤド（Kajiado）のキテンゲラ（Kitengela）にも難民が住んでいる。

第三国定住にかかるアメリカの方針変更の影響

アメリカの難民受け入れ方針変更に関しては、セキュリティチェックにより長い時間がかかるようになった。どのくらいの時間がかかるのか分からないため、ホストコミュニティの理解を得ることが難しくなってきている。また、オーストラリアも南スーダン難民の受け入れを停止した。
難民同士でも活発に情報交換し、Asylum Seeker の居住できるスペースがナイロビよりも多いということでナイロビからウガンダに移る人々もいる。また、ウガンダでは難民も労働許可を取ることができることも移動の理由である。

都市難民向け教育支援の状況

RefugePoint では初等教育、中等教育向けの奨学金支援を実施している。また、障がいを持つ子ども向けの奨学金支援も実施している。さらに職業訓練支援に関するパイロットプロジェクトも、他の組織と連携して取り組んでいる。二〇一八年九月時点までで、初等教育については二五九人の生徒に奨学金を提供したほか、障がいを持つ生徒については二〇人、中等教育は二八人を支援している。初等教育に在籍している生徒には一人、一学期あたり四〇〇〇ケニアシリングを支援している。また、予算の問題で現在は就学前教育については支援していないが、都市部の難民の中でも若い母親の多くは仕事をしたいと希望しているため、将来は実施したいと考えている。

ケニア中等教育資格（ＫＣＳＥ）受験にかかる費用[4]はカクマ難民キャンプではＵＮＨＣＲ等の支援により無償で受けられるが、都市難民については支援がないため、RefugePoint や他の教育支援組織が支援している。ＫＣＳＥで良い成績を収めた生徒について、外国人学生として大学で受け入れられるよう支援している。外国人学生の扱いとなる難民の学生は、ケニア人学生より二五パーセント多く学費を支払う必要があるが、いくつかのパートナー団体（Windle International Kenya、Jesuit Refugee Service〔ＪＲＳ〕）が高等教育の学費に対する援助を実施している。また、学生はカナダ大学サービス（ＷＵＳＣ：World University Service of Canada）やアルバート・アインシュタイン財団（ＤＡＦＩ：Albert Einstein German Academic Refugee Initiative Fund）等の奨学金も利用できるが、非常に限られた枠であり、需要に対して二パーセント程度しかカバーできていないと思われる。

ユニフォームや教材、スクールバッグ、トレーニング教材（技術専攻学生向け工具キット等）を学生個々人に対して支援している。こうした個々の支援内容は、ソーシャルワーカーによるインタビューをもとに検討される。

高等教育、職業教育は非常に高額なので、支援する際には難民自身にどのようなスキルを身に着けたいか、どの学校に行きたいか、そのスキルがいかに、早い段階で家族のための収入に結びつくのかを説明させる。音楽、美術、美容、裁縫等の三五〇人の申請者から一〇人ほどが選ばれ支援対象となる。このスキームはまだパイロット段階にあり、有効性を確認しながら拡大していきたいと考えている。

また、ケニア国民は学費の支払いにローンを組むことができるが、難民は利用することができず、難民の職業訓練や高等教育へのアクセスを阻害する要因の一つである。

マドラサ（イスラム学校）

ソマリア難民の多いイスリーでは、保護者は公教育よりマドラサを優先させる。本来六歳から公教育が始まり、マドラサでの教育は同時並行で実施されるべきであるが、イスリーにおいてはソマリア難民の保護者は子どもを八歳までマドラサへ優先的に通わせる。そのため初等教育入学が遅れ、最初から二年分オーバーエイジとなってしまう。これがイスリーにおける教育支援の最も大きな課題である。

イスリーの公立学校の中には九〇パーセントがソマリア人の学校もあり、また校長自身がソマリア人である学校もあるが、教員のソマリア人の生徒に対する理解と配慮が足りないことも課題である。時には教員が、コンゴ人等と比較してソマリア人は稼いでいると思い賄賂を要求することがある。

教育の優先度

都市難民にとって教育の優先度は低い。優先度は、第一に住居、第二に食糧であり、教育は第三のプライオリティであることが多い。住居と食糧、医療等の支援がある難民キャンプとは状況が異なる。それゆえに子どもを安価なマドラサに行かせるのである。

5　第三国定住支援
――IOMケニア事務所――

難民の再定住の概況

近年、ケニアにはエリトリア、南スーダン、中央アフリカ、リビア等から新しい難民が流入してきている。アフリカ諸国の政治情勢が不安定化していることの表れである。

二〇一七年にアメリカへの受け入れに関しては大きな路線変更があった。アメリカが削減した受け入れ枠については、オーストラリア、カナダ等にその一部が流れる予定である。ただし、二〇一八-二〇一九年で二八六五人の受け入れが予定されているオーストラリアに関しては、ソマリア人は優先されていない。この、アメリカの受け入れ人数大幅削減を受けて、IOMもスタッフを減らしている。

こうした状況を受け、ソマリア難民を対象にして、新しくIOMとUNHCRのジョイントプロジェクトも始まっている。新たな移住先にはアルゼンチン等の南アメリカが参加しているが、現状では、移住できているのは難民の一パーセントに満たない。

カナダは民間（個人グループあるいはコミュニティ〔教会等〕）のスポンサープログラムがある。また、オーストラリアでも、政府がスポンサーとなるスキームと民間がスポンサーとなるプログラムがある。

オーストラリアは、選定にあたって、最近は本国とのビデオカンファレンスで実施しているが、通信環境が安定していないため、天候やタイミングを考慮して実施している。

カナダの難民受け入れと文化研修

現在は、ＩＯＭナイロビ事務所では一〇－一九歳の青少年および大人を対象に出発前の文化研修を実施している。東アフリカを中心に七か国（ブルンジ、ウガンダ、タンザニア、ジブチ、ソマリア等）から、一年に一八〇〇人ほどの研修を行っている。ケニアから移住するのはそのうち一〇〇〇人ほどである。

研修はナイロビ事務所、カクマ、ダダーブで実施しており、二五人程度を一つの教室で行う。小さな子ども用の待合室（託児室）も用意されている。移住前のトレーニングとして、文化研修（Cultural Orientation）が実施される。教材（図8－2、8－3）は、一四のユニットに分かれており、渡航に向けた準備、文化、生活、教育等に関する詳しいテキストである。アフリカの各国語に訳されており、受講者に即して使用される。研修自体は基本的には英語で行い、受講者の母語の通訳をつけて進める。例えばエチオピアからの難民に対してはオロモ語の通訳がつく。

カナダに定住した難民のフォローアップは講師は行っていないが、講師の連絡先は受講生に伝えてあるため問題を抱えて連絡をしてくることもあるという。また、カナダの現状について学び、研修に関して新しいアイデアを得るために講師は二年に一度、訪加して新しい制度などの研修を受けている。

カナダは移民に関して大変充実したシステムを持っており、トレーニングを受け国内で活動する移民支援組織数は四〇〇〇を超える。彼らは、銀行口座の開設から、その後の心理的なサポートまで幅広く難民を支援している。

カナダ移住者向け文化研修の参与観察

参与観察した文化研修コースは三日間、一日四時間のコースである。講師のパトリシア（Dr. Patricia）はケニア人で英語とスワヒリ語を交えて講義を進めていく。通訳としてディリルサ氏（Dirirsa）がオロモ語で説明していた。

今回見学したのは、三日間のコースの二日目であった（図8－4、8－5）、渡航に向けての飛行機の設備や到着時の出近への状況、服装の注意点等――例えば空港での出迎えに向けてＩＯＭのペーパーバッグをよく見えるように手に持って到着ロビーに出るようにといったこと等――が説明されていた。また、渡航後に受けられるサポートについても具体的な内容に関する講義である。見学当日の受講者は二七名。うち、子ども（小学生）五名、大人二二名。男性一七名、女性一〇名。出身国はエチオピア、コンゴ民主共和国等で、ソマリア難民はいなかった。

講師は参加者の家族構成やバックグラウンドをよく理解しており、特定の受講者にとって特に重要な点があれば、直接その対象者を当てて答えさせるようにしていた。受講者は期待と不安の混じった表情で講義を聞いており、数人は大変熱心にメモを取っていた。

見学当日のオリエンテーションは、英語、スワヒリ語、オロモ語（通訳）での講義と、グループワークで構成され

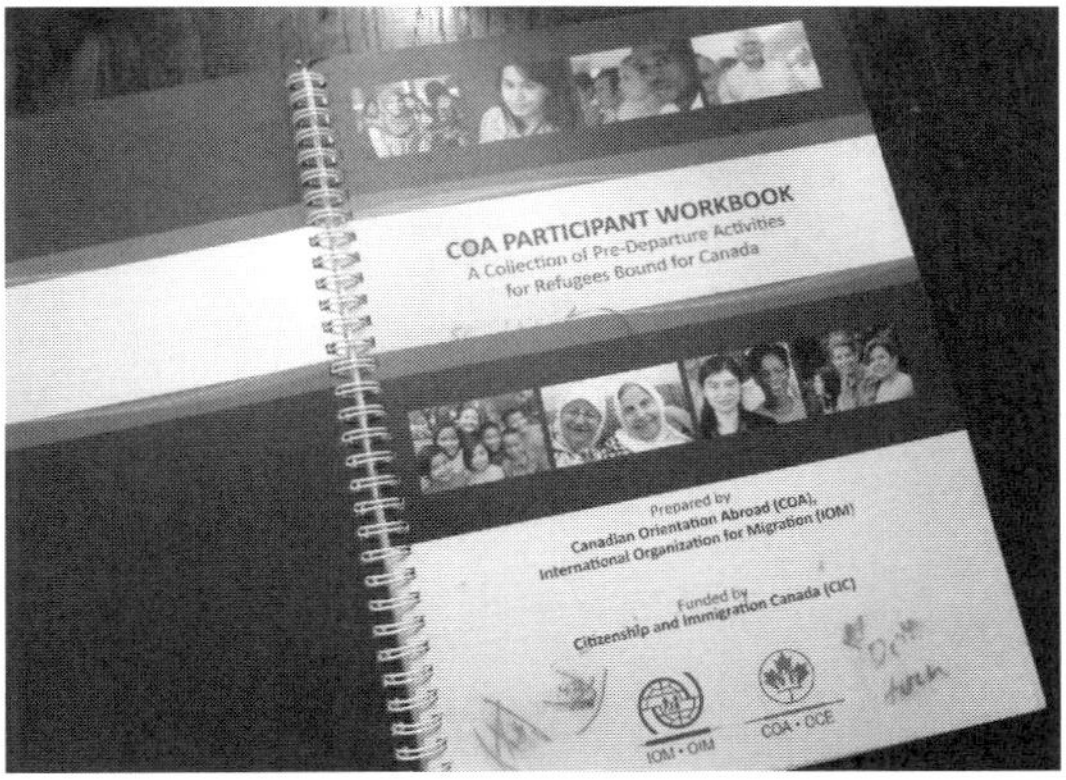

図8－2　研修テキスト

図8－3　テキストページ、許される服装について

図8－4　IOM内のカナダの文化研修の教室

ていた（図8－6）。グループワークでは「ストレスを和らげるために何ができるか」「健康維持のために何ができるか」等のテーマについてディスカッションが行われていた。

休憩時間には教室の外のテーブルにお茶やパンが用意されており、和やかな雰囲気で研修が進められていた（図8－7）。

受講者について

今回の研修の参加者は大きく三つのグループに分かれていた。一つはエチオピアからの難民で、すでに一〇年以上

図8－5　文化研修の様子　2018年9月。

図8－6　グループワークの様子　2018年9月。

ナイロビで生活している人々であり、彼らはナイロビで生まれた子どもを含む家族での定住予定者である。彼らは英語を上手に話す。二つ目のグループは最近エチオピアから難民となってケニアに来た人々である。彼らの中には高齢者も多く、英語は話せず、オロモ語を話す人々である。三つ目のグループはコンゴ民主共和国出身でフランス語を話す人々である。定住予定難民の構成からして多民族多文化であることがカナダの特徴なのかもしれない。

チャールズ（Charles）はエチオピアから逃れてきて一七年ナイロビで暮らしてきた。夫人は心理学者で一三年前にナイロビに逃れてきた。二人はナイロビで知り合い結婚し、現在は一二歳の男の子がいる。三人そろってのカナダ定住である。息子は、学校でも大変成績優秀で、英語も堪能である。チャールズはナイロビでは労働許可が取れず、

図８－７　研修中の休み時間

図８－８　カナダに定住する93歳の老人と娘

パートタイムで通訳等をして暮らしているが、給与は安く、生活は大変であったという。チャールズの定住カテゴリーはコミュニティによる支援である。教会関係者の友人がいてその支援で定住が実現したという。

高齢者としては九三歳の老人もいた。信じられなかったが、同行する娘さんが私と同世代なのでそうだろうと思った。杖は使っていたが大変元気であった。政府による家族呼び寄せのカテゴリーと思われるが、九〇歳を超えての異国への定住は大変だと感じた（図８−８）。

6　難民キャンプおよび帰還先での教育支援
――ルーテル世界連盟（The Lutheran World Federation）ケニア事務所――

ルーテル世界連盟の活動

ルーテル世界連盟（ＬＷＦ）ケニア事務所は、難民キャンプにおける就学前教育、初等教育のみならず特別支援教育、教員養成等から、帰還先地域における支援まで幅広く実施している。

就学前教育から初等教育低学年についてはケニアの新カリキュラム、ＣＢＣ（Competency Based Curriculum）に沿って実施している。特別支援学級は初等教育低学年では設けているが、高学年ではインクルーシブ教育を実施しており特別支援学級は設置していない。ダダーブ、カクマ両難民キャンプでは聴覚障がい等の生徒を支援できるよう、特別支援学級とインクルーシブ学級の運営に向けた教員養成を実施している。これは、ケニア教育省のケニア特別支援教育研究所（ＫＩＳＥ：Kenya Institute of Special Education）との連携により実現したものであり、難民出身の教員の多くはこうした専門的なトレーニングを受けていないため、ＫＩＳＥの講師が学校の休暇期間にカクマ、ダダーブを訪問して研修を実施する。

就学年齢を超えた生徒（オーバーエイジ）には進級促進プログラム（ＡＬＰ：Accelerated Learning Program）を

行っている。これは年長の不就学者を対象とした三年間の学習で、修了後にＫＣＰＥを受験し、中等学校に進学できるプログラムである。このプログラムはケニアカリキュラム開発研究所（ＫＩＣＤ：Kenya Institute of Curriculum Development）の協力を得て実施されている。

また、ＫＩＣＤの協力で教員養成コースも設置しており、カクマでは三三人の女性が、すでに教員として働いている。難民キャンプ内の学校における女性教員の数が少ないため、彼女たちには女子学生のロールモデルとなることが期待されており、ダダーブでも同様のトライアルを開始した。

ルーテル世界連盟は、基本的に性別や、年齢を問わず生徒を受け入れる方針である。そのため、時には教員より生徒のほうが年上であるため、教員が教室をコントロールするのが難しくなるケースもある。しかし、成人が学校に通うことにより、学校教育の重要性を理解することができ、彼らの子どもを学校に行かせるようになるという効果もあると考えている。

教育の質に関する新たな取り組み

教育の質の改善に向けては、ＲＴＩ（Research Triangle Institute）の支援を受けて教授法のアップデートを行うなど、難民キャンプ内で教える教員を継続的に支援している。

また、毎年第二学期（五－七月）に、「教育の日」（Education Day）を開催し、難民キャンプ内の最優秀校、最優秀ボードメンバー、最優秀ＰＴＡ、最優秀教員、最優秀職員、最優秀守衛等を表彰することで、現場をエンパワーしている。教科書に関しては、高価なため十分な冊数を揃えられておらず、八、九人に一冊しかない場合もある。カリキュラムの改訂に合わせて教科書を用意することは難しい状況である。このような問題の解決を目指し、すべての教材をコンテンツとしてタブレット端末（kio kit）に入れ、三、四人で一台のタブレットを使うような形で試験的に導入するプロジェクトを実施中である。タブレット端末購入資金は二〇一七年にデンマーク教会支援委員会（Dan

Church Aid）の支援を受けて実施したもので、今後カリキュラムや教材が改訂されても、コンテンツをアップデートするだけで済むはずであるが、実際の効果等についてはトライアルの結果による。

帰還先地域および避難先国定住に向けた教育支援

難民の帰還先地域の一つであるソマリア、ジュバランドのキスマヨ（Kismayo）の教員の約半数は元ダダーブの教員である。実際、難民キャンプ内でディプロマを取っても、ケニア国内で自由に移動することが許されないため、ケニアで教員となるのは難しいが、ソマリア帰還後に教員となる難民は少なくない。ルーテル世界連盟は帰還先でも生計支援、子どもの安全、教育等の支援を実施しており、最近ではジュバランド教員養成校を設立した。

また、カクマのカロベイエでは五校の小学校を建設したが、これらの学校はパーマネントな校舎（ブロックを使用した校舎）で、継続して運営することを目指している。カロベイエ居住区は地域への統合を目的としており、五校のうち三校はルーテル世界連盟が、残り二校はフィンランド教会支援委員会（Finn Church Aid）が運営している。

7　難民キャンプでの中等・高等教育支援
——ウインドル・インターナショナル——

ウインドル・インターナショナル・ケニアの活動

ウインドル・インターナショナルでは二〇一六－二〇二〇の五か年計画で、以下四つの目的を掲げて活動を推進している。①教育と研修（Education & Training）、②研究と開発（Research & Development）、③人材開発（Human Resource Development）、④パートナーシップ、投資、資金集め、持続性（Partnerships, Investment, Fund Raising, and Sustainability）。

難民向け教育支援に関しては、初等教育、中等教育、高等教育、特別支援教育まで幅広く支援を行っている。初等教育では直接支援を実施するのではなく、カクマ、ダダーブ両地域で難民およびホストコミュニティの初等教育を支援するパートナーをサポートする形で支援している。

中等教育の状況

中等教育に関しては、カクマに五校、カクマの近くのカロベイエに一校、ダダーブに六校（七校あったが一校閉鎖した）、の中等学校の運営管理を行っている。中等教育では資格を持ったケニア人教員が中心だが、難民出身で資格を持っていない教員もいる。難民教師は難民キャンプで中等教育を修了した生徒をアシスタントとして雇用している。

カクマ、ダダーブ両難民キャンプで女子中等学校生徒の支援を行っている。その内容は、女子生徒向けカウンセリング、生理用品やユニフォーム等購入用の資金提供、また週末や休暇期間には女子生徒向けキャッチアップトレーニングを実施している。

図８－９　ウインドル・インターナショナル・ケニア事務所

2 schools in 1

2 schools in 1 はウインドル・インターナショナルが難民キャンプで行っているシステムである。このシステムは、いわゆるシフト制（shift system）とは異なり、同じ学校の校舎で、午前と午後で別の教師陣が教育を行う取り組みである。校舎は一つだが、運営や制服等は別々で二つの学校が同居する形で運営をするシステムである。教員の給与は二倍かかるが、生徒数を倍増させることができる。給与に関してはＵＮＨＣＲの支援を受ける。運営資金に関しては課題が残るが、設備や教材にかかる費用が倍増しないため、総合的に見て生徒一人当たりにかかるコストを抑えることができる。

ケニアの日照時間は一二時間。一日に八レッスンを行う。一レッスンは三五分あるいは四〇分。政府は一日に五時間の教員－生徒のコンタクトが必要だとしているが、これは日照時間の一二時間を二つに分けることで実現可能である。通常の学校が八：〇〇－一六：三〇であるが、六：三〇－一二：二〇、一二：三〇－一八：三〇に分けて授業を行う。2 schools in 1で運営している学校は、通常の学校よりも生徒の成績も良く、特に女子生徒のライフスタイルにも合わせることができる。午前中に開講するコースを選ぶ女子生徒が多い。なお、この取り組みはニューヨークで開かれた国際会議でPromising Practiceとして発表された(5)。

教員養成、高等教育支援

南スーダンにおける南北包括和平合意（ＣＰＡ：Comprehensive Peace Agreement）により、二〇一一年に南スーダンが独立したため、カクマで教えていた教員が南スーダンに帰還する方向でＵＮＨＣＲとケニア政府、南スーダン政府の間で合意がなされ、帰還に向けた教員研修プロジェクトが開始された。（カクマの中等学校では約三〇〇名の南スーダン難民が教えていた）。ケニア教育省等による教員養成特別カリキュラムを、南スーダン政府が認可できる内容のコースとして開発した。その目的は難民キャンプで教えている中等教育アシスタントの八〇パーセントが南スーダンに戻り教職に就くからである。また、このほかにも教員養成・高等教育分野に関しては多様な支援プロジェクトが実施されている。

カクマではオランダのユトレヒト大学とケニアのケニヤッタ大学との連携・協働により二年間の教員養成ディプロマコースを実施している。一六二人の学生が教授法等を学んでおり、修了すればケニヤッタ大学から教員資格（Certificate）が付与される。このコースはｅラーニングを利用したコースで、学生は主に難民キャンプ内のコンピュータセンターで勉強する。

　ダダーブでは二〇一三年からカナダ政府の支援（約四五〇万米ドル）を受けＢＨＥＲ（Borderless Higher Education for Refugees）というプロジェクトが実施されており、三〇〇人ほどの学生が学んできた。カナダのヨーク大学、ブリティッシュコロンビア大学、ケニアのケニヤッタ大学、モイ大学の四大学のコンソーシアムで進められており、ウインドル・インターナショナルはそのコーディネータとして参画している。学生はケニヤッタ大学の初等教育教員の資格（Certificate）や、モイ大学、ＵＢＣの中等教育教員ディプロマを取ることもできる。学生は難民キャンプ内に設置されているＢＨＥＲラーニングセンターで勉強する。ｅラーニングによるカナダからの遠隔授業に加え、教員が訪問して指導する機会もある。ダダーブの中でディプロマだけでなく、学士、修士も取得できるよう準備されている。ディプロマ、学士を経て現在七人の学生が修士まで進み現在はＯＪＴ（On the Job Training）を受けている。このプロジェクトは教員養成からスタートしたが、現在は学士では教員養成コース以外に公衆衛生等を含む八つの専攻が選べるようになった。ラーニングセンターに関してはケニアの電話会社サファリ・コム（Safaricom）等企業からの支援も得ているが、高速通信の実現が今後の課題である。ｅラーニングはビデオ教材、ＬＩＶＥ講義も可能であり、学生から遠隔地にいる教員への質問も随時可能である。また、ケニヤッタ大学はタブレット端末を提供している。通常の学習のためにコンテンツをダウンロードしておき、課題提出のみインターネットのつながるラーニングセンターで実施するような使い方をしている。

　これらウインドル・インターナショナル・ケニアの活動のほかにも、多くの大学、団体等が難民キャンプにおける高等教育を支援している。スイスのジュネーブ大学のバーバラ教授は、ダダーブとカクマでＩＣＴと看護のサーティフィケイトコースをインターネットを通じて実施してきたが、現在はケニヤッタ大学と連携して運営している。

　また、ケニア国内の名門大学の一つであるマシンデ・ムリロ大学（Masinde Muliro University）はＵＮＨＣＲからの支援を受けカクマ内にキャンパスを持っており、先述のルーテル世界連盟と連携して高等教育を提供しているが、それにとどまらず難民教育支援に関心を持つほかの大学や市民団体がアクセスできるハブ組織として機能を持っている。

8　考　察

今回の調査で明らかにしたかったことの一つは、アメリカのトランプ大統領の難民受け入れに対する消極的な政策がどんな影響を与えているかであった。確かにアメリカの難民受け入れは激減し、その傾向は二〇一九年にはさらに大きくなると予想されている。しかし、アメリカの受け入れ減を相殺するような各国の受け入れ増ははっきりとは見られていない。ただし受入国の多様化が目指されているようであるが、それもあまり期待できない。

そうした中でいくつかの注目すべき動きが見て取れた。一つ目は第三国定住の枠組みにこだわらず労働移民としての定住である。難民の第三国定住は人道的配慮の枠組みで国際社会の責務として取り組まれてきた。それが、シリア危機やトランプ政権の誕生によって困難になったのである。そのため第三国定住の中で表立って語られることのなかった労働者としての移民という側面が検討されるようになったことである。

二つ目は、難民の流入国での定住である。ウガンダでは難民居住地に受け入れることで基本的にウガンダ国民としての地位を与えている。カクマキャンプのカロベイエ地区でも定住地として難民が受け入れられている。こうした措置が広く行われるようになってきたのである。

三つ目は、難民への教育の多様化と高度化が進んでいることである。定住するにしても第三国定住にしても資格や技能が必要となってきたのである。そのため中等教育はもとより、職業訓練や高等教育への支援が大きく広がっている。これまでの難民への教育支援は基礎教育に重点をおき緊急人道支援の視点から検討されてきたが、根本から再検討が迫られている。

四つ目としては、都市難民の子どもの教育へのプライオリティが低いという指摘である。これまで私は、帰還難民や難民キャンプでの教育熱が高いことから「難民化効果」あるいは「教育難民化」として、教育への志向性の高まりを論じてきた、しかし、生活の厳しい都市難民の場合は住居や食料のほうが重要であるという。難民が故国からの庇護を失い、流入先でも国際機関や流入国からの支援を受けられない中で、最も大切な子どもの教育に関心が持てなくなるのは悲しいことである。ただ、公教育へのアクセスはできないがマドラサに行かせる親が多いというのは救いである。たとえ短期間でもしっかりした基礎教育を受けることは、子どもにとって人生を切り開くうえで最も大切なことだからである。必要な教育支援が行われることを願わずにはいられない。

こうした点を踏まえて国連機関、国際機関、国際NGO、大学はすでに活発に動き出している。日本の政府機関、NGO、大学も新たな枠組みを策定して難民支援の新たな潮流に踏み出すべきときに来ていることを強く感ずるのである。

【付記】 本調査は京都女子大学平成三〇年度研究助成により実施したものである。

（1） この調査報告は共同研究者の中川真帆のまとめたメモをもとに作成した。

（2） ここに記したインタビュー内容は組織としての公式見解ではなくインタビューを受けていただいた職員の個人的見解であることを記しておきたい。またインタビューは英語で行ったが、聞き間違いや団体名の間違い等があることも考えられることを記しておきたい。

（3） New York Declaration for Refugees and Migrants：二〇一六年九月国連サミットにおいて難民・移民に関する世界的な課題解決に向けたコミットメントを示した宣言。https://refugeesmigrants.un.org/declaration（二〇一八年一〇月二〇日アクセス）

（4） KCSE（Kenya Certificate of Secondary Education）受験料等で少なくとも七五〇〇ケニアシリングが必要になるとい

う。ＫＥＰＥ（Kenya Certificate of Primary Education）については受験料が安く、家庭の負担にはならないとのこと（Refuge-Point インタビューより）。

（5） Promising Practices Case Studies & Report Launch @ UNGA2017：二〇一七年七月二六日にＵＮＨＣＲとセーブ・ザ・チルドレンがホストとなり開催されたシンポジウム。

第9章

難民を生きる
――難民家族へのインタビュー――

1　はじめに

本章は二〇一五年二月四日に行った、ナイロビに居住し、アメリカへの第三国定住を申請しているソマリア難民家族へのインタビューの報告と考察である。インタビューは英語で行い、家族の中で英語のできるモハメッドにソマリ語への通訳をお願いした。難民の第三国定住のシステムや関係団体の支援状況を調査する中で、いくつかの問題を感じた（第7章）。

それらは、第三国定住の申請から実際の出発・移住までのプロセスが複雑で、時間がかかること、申請者のうち実際に許可になる割合が少ないこと、出発にあたっての準備にかける時間が少ないこと、また、言語や文化の異なる地への定住において教育の重要性が高いことなどである。

本章では第三国定住を申請したソマリア難民家族へのインタビューからいくつかの課題を報告する。難民への直接

図9－1　インタビューしたソマリア難民家族　左からカダール（甥）、ファティマ（母親）、モハメッド（三男）、著者

的アプローチは難しいため難民支援を行っているRefugePoint（RP）の紹介によって一家族三人のインタビューを行った。インタビューの場所は私の借りているアパートである（図9－1）。

2　家族の状況

母親ファティマ（Fatuma）推定六五歳、息子モハメッド（Mohammed）二三歳、甥カダール（Kadar）二二歳の一家三人は、現在（二〇一五年二月）RSC（Resettlement Support Centre）を通してアメリカへの第三国定住申請中である。二〇一四年五月に申請後の最初のインタビューをUNHCRで受けたが、その後八か月間何の連絡もない[1]。

ファティマは学校教育の経験はなく、正確な年齢は不詳である。モハメッドはケニアで中等学校を卒業し、卒業試験であるKCSEを受けたが、成績が悪く高等教育には行けなかった。カダールは経済的理由で初等教育を修了していない。都市難民の場合には多いケースである。

ファティマには男三人、女七人の合計一〇人の子がいたが、ソマリアとエチオピアの紛争のために多くの子を亡くした。

一家はソマリアのオガデン族だがファティマはエチオピア出身のエチオピア系ソマリ人。家族はソマリア国内のキャンプに六年ほど住んでいたが、紛争のため転々と居を移した。

一九九九年、ファティマとモハメッドはほかの小さい子どもらとともにソマリアからケニアへ越境した。ケニア東部のニボヨから入国。家族がまとまって越境したのではなく、紛争のため散り散りになっており、別々に逃げた。ファティマとモハメッドは越境後、ケニア東部ガリサを経由してナイロビへ入り、先にナイロビに住んでいた叔母と一緒に暮らした。ケニアでは難民キャンプに入ったことはない。モハメッドはソマリア生まれで母語はソマリ語であるが、幼いときに国を離れているため、ソマリアに知人はおらずソマリアのことは全く分からないという。

二〇〇八年、ファティマの夫（モハメッドの父）はエチオピアにいて、別の家族と暮らしていたが、モハメッドがケニアの学校で初等教育修了試験（ＫＣＰＥ：Kenya Certificate of Primary Education）を受けているときに病気で亡くなったと知らせを受けた。

難民登録を行ったのは二〇〇九年で、一九九九年の越境から一〇年後。その間ナイロビで暮らしていたが、生活は不安定であった。難民登録時には三人でナイロビのウエストランド地区にあるＵＮＨＣＲ事務所へ出向き、面接を受け、指紋登録等の手続きを行った。援助機関からは医療支援や就業支援等を受けたが、十分ではなかった。家族は現在ナイロビのソマリア難民集住地区のイスリー地区に居住している。

モハメッドの二人の姉がすでにアメリカ・ミネソタ州ミネアポリスに定住している。ＲＳＣ経由で手続きをし、一人は二〇一三年二月、もう一人は二〇一四年一〇月に渡米（手続きに一〇年以上を要した）。一人は独身、もう一人は夫を亡くしており七人の子ども（一二－二三歳）とともに再定住。子どもたちは英語を話せて、二〇一五年二月にミネアポリスで学校に通いはじめた。

3　課　題

課題の一つは難民のソマリア帰還はきわめて困難なことである。また、難民の教育は就業との関係も含めて大きな課題であり、さらに再定住後の生活とも大きく関係している。アメリカの難民受け入れは現在（二〇一五年）七万人規模であるが、そのうちソマリア難民は四〇〇〇人程度でイラク難民に次いで多い。ファティマとモハメッドのケースは家族呼び寄せであり定住の可能性は高いと思う。ただし家族呼び寄せには、DNA鑑定も行われるなど時間がかかる。そのため定住以前の難民への生活支援、教育支援が特に都市難民に対して喫緊の課題である。

4 インタビュー要旨

息子のモハメッドは、中等教育を修了しているために英語がうまく、ソマリ語ができるので、RefugePointなどで通訳の仕事をしている。今回のインタビューもRPの紹介で実現した。

難民登録を行う

難民登録を行ったのは二〇〇九年で、一九九九年の越境から一〇年後。その間ナイロビで暮らしていたが、生活は不安定であった。難民登録はUNHCR事務所へ出向き、面接を受け、指紋登録等の手続きを行った。援助機関には、脚を骨折していた母を病院へ連れていってもらい、難民登録後も薬をもらう等の支援を受けたが、十分ではなかった。RefugePointからは食糧、医薬品、モハメッドの就業機会等を得られた。

モハメッドは、先にナイロビに来て欧州人（キリスト教徒）の家で働いていた姉の資金援助で初等教育を修了した。その後は米国のNGOで再定住申請の窓口であるRefugePointで通訳の仕事をしたり、ケニアのキリスト教系NGOであるケニアキリスト教協議会NCCK（The National Council of Churches of Kenya）で働いて自分でお金を稼いで中等学校へ通った。二〇一二年にソマリ人コミュニティのあるイスリー地区の中等学校を卒業した。中等学校在学中もケニア人（キリスト教徒）やソマリ人（イスラム教徒）から資金援助を受けた。

母ファティマは学校に行ったことがなく、正確な年齢は分からない。アメリカにいる娘に会いたいので再定住を希望している。

甥カダールはソマリアで生まれ、モハメッドたちとは別に二〇〇三年にケニアへ来て、一家とはナイロビで合流した。経済的理由で初等教育を修了していない。現在は無職で、モハメッドとファティマと一緒に暮らしている。

アメリカにいる姉の話

アメリカへ渡った姉から、アメリカでは教育を受けていないと良い働き口がないと聞いている。家族の中で一定以上の教育を受けたのはモハメッドだけで、教育を受け続けることだけに集中してきた。再定住できたらさらなる高等教育を受けて良い仕事に就き、家族を支えたいという。アメリカは教育環境も良いしソマリ人コミュニティもあるので、再定住先はアメリカを希望している。

二人の姉は渡米前にキリスト教に改宗した。これを聞いたナイロビ在住のソマリ人が二〇一〇年一〇月にモハメッドとカダールを襲撃した。カダールはナイフで心臓を狙われ、かばった右腕に大きな傷を負い、右手の小指は動かなくなった。

姉以外の親族は、困難なときに助けてくれなかったので、互いに助け合うという考えはなく、意図的に連絡を取っていない。

カダールのこと

甥のカダールはケニア政府のソマリア都市難民摘発策を受けた警察による街頭/家宅検挙で拘束され、二〇一四年四月から九月まで約六か月間にわたりケニア北西部のカクマ難民キャンプに滞在した。難民ＩＤ等すべての書類を奪われ、カクマキャンプでの登録ＩＤを渡された。単身であったため友人たちと複数人で一つのシェルターで暮らした。援助機関から支給される食糧は十分な量ではなく、先にカクマに来ている友人から援助を受けた。週末に警備が手薄になるのを見計らってキャンプを抜け出し、ナイロビに戻った。

5 インタビューの会話から

実際の会話の様子を記しておきたい。ファティマとカダールはモハメッドが通訳した。

国境を越える

モハメッド　モハメッドです。年齢は二三歳。
内海　まだとても若いですね。
モハメッド　若くないですよ。
内海　私はもう六九歳です。
モハメッド　あなたもまだ若いですよ。
内海　ありがとう。ソマリアからケニアに越境したのはいつですか。
モハメッド　教育を受けていなかったし、まだ子どもだったので不確かですが、大体一九九九年です。
内海　母親と一緒でしたか。
モハメッド　そうです。
内海　他の家族も一緒でしたか。例えばお父さんとか。
モハメッド　父はエチオピアで別の家族と暮らしていました。しかし、もう亡くなりました。
内海　お母さんや他の家族と一緒にケニアに越境したのですね。
モハメッド　そうです。

内海　どの地点から国境を越えてケニアに入ったのですか。
モハメッド　ニボヨです。
内海　ケニア東部のニボヨですね。お母さんはなぜ越境しようと決断したのでしょう。
ファティマ　当時起きていた紛争のためです。ソマリアとエチオピアとの戦争が起きており、私は多くの子どもを亡くしました。
内海　家族は長くソマリアに住んでいたのですか。
ファティマ　ソマリアにはそんなに長くは住んでいませんでした。大体六年ぐらい、ソマリア国内の避難民キャンプに住んでいました。そのキャンプでモハメッドが生まれました。
内海　分かりました。お子さんは何人いるのですか。
ファティマ　三人の男の子と七人の女の子がいました。
モハメッド　私は末子なので私が生まれる前に亡くなった者もいます。
内海　合計一〇人ですね。家業は農業だったのですか。
ファティマ　私たちの家族は一か所に定住してはいませんでした。紛争のせいで移住を繰り返したのです。移住した土地に合わせ、商業を営んだり農業を行ったりしました。
内海　ファティマさんはソマリアのどこの出身ですか。
ファティマ　エチオピアです。
内海　ファティマさんはエチオピア出身でソマリに移り住んだ、エチオピア系ソマリ人ということですか。
ファティマ　そうです。
内海　あなたがた家族は、越境後ケニアの難民キャンプにいたのですか。
ファティマ　私の家族は一度に越境したのではありません。小さい子どもを連れて越境しましたが、大きい子どもは別々にケニアにやってきたのです。紛争が続いていたため、散り散りに逃げてきたのです。
内海　分かりました。あなたがたはケニアで難民キャンプに入ったのですか。
モハメッド　母と僕はケニアでは難民キャンプには一度も入っていません。私たちはナイロビに来て、叔母のもとに身を寄せました。
内海　叔母さんはすでにケニアにいたのですね。
モハメッド　そうです、すでにナイロビにいました。
内海　あなたがたは都市難民と呼ばれる難民ですね。越境後、直接ナイロビに来たのですね。
モハメッド　越境後、まずガリサへ行きました。そしてガリサからナイロビに移りました。
内海　ＵＮＨＣＲに難民登録をしたのはいつですか。
モハメッド　二〇〇九年です。
内海　越境したのは一九九九年で、ナイロビに住み、難民登録をしたのは二〇〇九年ですね。登録なしで一〇年間ナイロビに住んでいたのですね。その間の生活は不安定だったのではありませんか。
モハメッド　生活は不安定でした。

学校のこと

内海　教育は受けましたか。学校へ行くのは容易でしたか。
モハメッド　容易ではなかったです。姉が私たちより先にナイロビにいて、キリスト教徒の人々と仕事をしていました。そして、その人々に僕の学費を出してくれるよう頼んでくれたのです。彼らのおかげで僕は初等学校に行くことができました。
内海　キリスト教徒の人々とはケニア人ですか、ヨーロッパ人ですか。

モハメッド　ヨーロッパ人です。彼らが学費を出してくれました。そうして初等学校を卒業し、中等学校は自分のお金で行きました。困難でしたが、RefugePoint で通訳をしたり、他の仕事をしてなんとか学費を捻出しました。お金がないときは学費の取り立てにあったので、学校へ行かず家にいました。

内海　中等学校は自分でお金を稼いで通ったのですね。中等学校は修了しましたか。

モハメッド　二〇一二年に修了しました。

内海　中等教育修了資格ＫＣＳＥ（Kenya Certificate of Secondary Education）を取得したのですね。

モハメッド　はい、成績は悪かったですが。

内海　どこの中等学校に行ったのですか。

モハメッド　途中で転校しました。ケニア人のキリスト教徒から奨学金をもらった時期があったのですが、奨学金が切れてしまい、お金がなかったのでその学校を去らざるをえなかったのです。でもソマリ人コミュニティのほかの人に助けてもらって、別の高校で最終年度を終えることができました。イスラム教徒の男性でした。お金をもらって、別の学校に移ったのです。最終的に、卒業した学校はイシリー地区のマイノワンジキ中等学校です。二〇一二年に卒業しました。

内海　第三国定住プログラムに申請していますか。

モハメッド　はい、現在手続きが進んでいます。

内海　どの組織がその手続きを行っているのですか。

モハメッド　ＲＳＣです。

内海　Resettlement Support Center、アメリカのＮＧＯですね。World Christian Service が運営していてアメリカ政府が資金を拠出している団体です。

モハメッド　ちなみに、二人の姉がすでにアメリカに行きました。姉たちはキリスト教に改宗し、それが原因で私たちの安全に影響が出ました。
内海　お姉さんがアメリカに渡ったのはいつですか。
モハメッド　昨年（二〇一四年）の九月、いえ一〇月です。
内海　二人一緒に渡米したのですか。
モハメッド　いえ、別々です。もう一人は二〇一三年二月です。
内海　お姉さんたちもＲＳＣ経由で手続きして渡米したのですか。
モハメッド　そうです。
内海　二人はミネソタ州のミネアポリスに住んでいるのですか。
モハメッド　そうです。同じ場所にいます。ミネアポリスです。
内海　私は昨年九月にミネアポリスを訪れ、多くのソマリ人に会いました。お姉さんたちもいたかもしれませんね。ルーテル社会サービス（Lutheran Social Service）というＮＧＯが生活の手助けをしていると思います。住居を準備し、学校や仕事を探してくれます。二人は夫や子どもと一緒に渡米したのですか。
ファティマ　二人とも夫はいません。一人は夫をすでに亡くしていて、もう一人は独身です。未亡人のほうは子どもが七人いて、七人の子どもを連れて渡米しました。
内海　その子どもたちはミネアポリスで学校に通っていますか。
ファティマ　はい、ちょうど今月（二〇一五年二月）、学校に通いはじめました。
内海　モハメッド、あなたとお母さんは今再定住申請中なのですよね。
モハメッド　はい、甥も一緒に申請中です。手続きを開始したのは二〇一〇年です。二〇〇九年に難民登録を行い、二〇一〇年に RefugePoint 経由で再定住申請をしました。
内海　まずＵＮＨＣＲに難民登録をして、その後 RefugePoint 経由で再定住手続きを行うのですね。RefugePoint があなたがたのバイオデータを作成してＲＳＣに提出し、それを受けて今はＲＳＣとやりとりを行っているのですね。

モハメッド　そうです。

内海　ＲＳＣがあなたがたのセキュリティチェックや健康チェックを行っているのですね。

モハメッド　そうです。

内海　二〇一〇年の何月に開始したのでしょう。

モハメッド　覚えていません。

内海　そうですか、しかし、もう五年になりますね。ＲＳＣでの手続きを開始してから面接を何度受けましたか。

モハメッド　一日で二回受けました。しかし、カダールは面接を受けられませんでした。

カダールのこと

カダール　僕はそのときナイロビにいなかったので面接を受けられませんでした。ケニア中で難民を捕まえる作戦が行われ、僕は警察に捕まってカクマ難民キャンプに連れていかれました。そのときすべての書類を失いました。僕は警察からハラスメントを受け、ひどい目にあいました。僕はもしソマリアに強制送還されたとしても、ソマリアを知りません。知っている人もいません。ソマリアは祖国ですが、子どもの頃に離れてしまったからです。

内海　ソマリ語は話すのですよね。

カダール　はい、ソマリ語が母語です。

内海　ソマリアには多くの部族がありますが、あなたがたは何族ですか。

カダール　オガデンです。

内海　エチオピアの名前ですね。

カダール　ソマリアにもオガデンがいます。ソマリアのオガデン族です。僕は部族のことは全然知りませんが。

内海　ＲＳＣからの面接は一日だけだったのですね。その後何か連絡はありましたか。
モハメッド　その後電話でただ待つようにといわれ、八か月が経ちました。
内海　面接は昨年三月か四月頃だったということですね。
モハメッド　そうです。
内海　カダールはその後面接を受けましたか。
モハメッド　まだです。面接のときに甥を連れてくるよういわれましたが、甥はカクマに送られてナイロビにいなかったので面接を受けられませんでした。するとカクマで面接をするといわれましたが、実際にはカクマで面接は行われませんでした。そこで、甥をナイロビに連れ戻せるよう人に頼み、連れ戻した後ＲＳＣにメールをして、甥を連れ戻したことを伝えました。すると、次回の面接に呼ぶのでまた電話するといわれましたが、それ以来電話はありません。
内海　カダール、あなたがカクマからナイロビに戻ったのはいつですか。
カダール　二〇一四年九月です。
内海　何か月カクマにいたのですか。
カダール　約六か月です。
内海　そうですか、手続きが行われているのなら、そのうちに登録手続きを行ったり文化研修を受けるためにＲＳＣに呼ばれるだろうと思います。姉たちはケニアで文化研修を受けたのではないですか。
モハメッド　そうだと思います、私は当時寄宿舎にいたのであまり把握していませんが。というのも家族全員の中で教育を受けたのは私一人だけなので、教育を受けることに必死だったのです。家族のことに気を配るよりも、お金を稼いで学校に通うことだけを考えていました。

定住先アメリカのこと

内海　お姉さんからアメリカでの生活について情報を得ていますか。

モハメッド　教育を受けていなければ働き口はないので、教育を受けた人にとってはいいところだと聞いています。だから私は卒業証書を持っていこうと思います。教育を受けていなければ過酷な労働に従事せざるをえず、生活は苦しいと聞いています。でも、教育さえ受けていれば生活環境は良く、ソマリアやケニアより暮らしやすいと聞いています。

内海　お姉さんたちは生活そのものには満足している。しかし働き口を得るには教育を受けていることが必要だということですね。

モハメッド　そうです。

内海　あなた自身はアメリカに定住できたらどんなことがしたいですか。

モハメッド　また教育を受けたいです。それが終わったら家族を支えていきたいです。

内海　高等教育、大学かカレッジで学びたいということですね。

モハメッド　そうです、実はケニアでカレッジに入学したのですが、途中でだめになりました。さっきいったのと同じ理由で。

内海　そうしなければアメリカで良い仕事を得られないというわけですね。

モハメッド　はい。

内海　あなたは英語がとても上手なので、良いカレッジや大学が見つかるでしょう。

モハメッド　そう祈ります。

内海　お姉さんから子どもの教育について何か情報を得ていますか。

モハメッド　子ども全員が学校に通いはじめ、授業が始まったと聞いています。

内海　子どもたちは何歳ですか。
モハメッド　一番上の女の子が私と同い年で二三歳、一番下の子が一〇歳か一一歳……いえ、一二歳か一三歳です。
内海　もうすぐ高校生ですね。
モハメッド　そうですね、今はまだ小中学生ですが。
内海　子どもたちは英語を話すのですか。
モハメッド　はい。
内海　ナイロビにいたからですね。
モハメッド　はい、その頃は私も英語の学習を手伝っていましたから。

コミュニティのこと

内海　ほかの親戚で誰か第三国定住した人はいますか。
モハメッド　分かりません。連絡をとらないようにしているので。困難なときに誰も助けてくれなかったので、連絡を絶ったのです。親戚とは互いに世話をしないのです。私たちが困難にあるときには親戚は誰もこちらを見向きもせず、私たちの生活が良くなれば現れるのが親戚です。
内海　モハメッド、あなたは独身ですか。
モハメッド　はい、独身です。

ファティマと

内海　お母さんに質問をしてもいいですか。
ファティマ　はい。

内海　女性に年齢を尋ねるのはよくないことですが、お母さんの年齢を聞いてもいいですか。
ファティマ　年齢は分かりません。学校に行ったこともないのです。たくさんの困難を経験しましたが、ケニアに来てからは安全な暮らしができています。八〇歳くらいでしょうか。
内海　そんなことはないでしょう。私と同じくらいではないですか。
ファティマ　一番上の娘が四五歳なので、二〇歳で出産したとして六五歳くらいでしょうか。
内海　では私より若いですね。ケニアに来て二〇〇九年にＵＮＨＣＲに難民登録をしたわけですが、ＵＮＨＣＲやＮＧＯから十分な支援を受けましたか。
ファティマ　ケニアに来たとき足を骨折していました。伝統療法で治療していたので骨折したままだったのですが、よい病院に連れていってもらうことができました。
内海　足は今も痛みますか。
ファティマ　今は良くなっています。
内海　難民登録を終えた後は治療を受けることができましたか。
ファティマ　薬をもらったりしましたが、量は多くなく、十分ではありませんでした。
内海　アメリカに行きたいですか。
ファティマ　神がお許しになれば行きますし、お許しにならなければ行きません。でも、子どもたちを愛しているので、子どもたちに会いたい気持ちは確かです。
内海　娘さんたちはすでにアメリカに住んでいるので、お母さんは娘たちにアメリカに呼び寄せてもらうことができるのではないですか。
ファティマ　手続きが進んでいるのでしょうか。手続きが早く進むよう口添えをしてはもらえませんか。
内海　ＲＳＣはアメリカ政府、特に移民局の窓口でしかないので、手続きには時間がかかるのです。ＲＳＣが書類を送り、すべてをアメリカの移民局がチェックします。私はＲＳＣを訪れましたが、非常に複雑な手続きでした。誰でも三年から七年かかるといわれています。

ファティマ　娘は一〇年くらい待ったと思います。それ以上かもしれません。私たちより先にナイロビにいたのですから。渡航を待つ間、私の薬が三度もなくなりました。でもなんとか行けてよかったです。

定住先について

内海　再定住に一番良い国はどこだと思いますか。ソマリア人はカナダ、オーストラリア、欧州の国など選択肢があると思いますが。

モハメッド　アメリカが一番です。私の友達は中等学校を卒業した者や初等学校を卒業した者が多いのですが、大体カナダかアメリカにいます。

内海　アメリカだと航空券代はローンになるので、返金しなければいけません。でもカナダならそれは必要ありません。でも、教育環境はアメリカが良いと思っているのですね。

モハメッド　そうですね。アメリカが最初の選択肢です。

内海　アメリカはソマリ難民を多く受け入れていて、ミネアポリスにはソマリ人コミュニティがありますしね。

モハメッド　そのとおりです。

内海　お姉さん二人は今もミネアポリスにいるのですか。

モハメッド　そうです。

内海　いつアメリカに行けそうか分かりますか。

モハメッド　できるだけ早く行きたいです。でも手続きに長い時間がかかることは分かります。

内海　再定住のための手続きに関して、RefugePoint からはどのような支援を受けられるのでしょうか。

モハメッド　食糧、医薬品、仕事等を提供してくれました。RefugePointで通訳をしたのがはじめての仕事でした。そのあと、NCCKなどのNGOで仕事をしました。

内海　UNHCRからは支援を受けましたか。

モハメッド　いえ、全くありません。UNHCRの通訳の仕事に応募しましたが反応はありませんでした。

内海　UNHCRは難民登録をするだけなのですね。ナイロビの事務所で面接をするのですか。

モハメッド　ウエストランドの事務所で面接を受けました。母と甥と一緒にです。事務所は混んでいたので登録のために長い時間待ちました。母は病気だったのですが、指紋を登録するために連れていかなければならず大変でしたが、なんとか登録がうまくいってよかったです。

カダールに

内海　ここからはカダールにに質問します。年齢はいくつですか。

カダール　二二歳です。

内海　ケニア生まれですか、ソマリア生まれですか。

カダール　ソマリアで生まれました。モハメッドや母とは別に、二〇〇三年にケニアに来ました。

内海　モハメッドの父とあなたの父が兄弟なのでしょうか。お父さんは今もソマリアにいますか。

カダール　父は亡くなりました。

内海　モハメッドたちとは別にケニアに来て、ナイロビで合流したのですね。ナイロビで教育は受けましたか。

カダール　はい、でも初等学校は修了していません。経済的理由です。

内海　今は何か仕事をしているのですか。

カダール　無職で家にいます。

内海　再定住の手続き中ですが、書類をカクマで失ったのですね。
カダール　はい。ＲＳＣの面接もまだ受けていません。
内海　独身ですか。
カダール　はい。
内海　ファティマとモハメッドと一緒に暮らしているのですか。
カダール　そうです。
ファティマ　カクマでの体験について聞いてもいいですか。そこでの生活はどうでしたか。
カダール　暑くて大変でした。
内海　シェルターを得ることはできましたか。
カダール　いいえ、自分のシェルターはありません。単身で家族はナイロビに残っていたので。カクマⅡにいました。友達と一緒に一つのシェルターで暮らしました。
内海　援助機関からの支援が多く入っていると思いますが。
カダール　はい、でも食糧は十分ではありませんでした。もともとカクマにいる友人から食糧を分けてもらったり、シェルターに入れてもらったりしましたが、ＵＮＨＣＲや援助機関からは何の援助も受けませんでした。カクマで身分証を与えられ、それを提示することで食糧を配給されましたが、量は十分ではありませんでした。料理もできませんでした。
内海　どのくらいの数のソマリ難民がナイロビからカクマに送られたのでしょうか。
カダール　たくさんいました。子どももたくさんいました。警察は手当たり次第にソマリア人を拘束しカクマに送ったので。
モハメッド　僕はＮＧＯのＩＤとＴシャツを持っていたので助かりました。甥は屋外で拘束されました。屋内で拘束されることもあれば、屋外のこともあります。甥は二度拘束されました。一度目は家に来たので、僕が色々と説明してなんとか解放されました。でもまた別の軍人が甥を捕まえに来て、そのとき僕はNCCKで仕事をしていてそばにいなかったので、カクマに送られてしまったのです。警察は甥の書類を取り上げ、返してくれませんでした。難民登録をしたときにもらうマンデイト（Mandate 役割）も難民IDもすべての書類を取り上げられました。カクマに送られたとき、カクマでの登録IDを渡されました。

内海　六か月でナイロビに戻ってこられたのですね。どのようにして戻ってきたのでしょうか。

カダール　土日は週末で警察が手薄になるので、モハメッドからいくらか送金してもらい、そのお金を使って週末に逃げ出したのです。

コミュニティの中で

内海　再定住についてほかの難民と情報交換はしていますか。

モハメッド　いいえ。RSCはアポなしで面会はしてくれないので、私たちにできるのはRSCにメールを送ることだけですが、手続きは進んでいるので次の面接まで待てといわれました。前回面接を受けたのは昨年（二〇一四年）五月一二日でした。僕と母の二人で受けました。それからもう九か月、一〇か月経とうとしています。

内海　どういった手続きが行われているか知っていますか。

モハメッド　いいえ。

内海　そういった情報は与えられないのですね。

モハメッド　はい、質問はできず、ただ待つだけです。

内海　もっと情報を得て、文化研修を受けて、そうしてIOM経由で航空券の手配がされるのでしょうか。

モハメッド　よく分かりません。

内海　何も聞かせてもらっていないのですね。
　お姉さんが渡米前にキリスト教に改宗したといっていましたが、それは自発的なものだったのでしょうか、それとも誰かにいわれてそうしたのでしょうか。
モハメッド　僕にはよく分かりませんが、それによって僕たちの安全に影響が出ました。周囲のソマリ人から暴行を受けました。仕事帰りにソマリ人数人に囲まれて姉の改宗について問われ、事実だと認めると、姉たちに会ったら殺すといわれました。僕自身も改宗したのか、殺されたいのかといわれました。僕が働いていたＮＣＫはキリスト教系のＮＧＯだったので、誤解を招いたのです。
　カダールはナイフで襲われました。自宅にいたときに襲われたのです。右腕に大きな傷跡があり、右手の小指は動きません。心臓を狙われ、腕で防御したためにこのような傷になったのです。そのとき僕も素手で殴られ、甥とともに病院に行きましたが幸いなことに二人とも命に別状はありませんでした。
内海　この事件が起こったのはいつですか。
カダール　二〇一〇年の一〇月です。
　僕の父はエチオピアで亡くなりました。エチオピアの軍人に殺されました。
モハメッド　僕の父は二〇〇八年に僕がＫＣＰＥ（Kenya Certificate of Primary Education）の試験を受けているときに病気で亡くなりました。学校で知らされました。私は父に会ったことが一度もありません。紛争で家族が分断され、逃げ回っていたためです。
内海　悲しい思い出を聞いてしまってごめんなさい。長い時間ありがとう。いろいろなことを学ぶことができました。感謝します。

私たちは家族とRefugePointの入っているビルの前で待ち合わせた。モハメッドもよく知っているし、私たちのアパートからも近いからである。タクシーできた一家と挨拶をし、私たちの車でアパートに行くことにした。車が五人乗りで一度には行けないために二回に分けて行こうとした。するとファティマが「それはだめだ、家族は一つの車で行かなくてはいけない」という。そこで私はここに残って戻ってきた車で行くことにした。こうしたファティマの私たちに対する警戒心と行動に対する信念は、これまでの様々なつらい経験によるものだと納得したが、胸の痛くなる思いがした。

それにしても、第三国定住を行う側から聞いてきた話を支援を受ける側から聞くと、同じことなのであるが全く異なる思いがぶつかっていることがよく分かった。

6　おわりに

このインタビューを通して驚いたことがいくつかある。一つはナイロビのイスリー地区は六万人を超えるソマリア難民のコミュニティーがあり、通りを見ればソマリの町である。そこでは多くのネットワークがあり、人々は助け合っているのだと思っていた。しかし、彼らは他のソマリ人と関係を絶っているという。モハメッドのいうように色々な理由があるのだろうが、イスリーのコミュニティーは個の集合体をどれだけ乗り越えているのかと不安になった。

今一つはファティマの、アメリカには、「神がお許しになれば行きますし、お許しにならなければ行きません」という言葉である。強い信仰心の表れでもあるし、深い諦めの言葉でもある。国や国際社会の狭間で、波にさらわれるようにして生きてきた母親にまだこのような言葉を口にさせている。この人間社会とはなんと残酷なものなのかと思わざるをえなかった。

【付記】　この調査は科学研究費基盤研究B（一般）「東アフリカ地域の国際緊急人道支援の再検討――子どもの主流化」（平成二四－二六年度、研究代表者：内海成治）による調査である。また本章は共同研究者の船山静夏（ピースウィンズ・ジャパンPWJ職員・当時）とともに行った。

（1）　私たちの帰国後二〇一五年四月に、モハメッドからのメールでは、RSCから連絡があり二回目のインタビューを受けることになったとのことである。

第10章　難民支援と教育

1　はじめに

紛争や災害によって被災した人々への緊急人道支援は二一世紀の最重要課題である。今世紀に入ってから、アフガニスタンやイラクにおける紛争、南部スーダンの独立戦争、スマトラ沖地震と津波、パキスタン地震等々、大規模な紛争や災害は枚挙にいとまがない。そして国際的な復興支援が大規模に行われている。そして復興支援においては、人々や子どもの生命を守る緊急人道支援から開始され、復興支援へつなげられる。こうした支援において教育分野が、わが国においても国際的にも、その重要性が強く認識され始めた。

復興支援における教育支援は、きわめて今日的でダイナミックな課題である。なぜならば、一九九〇年のEFA（万人のための教育）、MDGs（ミレニアム開発目標）の達成を考えるとき、紛争や災害の発生した地域での教育の復興と普及は不可欠の取り組みであるとともに、新たな挑戦だからである。紛争や災害によって大きな被害を受ける社会的弱者への支援は人道支援であり、また緊急性が必要となるために、これまでのＯＤＡ（政府開発援助）開発支援とは異なる取り組みであり、変化が要求されている領域である。

本章では、緊急下においてや難民への教育支援に関する調査を概観し、必要な視点について検討したい。

2　二〇〇五年二月パリにて

二〇〇五年二月二二日、二三日の二日間、イラク高等教育支援ラウンドテーブルがパリのユネスコ（ＵＮＥＳＣＯ）[1]本部で開催された。この会議には、イラクの高等教育省、大学関係者一七名をはじめとして、国際機関や各国の高等教育および大学関係者が一五〇名以上が参加して報告と討議が行われた。紛争後の国への教育支援への関心が非常に高いことが感じられた。

また、同じく二月二五日には、「緊急・復興教育支援におけるミニマム・スタンダード」がＩＮＥＥ（The Inter-Agency Network for Education in Emergencies）から発表され、ＵＮＥＳＣＯで記者会見があった。これは、紛争後の教育支援に関して、調査・支援方法・評価における留意点を述べた冊子であり、ＩＮＥＥが一年間かけてまとめたものである。こうした基準が必要なほど、紛争後の教育協力は多くの国際機関、ドナー、ＮＧＯにとって重要な分野となっている。この記者会見にも多くの関係者が集まり、狭い第七会議場はまさに満員であった[2]。

復興支援における教育協力への関心の高まりは、東ティモール、ルワンダ、アフガニスタン、イラク、南部スーダン、そしてスマトラ沖地震津波被害、パキスタン地震等々の紛争や自然災害によって教育が傷つき、大きなダメージを受けたこと、また、紛争予防、平和構築に教育の働きが不可欠なことを表している。また、これまで紛争後、災害後の支援として、住居（シェルター）と衣類、水と食糧、保健医療の三つが中心課題とされてきたが、長期化する紛争や難民キャンプにおいて将来を見通すには教育が重要であること、人間の安全保障にとって教育はまさにミニマム・スタンダード（最低基準）であることが広く認識されていることが考えられる。しかし、日本においては、大学や援助機関において紛争後の教育協力の研究と実践の重要性が十分に広まっているとはいいがたい。そこで、ここでは紛争後の教育支援の研究動向と紛争後の国への教育支援を考える際の論点を整理し、課題を検討することにしたい。

3 緊急復興期の教育支援の研究

二〇〇〇年四月にダカールで開催された世界教育フォーラムで採択された「行動の枠組み（framework for Action）」の中で、万人のための教育を達成するためには、紛争、自然災害、社会的不安定によって影響を受けた教育システムのニーズに基づいた支援が必要であることが明記された。これまでに紛争後の国や地域への教育支援を組織的に継続して調査・研究を行っているのはＵＮＥＳＣＯ国際教育計画研究所（ＩＩＥＰ：International Institute for Educational Planning）である。ＩＩＥＰは二〇〇二年に「教育計画の基礎（Fundamentals of Educational Planning）」シリーズの一環としてマーガレット・シンクレア（二〇〇二）『緊急時およびその後の教育計画』[3]を出版した。この本は一四〇ページの小さな本だが、緊急および復興の定義や教育協力の必要性、実施方法についてまとめたものである。

シンクレア（二〇〇二）によれば、緊急時（emergency）とは本来の言葉の意味よりも広義に捉えるべきであり、自然災害の被災民、および難民や紛争からの避難民へのすべての支援が緊急支援であるとしている。また、ＵＮＥＳＣＯによれば、教育的緊急時（educational emergency）とは、紛争や災害などの危機的状況によって作られたもので、教育システムは不安定で無秩序、そして破壊されており、総合的な支援を緊急に必要としている状況であるとしている。

国連児童基金（ＵＮＩＣＥＦ：United Nations International Children's Emergency Fund）は、もう少し広い意味で緊急という言葉を使用しており、紛争や自然災害のみならず、静かな緊急（silent emergency）としてＨＩＶ／Ａ

ＩＤＳや極度の貧困、ストリート・チルドレンの問題なども含めている。

国際ＮＧＯのセーブ・ザ・チルドレン（ＳＣＦ：Save the Children Foundation）の教育部では緊急の事態によって影響を受けた子どもの教育の定義を「紛争や災害の影響を受けた子どもの生活を守り、学習の機会を与え、全人的な発達（社会的、認知的、身体的）を育成する教育」と定めている。

これまで、ＩＩＥＰはこの「緊急および復興時の教育（Education in emergency and reconstruction）」として次の六冊を上梓している。

①アナ・オブラ『再びあってはならない――ルワンダにおける教育復興』
②リンドセイ・バード『生き残る学校――一九九四年から一九九六年におけるルワンダ難民の子どもの教育』
③スーザン・ニコライ『独立の学習――一九九九年以来の東ティモールにおける緊急・移行期の教育』
④マルク・ソマーズとピーター・バックランド『並行する世界――コソボの教育システムの復興』
⑤マルク・ソマーズ『緊急・復興期の教育のコーディネーション――挑戦と責任』
⑥マルク・ソマーズ『教育の島――学校、内戦、南部スーダン一九八三－二〇〇四』

はじめの①から④はルワンダ、東ティモール、コソボにおける紛争の経緯と教育の状況と現状を扱っている。⑤は、個別研究ではなく緊急復興時の協力のあり方に関する論議をまとめたものであり、⑥はスーダンのこの二〇年間の教育を扱った丁寧な調査報告である。

ＵＮＥＳＣＯ国際教育局からはソービ・タウィルとアレキサンダー・ハーレイ『教育、紛争、社会的結合』が出版されている。これは「紛争予防に教育は何ができるのか、紛争後の社会的連帯の形成にどのようなカリキュラムが可能なのか」といった問いを理論と事例からまとめたものである。

紛争の経緯（タイプ）	紛争がない；比較的「平和」	国内不和；社会的不和；紛争「前」	武力戦争	紛争終結への移行期；和平プロセス	「ポスト」コンフリクト
教育的イニシアティブのタイプ Type of educational initiative	紛争予防の教育（教育開発）Education for prevention（Development）		緊急教育 Education in emergencies		社会復興の教育（教育開発）Education for social and civic reconstruction（Development）

図10－1　紛争のタイプと教育のタイプ　Tawil S. and Alexandra Harley（2004）p.11 より。

事例としてはレバノン、モザンビーク、北アイルランド、ルワンダ、スリランカが取り上げられている。研究ではカリキュラムに焦点を当てた論議が中心である。

4　緊急復興教育支援の時間軸

緊急復興過程の時間軸に関して、タウィルとハーレイ（Tawil and Harley 2004）は図10－1のような枠組みを提案している。紛争予防から復興過程までを含むモデルである。そして、時間軸に沿って、それぞれの方略や留意点を述べている。そうしたモデルから見るとＩＮＥＥのミニマム・スタンダードは、常にコミュニティを重視するがゆえに、大きな時間軸に沿った変化や同時並行的に生起する変化や対応策には即応しにくいのである。つまり、こうした時間軸による変化とともに、政府レベルやコミュニティレベルなどのレベルによる対応策も必要だと思われる。また、逆にこのモデルの欠陥は、時間軸に沿って紛争のタイプやそれに伴う教育支援が変わっていくことは表現できるが、時間軸はあくまでも相対的なものであり、また、いくつかのレベルにおける支援には、ずれが生ずることを示すことができない。つまり、多様なレベルでの時間軸を超えて重層的に支援が必要なことを訴えにくくなる。例えば、緊急教育の段階であっても、復興期のビジョンを作成し、それをベースにした緊急支援でなくてはならないのである。つまり、緊急時であっても、いや緊急時であるからこそ将来を見据えた支援が必要であり、緊急支援の中に復興支援、開発支援が埋め込まれていなくてはならないのである。

こうした大まかな時間軸ではそれぞれの個々のケースをカバーすることはできないであろう。なぜならば、アフガニスタンのように紛争が二〇年以上にわたって継続し、国外の様々な政治勢力が入り込むケースとシエラレオネのように国内の権力闘争の形をとる場合では、状況はかなり異なるからである。

そして、どの時点でどのように国際的な緊急教育支援が開始されるのかによっても状況は全く異なるであろう。さらに、南部スーダンのように国外の難民への教育支援と現地への教育支援のバランスも考慮する必要がある。南部スーダンで独立を目指すグループは難民への支援には全く関心がない。それゆえ、難民と現地への教育支援のバランスはドナーが決定しなくてはならない。ところが、難民の存在、つまり難民キャンプは人道的課題であると同時にきわめて政治的な存在である。であるがゆえに難民キャンプへの人道支援から新政権への復興支援への移行は、高度な政治的判断が必要とされる事柄である。

5　難民支援と紛争国支援
——二〇〇六年三月ナイロビにて——

紛争によって大量の難民、国内避難民が発生する。難民支援は国連難民高等弁務官事務所（UNHCR：United Nations High Commission for Refugees）のミッションであり、まさに緊急人道支援である。難民への教育支援の重要性も広く認識されるようになった。難民への教育支援は緊急人道支援の一環として行われている。図10－1に従えばまさに緊急教育に関する支援である。この難民への教育支援は復興支援における教育支援においてどのように位置づけたらよいのであろうか。

難民支援と復興教育支援の関係

難民となることで、教育への関心が強まり、帰還難民を中心に教育へのニーズが非常に高まる。それに対する対応は難民支援の大きなテーマである。その際、難民、特に難民キャンプへの支援と、当該国への教育支援をどのように考えたらいいのであろうか。これにはいくつかのケースがあると思われる。一つはアフガニスタンやシエラレオネのように難民への教育支援と紛争後の国への教育支援を連続したものとして考えられるケースである。例えばパキスタンのアフガン難民に対して教科書を支援していた米国国際開発庁（United States Agency for International Development：ＵＳＡＩＤ）は新生アフガニスタンに対しても同様に支援を継続した。難民の帰還に伴い難民への支援を継続する形で紛争後の国への支援を行ったのである。この場合には、難民への支援の経験とオペレーションシステムをそのまま活用することができるのである（内海 二〇〇四）。

今一つのケースは、難民への教育支援と紛争後の国への教育支援が断絶せざるをえない場合である。東ティモールの場合が当てはまるであろう。紛争後の教育言語がそれまでのものと異なる場合には、支援の分野や方法も変化せざるをえない。アフガニスタンに対するイランのケースがそうである。イランにおけるアフガン難民はイランの公立学校に通学するが、その数はきわめて限られていた。また、そこのカリキュラムはイランのものであり、アフガニスタンに配慮したものではなかった。そのために、イランはアフガニスタンへの教育支援も難民への支援とは切り離して行っている。

第三のケースは南部スーダンの例である。これは難民への教育支援が紛争後の国への教育支援を困難にする場合である。これは私たちにとって想定外の状況であったが、二〇〇六年三月の調査で明らかになったことである。この状況について以下に述べることにしたい。

南部スーダンのケース

二〇〇五年七月にダダーブ難民キャンプにおける教育支援についてガリサ県で、二〇〇六年三月にカクマ難民キャンプでの教育支援を行っているＮＧＯを調査した。さらに、ナイロビにある南スーダン暫定政府の教育省連絡事務所でインタビューを行った。事務所は日本が支援しているケニア中央医学研究所（Kenya Medical Research Institute：ＫＥＭＲＩ）の隣のビレッジの中にある。紛争終結後の二〇〇五年の一月以降は、ジュバにある南スーダン暫定政府の協力のもと、事業を進めている。すべての省庁はジュバに移っており教育省（Ministry of Education, Science, and Technology）もその一つである。南部スーダンには一〇の州があるが、教育事務局本部はジュバに置かれている。「ジュバの教育省のスペースに限りがあるので、現在はナイロビのリエゾンオフィスとして機能している」とここの責任者であるギーディエス氏（Girgis Labil Geedies）は述べていた。ナイロビ事務所は、主にジュバの小学校で使用する教科書の編集・印刷を行っている。

南部スーダン暫定政府を担っているＳＰＬＭ（Sudan People's Liberation Movement）の一〇か年計画は二〇一〇年で終了する。そのため、現在新しい教育政策が検討中である。教員のトレーニングセンターは、ビクトリア西部、ビクトリア湖周辺地域、ビクトリア東部の三か所に設けられている。また、マリディ教育研究所（Maridi Institute of Education）では、マリディのカリキュラム開発を行っており、遠隔教育や教員の研修も実施している。

南部スーダン暫定政府は、難民キャンプでの教育は、南部スーダンへの教育支援の一部ではなく、全く別のものなのであるとみなしている。さらにこうしたキャンプへの教育支援は、南部スーダン政府にとって役に立たないとみなしている。これには政治的な背景が大きく関わっていると思われる。また、カクマ難民キャンプで行われている教員養成についても、研修を受けた教員の南部スーダンへの帰還が問題になっている。つまり、キャンプで教員養成を行った結果、彼らはケニアあるいは第三国で働くことを選び、南部スーダンに帰還することはほとんどないのである。つまり、難民への教育支援が紛争後の国への支援にならず、かえって問題を深刻にしているのである。難民キャンプへの教育支援を紛争後の国への支援とどうつなぐのかが課題である。

教育支援のむずかしさを感じざるをえない。

【付記】　本章は内海成治（二〇〇五）「緊急復興支援における教育支援の調査研究」『復興支援における教育支援のあり方』平成一七年ＪＩＣＡ客員研究員報告書（研究代表者：内海成治）四‐八頁をもとにしている。

（1）　国連教育科学文化機関（United Nations Educational, Scientific, and Cultural Organization）。

（2）　このＩＮＥＥのミニマムスタンダードは二〇〇四年版で後に二〇一〇年版が作られた。二〇〇四年版の翻訳は大阪大学国際協力論講座が、二〇一〇年版の翻訳はお茶の水女子大学グローバル協力センターによって行われた。ＩＮＥＥのホームページに掲載され、それぞれ冊子も作られた。

（3）　この本は小松太郎訳『紛争・災害後の教育支援』〈ユネスコ国際教育政策叢書〉（東信堂、二〇一四年）として邦訳された。

第Ⅲ部 NGO

◈ＮＧＯをめぐる環境は国際情勢の変化や国際社会や日本政府の政策の変化、そして何よりも日本社会の変化により大きく変わっている。私が国際協力の世界に足を踏み入れてから四〇年が経つが、はじめのうちは国際協力といえば政府やＪＩＣＡの行う仕事、すなわちＯＤＡの役割だと思っていた。もちろんＮＧＯの活動に関しては注目しており、一九九〇年代の半ばには、ある雑誌社の求めに応じてＮＧＯ訪問記を一年間にわたって連載した。またＪＩＣＡとＮＧＯの連携を検討する委員会に参加し、いくつかのＮＧＯを訪問したこともある。しかし、国際協力の大宗はＯＤＡだと考えていた。

ところが二〇〇一年からアフガニスタン支援に関わるようになってＮＧＯの重要性に気がついた。アフガニスタン復興支援を担っているのは、政府機関、国連・国際機関とともにＮＧＯなのである。例えば、教育分野では、アメリカ政府、ユニセフとともにセーブ・ザ・チルドレンが、リーディングエージェントであった。また保健分野では、アメリカのＮＧＯがリーディングエージェントとしてこの分野のとりまとめを行っていた。

アフガニスタン復興支援に関わって以後、国際緊急人道支援に関心を持ち、いくつかの国で調査を行ってきたが、どこでもＮＧＯ活動の重要性に気がついた。というより、国連機関、国際機関は予算と政策は持っているが、それを実施するのはＮＧＯなのである。つまり、国際緊急人道支援や難民支援は援助機関とＮＧＯのコラボレーションで実施されているのである。これは第Ⅱ部の難民に関する部分で示したとおりである。そんなことからＮＧＯについて多少勉強して書いたのが第11章の「ＮＧＯ試論」である。一二回のＮＧＯ訪問記のあとで、いったいＮＧＯとは何かを書くように勧められたものがもとになっている。

私なりにＮＧＯをウォッチしてきたが、ＮＧＯに身を置いたことがないので、ＮＧＯの現状と課題はよく分からない。そこで現在ＮＧＯで活躍している方にお話をうかがわねばならないと思った。日本を代表するＮＧＯの二人の方からお話を聞くことにした。一人はピースウィンズ・ジャパン（ＰＷＪ）の大西健丞さんであり（第12章）、もう一人は難民を助ける会（ＡＡＲ）の景平義文さん（第13章）である。二人ともに私の古くからの友人であり、打ちとけた雰囲気でお話を聞くことができた。

第14章は、ウガンダのビディビディ難民居住地で教育調査を行った際に、あわせて日本のNGOの活動を見ることができたのであるが、行っている活動がこれまでの井戸掘りや学校の建設を超えて、大きな土木工事になっていることに驚いたこともあり、その状況を報告したものである。

第15章と第16章は、日本のNGOの難民キャンプや震災支援のモニタリング調査の際のフィールドノートをまとめたものである。カクマ難民キャンプのノートは第6章で展開した教育支援のもとになった調査の一部であるが、また違う視点があるのではないかと思う。ハイチの文章はハイチ大地震の被害の大きさに驚いたが、日本にいるとリアリティがないので、自分の目で見た状況をフィールドノートからまとめたものである。

第11章　ＮＧＯ試論

1　はじめに

二一世紀の始まりの年、二〇〇一年は「国連ボランティア国際年」としてボランティアに関する様々な活動が行われた。国連がボランティア活動に注目するのは国境を越えたボランティア活動の活発化が背景にある。今世紀における国境を超える国際ボランティアの新たな担い手がＮＧＯである。国際ボランティアの活動はＮＧＯの活動にかかっているといってよいのである。

ＮＧＯとはNon Governmental Organizationという英語の頭文字を取ったものであり、そのまま訳せば非政府組織である。ＮＧＯの訳としては「非政府組織」のほかに「民間市民団体」があてられるが、現在ではＮＧＯがそのまま使われることが多い。それだけＮＧＯが市民権を得たということであろう。

ＮＧＯはもともと国連が政府以外の民間団体との協力関係を定めた国連憲章第七一条で使われた用語である。国連はUnited Nationsというように国家の連合体であり、政府の代表が意見交換する場である。しかし、その目的を達成するためには政府以外の民間団体の活動も重要である。特に環境や女性、子どもの安全、貧困、HIV・AIDS、国際協力等の地球規模の課題への対応には市民団体の行動がなくてはならない。逆に、市民団体も政府や国際社会に対して様々な要請や勧告を行っている。こうした市民団体の動向は国際世論を大きく動かす力になっているのである。

こうした市民団体が国際的な活動をする際には政府とは異なるという意味でNGOと名乗ることになる。NGOには様々な特徴があるが、国際的な支援の場合には政府や政府の援助機関のできない支援を行う可能性がある。また、NGOは民間組織、市民組織であるため、その活動を支えるのはボランティアである。

例えば、スイスの救助犬の団体であるNGOのReDogは国内外を問わずスイス連邦政府とともに活動しているが、救助犬そのものは同団体のボランティアが飼育と訓練を担当している。

2 NGOとは

NGOは国連憲章から広まった用語であるために政府ではないこと、つまり非政府組織であるという意味を強く打ち出した言葉である。しかし、それだけがNGOの特徴のすべてを表しているわけではない。また、NGO以外にも様々な団体が国際協力活動に関係している。NGOの意味を明らかにするためにNGOと同様の類似の用語について説明しておきたい。

まず、NPO（Non Profit Organization）は非営利組織という意味であるが、営利を目的としないという側面を強調している。NGOもNPOの一つの形である。一九九八年にNPO法といわれる「特定非営利活動促進法」が制定された。NPOの活動範囲は保健、医療・福祉、社会教育、文化活動等一二分野であり、NPOには法人格が与えられる。NPOは一般的に市民の公共的な活動団体と考えられているが、NPO自体は、オーケストラや学校なども含まれる、広範囲をカバーする大きな概念である。

日本ではＮＰＯは国内の福祉を行う団体、ＮＧＯは国際協力、国際緊急人道支援を行う団体と考えられている。本章でもＮＧＯを国際協力を行う団体の意味で使用する。ただし、二〇一一年の東日本大震災後の緊急復興支援にはＮＧＯも東北で様々な活動を行い、その後も多くのＮＧＯは東北支援に大きな比重をかけている。そのためＮＧＯの活動現場が海外であるとはいえないのである。しかし、東日本大震災はあまりに甚大な災害であり、海外での緊急人道支援の経験のあるＮＧＯへの期待が高まり、そのため多くのＮＧＯが東北支援にかけつけたという側面があるように思える。東日本大震災がこれまでの災害支援を大きく超えた災害であったことも原因であろう。

イギリスではチャリティ（Charity 慈善事業）団体が多く、その中には日本ではＮＧＯあるいはＮＰＯといわれる団体も多い。例えば国際ＮＧＯのオックスファム（Oxfam）はチャリティ団体である。ケニアのラム島をはじめとするインド洋沿岸地域の初等教育を支援しているキプンガニ・トラスト（Kipungani Trust）はロンドンのチャリティである。この団体は一九九〇年代後半にラム島を訪れたイギリス人観光客が学校の建物がひどいので帰国後に作った団体だが、その活動は国際ＮＧＯである。

また、ＰＯ（People's Organization 民衆組織）やＣＢＯ（Community Based Organization 地域住民組織）といわれる団体がある。ＰＯやＣＢＯは開発途上国における主にその国の人々による組織である。女性グループや村の水利組合、青年団などを指す場合が多い。こうした団体をローカルＮＧＯ（地域ＮＧＯ）、海外から支援するＮＧＯを国際ＮＧＯと呼ぶこともある。

ＮＧＯはそれぞれの国の歴史や文化に関わっているため、また時代によって変化するために定義が難しい。つまり厳密な定義はあまり意味がないということでもある。ここでは久保田賢一（二〇〇五）にならって「国際協力を行う非政府・非営利の市民組織」（一三三頁）と広く考えることにしたい。

3　NGOの活動と特徴

これまで多くの国際NGOを訪ね、またインタビューを行ってきた。NGO組織は様々で、国の内外に多くの専従職員やボランティアを擁する大きな団体から、全員がボランティアという小さい団体もある。また、ビルのフロアー全体を事務所とし、活動する各国の拠点に事務所を構えている団体から、個人の住宅や事務所の片隅の机だけで活動している団体もある。活動の拠点は東南アジア、南アジア、アフリカ、中南米と世界各地に及んでいる。また、活動分野は保健医療、教育、環境、子ども支援、障がい者支援等々これも広い領域に及んでいる。特に国際緊急人道支援の分野はNGOの活動が集中している分野である。

こうした、日本のNGO団体の特徴としては次の二つの点が挙げられる。一つは、NGOの多様性である。今一つはNGOの成長である。さらに、NGOは日本のボランティア社会としての成熟と関わることから、NGOの活動は日本のボランティア社会としての成長の指標でもある。同時に様々な課題も見て取れる。

NGOの活動はボランティア、つまり自発的に始まり、行われることが特徴である。NGOの始まりは個人やグループの出会いや様々な出来事がきっかけになっている。これは一九九五年の阪神淡路大震災、二〇〇一年以降のアフガニスタン復興支援、二〇一一年の東日本大震災後のボランティア活動の高まりの中から多くのNGOが生まれていることが示すとおりである。それゆえに、先に述べたようにNGOが関わっている分野、地域、実施方法、および組織形態のどれを取り上げても多岐にわたっているのである。一九九〇年代の日本のNGOの活動地域としては東南アジアと南アジアが多かった。その後、アフリカやモンゴル、中南米と活動の幅が広がり、いっそう多様になっている。

分野としては伝統的に保健医療と教育が多かった。これは日本の社会が保健医療と教育が充実しているために関心が高いことと、この二分野が開発途上国の社会問題の中で大きな課題であること、主に子どもが関わっており緊急性が高いことなどが挙げられるであろう。しかし、一九九〇年代後半からは農村開発、障がい者支援等の福祉、絵本などの幼児教育、植林などの環境分野等が活発に行われるようになった。さらにいくつかのＮＧＯは複数の国、それもアフリカとアジアというように世界各地で活動するようになった。

協力の方法として教育分野では奨学金、学校建設、教員研修、教科書の提供、識字教育などがあり、保健医療では医師や看護師の派遣、機器や薬剤の提供などがあり、環境分野では植林、有機農法、そしてコーヒーや手工芸品のフェアトレードも行われている。また複合的な活動もあり分類が困難なものも多い。

このようなＮＧＯの多様さはＮＧＯの存在理由とも関わりがある。ＮＧＯの多くは理念や開発理論に基づいて形成されたというよりも、様々な課題や出来事がきっかけでその問題解決やボランティアとして生まれたというケースが多いからである。活動領域や地域、支援の方法、団体のあり方が多様であるのは、ＮＧＯが対応する課題が多様であることを反映しているからであろう。小さいＮＧＯは、小さいがゆえにできる活動があり、また小さくなければできない活動もあるからである。

ＮＧＯの活動は、政府が行うＯＤＡや国連機関等と比較した際の利点はいくつかあるが、次のようにまとめられるであろう。

・地域や人々のニーズに対応したきめ細かな支援
・意思決定が早く、すぐに開始できる。
・管理部門が小さいために費用がかからない。

しかしながら、こうしたＮＧＯの利点は弱みと表裏一体である。すなわち、

・政府の政策との整合性が取りにくい。
・予算的裏づけが不十分であるため、プロジェクトの持続性が弱い。
・管理部門の脆弱性はプロジェクトの実施に影響が大きい。

特にＮＧＯはＯＤＡや国際機関と異なり現地政府のサポートが受けにくく、やりたい支援をスムースに行うことが難しい場合がある。しかし、この点は各国のＮＧＯが協調して現地政府や国連機関と当たることで、現地での活動に支障が出ないようになりつつある。近年は日本も含めて、各国ともＮＧＯへの政府資金が増加しており、それぞれの現地の大使館やＯＤＡ機関とも連携するようになってきている。

4　ＮＧＯの発展段階理論

デビット・コーテン（D. C. Korten 1990）は『ＮＧＯとボランティアの21世紀』の中で、ＮＧＯを四つの世代に分けることができるという（邦訳一四四－一七〇頁、表11－1）。第一世代は救援と福祉をテーマとして直接サービスを行うＮＧＯである。人道支援であり現地に欠けているものを提供する支援である。こうした団体で最も早いものの一つは「セーブ・ザ・チルドレン」で、第一次世界大戦を契機として子どもの救援組織として始まっている。また第二次世界大戦後には「ケアー」が被災者支援のために形成された。日本のＮＧＯとしては「ＪＶＣ」がカンボディア内戦による難民支援を契機として誕生した組織である。いずれも必要な物資やサービスを支援することを任務としていた。国内外の震災後の緊急人道支援、紛争後の国際緊急人道支援を行うＮＧＯはいずれもこのように生まれた。

第二世代は「自立に向けた小規模な地域開発」を行うＮＧＯである。現地の人々の自律的な行動を支援して持続可

表11－1　NGOの四つの世代とその戦略

	第一世代 救世・福祉	第二世代 地域共同体の開発	第三世代 持続可能なシステムの開発	第四世代 民衆の運動
問題意識	モノ不足	地域社会の後進性	制度・政策上の制約	民衆を動かす力を持ったビジョンの不足
持続期間	その場かぎり	プロジェクトの期間	10～20年	無限
対象範囲	個人ないし家庭	近隣ないし村落	地域ないし一国	一国ないし地球規模
主体(担い手)	NGO	NGOと地域共同体	関係するすべての公的・民間組織	民衆と諸組織の様々なネットワーク
NGOの役割	自ら実施	地域共同体の動員	開発主体の活性化(触発)	活動家・教育者
管理・運営の方向性	供給体制の管理・運営	プロジェクトの管理・運営	戦略的な管理・運営	自己管理・運営的ネットワークの連携と活性化
開発教育のテーマ	飢える子どもたち	地域共同体の自助努力	制約的な制度と政策	宇宙船地球号

出所：コーテン（1995)。

能な発展を助ける働きであり、エンパワーメント（empowerment 力をつける）といわれる活動である。具体的には井戸掘り、有機栽培の紹介、女性組織の形成、村の道路作り、病気予防のための村の保健委員会や村落薬局の形成等がある。第一世代が子どもやその家族を対象としていたのと比べると、女性や貧しい農民等のグループを対象とした活動である。

第三世代は「持続可能なシステムの開発」である。これは個々の集団や共同体を超えて、もっと大きなレベルでの特定の政策や制度の変革を目指す活動である。この段階ではＮＧＯは政府機関（中央、地方）に協力して政策や業務の変革や新たな持続的な組織を形成することを目指す。例えば、インドのある州における協同組合の形成や、インドネシアにおける灌漑システムを農民の所有にする等の活動が報告されている。

コーテンのいうＮＧＯの第四世代は、地球規模の運動を行うＮＧＯである。すなわち住民や地域共同体の立場に立って、経済成長を優先する国による開発と異なる開発や発展のあり方を志向することである。こうした活動はこれまで国連機関や国際機関が行ってきた活動であるが、地球温暖化にかかる国際会議での多くのNGOの活動を見ていると、こうした地球規模の課題はまさにNGOを必要としている領域であることが理解できるであろう。なぜならば、環境や貿易、AIDSなどの地球規模の課題は国家間の利害がぶつかりあうところであり、政府と一線を画した市民団体、そして様々な専門家が関わるNGOの意見が重視されるからである。国際的にはこうした国際会議にその分野のNGOが参加するのは当然視されている。場合によっては政府代表とNGO代表が席を並べることも珍しくなくなっている。

現実のNGO団体はこうした世代のどこかに位置づけられるが、実際の活動はこうした世代をまたがって行われることもある。例えばバングラディシュで活動している「シャプラニール」は、第一世代といわれる緊急的支援から出発したが、第二世代の開発支援を志向している。さらに第三世代の活動とされている、広い地域における新たな住民組織や生計のシステムの形成を目指している。あるいは「ピースウィンズ・ジャパン（PWJ）」は東ティモールの独立戦争中および独立後の緊急支援を手がけたが、その後のコーヒー農家の開発支援としてコーヒーのフェアートレードや農民組合組織の形成等新たなシステム作りを行っている。

その意味ではこうした発展段階理論は問題を整理する意味で役に立つし、もっと精緻な検討も可能であろう。問題は、こうした世代の分類がNGOの発展段階として示されていることである。そのために、あらゆるNGOが目指すべき規範であり、第一世代のNGOやその活動が遅れている、あるいはプリミティブだと思われてしまうことである。コーテン自身が第一世代の活動である救援・福祉活動は低開発の症状を一時的に和らげる活動であり、それ以上の働きはない、すなわち開発支援と混同してはいけないという。そのため多くのNGOは福祉や救援活動の限界に気がつき第二世代に移行したという。

私はこうしたコーテンの認識はうなずくことができない。第一に、第一世代の活動は無意味になることはないし、その活動が遅れているわけではない。特に災害や紛争後の緊急人道支援では不可欠の支援である。そして、東日本震災後の支援で分かるように、非常に困難な支援である。また紛争後の地域は治安が悪く、道路などのインフラが崩壊しているなど支援を行うには難しい条件がそろっている。このように、緊急人道支援における物資の配布や医療の提供を行うのは、経験と能力のあるＮＧＯにしかできない活動である。そして、今でもこれからもＮＧＯやボランティアを必要としている領域である。

また、第一世代に属する、絵本を提供したり（ラオスに絵本を送る会）、医療提供（日本キリスト教海外医療協力会〔ＪＯＣＳ〕）等の活動をするＮＧＯは、その分野のスペシャリストであり、ある地域で蓄積した技術と経験はほかに転用できるのである。例えばラオスでの絵本の制作と配布はグアテマラでも使うことができるし、ネパールでの医療の経験はアフガニスタンでも有効であろう。このようなＮＧＯは地域の開発ではないのでコーテンのいう第二世代ではないのであるが、ある特定の領域におけるその地域や国の開発に十分貢献しているように思う。

こうした誤解が生ずるのは、コーテンがＮＧＯの歴史的発展を単純化し、重層的な側面を切り捨てているからである。こうした技術や技能を中心としたＮＧＯの活動は、ある面に特化しているが、その側面から地域や社会の変化を促しているのである。ある領域を通して、個人の尊厳、決定への参加、生活水準の向上など市民社会の根本問題へのアクセスを改善しているのである。これは優れて現代的意味での開発であるといえるであろう。

このようにコーテンのＮＧＯの発展段階論は、多くの問題を抱えているが、それは国際協力の動向が直接支援から間接的な支援に移行していることを反映しているのであろう。こうした、開発理論の動向とＮＧＯとの関係は、ＮＧＯの課題のところで再度検討したいと思う。

5　NGOの活動
――PWJを例として――

ここでは日本のNGOの活動の例としてピースウィンズ・ジャパン（PWJ）を取り上げて紹介したい。PWJは比較的新しいNGOであるが、私自身がいくつかの活動を実際に見ていることや、日本発で世界にも様々な発信を行っていることもあり、二、三の活動を紹介したい。

PWJとは

PWJは、紛争や災害、貧困などの脅威にさらされている人々に対して支援活動を行うNGOとして一九九六年二月に設立された。設立以来、イラク北部やスマトラ島沖地震の被災地をはじめ、世界二六の国と地域で支援活動を実施し、二〇一二年九月現在イラク、アフガニスタン、モンゴル、東ティモール、南スーダン、スリランカ、ケニア、ニジェール、日本（東日本）の計九か国で活動を続けている。またシリアの内戦による難民支援のための活動もいち早く行っている。主な活動は、地震などの大災害の被災地や紛争地においては、生命を守り生活の基本を支えるため、水や食糧、緊急援助物資の配布などをはじめとする緊急人道支援を行っている。災害や紛争から時間が経過した地域では、人々の自立を目指し、復興・開発のための支援も行っている。また、途上国の生産者の手による商品を正当な価格で買い取り、日本国内で販売するフェアトレードを東ティモールのコーヒーで行っている。

ハイチでの活動

二〇一〇年一月一二日にハイチ共和国にて発生した大地震は、三〇万人の死者という未曽有の災害であり、首都のポルトフランスをはじめとし、大きな被害を受けた。私自身二〇一〇年一〇月に支援活動のモニタリングに現地に出かけた。そのときには被災から一年一〇か月が経過していたが、家を失いテント生活をしている人が五〇万人と推定されていた。大統領府も壊れたままであり、その周りにも多くのテントがあった。日本をはじめ世界から多くの支援が集まったが、まだまだ復興は進んでいない[1]。

ＰＷＪは二〇一〇年一月の震災直後からテントや瓦礫除去のための道具の配布を行うとともに、学校再開への支援を実施した。ハイチの教育が以前から劣悪な状況であったところへ、多くの校舎が地震によって崩壊してしまった。地震の後の混乱の中で、子どもの学びと安心して過ごすところとして学校の役割は大きい。特にハイチでは人身取引の報道もあり、学校の再開は急務であった。壊れた校舎再建を中心に行い、これまで計二九校の整備を行った（図11－1）。

図11－1　PWJ の再建した小学校

校舎の建設とともにソフト支援として様々なワークショップも行った。学校の管理能力向上、心理社会的支援（トラウマやストレス）、保健衛生向上、防災などがテーマであった。これらのワークショップは、学校運営スタッフ、教員、生徒、親、地域の住民からなる「学校支援委員会」のメンバーを対象として行われた。ワークショップの参加者からは、「新しい知識を得ることができた」、「新たな考え方を学ぶことができた」、「より長期的な視点から学校運営の計画を立てることができた」といった意見が聞かれた。また、こうしたワークショップの実施は、これまで希薄であった学校間でのネットワークの構築にも寄与している。ワークショップは複数の学校合同で行うために、これまで面識のなかった学校関係者同士が知り合う良い機会にもなったのである。

同時にこうしたワークショップの成果として挙げられるのは、ＰＷＪの支援が終了し、学校が再開した後にも、学校運営委員会が中心となって学校の問題を自ら発見し、学校の五か年計画を立てて、具体的な改善が行われるようになったことである。

例えば、子どもの安全のための校門の追加建設、日差しによっては暗くなる教室への電灯の設置、国旗掲揚用の柱の設置など、小さな改善とはいえ、各校でできることを工夫して取り組んでいるのである。

この支援は後に述べるジャパン・プラットフォームの資金によって行われているため、私はそのモニタリングに同行して、ＰＷＪの学校建設を視察した。学校は修理というよりも新設である。新設の校舎はこれまでのものより良い構造で通気性が良くなり、屋根の落下を心配しないで、授業に集中できるようになった。また、すべての教室にゴミ箱が設置されており、教室内および校舎内にゴミが落ちている様子はほとんど見受けられなかった。水タンクや洗い場には石鹸置きが設置されており、これらは衛生促進プロモーションの成果であろう。校長によれば、生徒がゴミをゴミ箱に捨てるようになり、トイレの後や食事前に手を洗うようになったという。建設だけでなくソフトの部分も支援することで、子どもの行動が良い方向に変化しているようである。

南スーダンでの活動

二〇一三年二月に南スーダンで教育調査を行った際にＰＷＪの活動地ジョングレン州に足を運んで活動を見せてもらった。

二〇一一年七月に独立した南スーダンは、長期にわたる紛争の結果、水、食糧、教育等のベーシックヒューマンニーズ（基礎的な人間のニーズ）が欠けている。私は独立前に二度ほど南スーダンの首都ジュバを訪問した。そのときは独立前であったが、すでに自治政府として実質的な統治機構が働いていた。例えば、七年制の初等学校はアラビア語による教育から新たな公用語とされた英語での教育に移行していた。しかし、舗装道路はなく、でこぼこの泥の道に、国際機関や各国の援助機関のランドクルーザーがほこりを舞い上げていた。ホテルは、荷物用の鉄のコンテナを部屋にして、それを積み上げたコンテナホテルに滞在した。こうした状況は今でもあまり変わっていない。

ＰＷＪは南スーダンの首都ジュバの北東にあるジョングレイ州において、様々な支援を行っている。ジョングレイ州の州都ボーにはナイロビから小型飛行機の定期便があり、一時間の飛行で到着する。しかし、州内の道路の整備が行われておらず、雨季になると車での移動ができない。また、電気事情が良くなく昼はほとんど停電であり、夜も数時間電気が来れば良いほうである。四〇度をはるかに超えるボーでは滞在自体が大変である。このようにジュバに比べてアクセスが悪く、インフラの整っていないこの州には海外からの援助は非常に少ない。そうした中でＰＷＪは二〇一〇年一一月に州都ボーに日本人スタッフ二人が常駐する事務所を開設した。私もこの事務所を訪れたが、事務所や車はともかくスタッフルームは真っ暗な中に蚊帳を吊って生活する状態で、苦労がしのばれた。ここでは、州の衛生委員会や教育局と連携して学校建設、井戸掘り、トイレ建設を行っている(2)。

ジョングレイ州はナイル川が流れているが、飲み水には適さないので、深井戸が必要である。ナイルの水は枯れることはなくとうとうと流れている。この大河のすぐそばで井戸が必要とは思わなかったが、住民に歓迎され、たくさんの女性が水汲みに来ていた（図11－2）。

また、トイレに関しては、診療所や市場等の公共の場所にトイレがなく、衛生環境が悪いことから、地元の人々と協力して公共トイレの建設を行った。南スーダンではまだまだトイレ自体の数が少ないため、このプロジェクトでは、今後の手本となるような公共トイレを目指した。まずトイレの大きな穴を掘り、コンクリートで固めるための型枠を貼り付けて、コンクリートの土台を作る。その上にブロックで壁を作り、漆喰を塗る方法で建設した。住民でも修理やメンテナンスがやりやすいトイレである。このトイレは、診療所や周辺の衛生環境の改善に役立つと現地でも歓迎されている（図11－3）。

図11－2　アユット郡にPWJが作った井戸

図11－3　完成したトイレ

6　NGOの課題と今後の方向性

NGOの活動は開発援助や緊急人道支援のみならず平和構築や紛争予防、人権、環境等の地球規模の課題の解決に不可欠である。これからのNGOの方向性と課題について検討したい。

市民の意識の変革

その一つは市民の意識を変える働きである。NGOは目の前の困難や困難に直面している人々への支援である。そうした問題の多くは構造的なもので、解決のためには社会をより公平で人々の尊厳を守る方向に動かすことが必要となる。これはボランティアの精神に共通することであり、NGOの活動はより良い社会を形成する運動でもある。その意味で、市民の意識を変革する働きかけが重要である。

専門性の拡大

二つ目は専門性の拡大である。環境問題、医療問題等は、科学的な知識や調査研究を必要とする領域である。NGO自身がそのようなスタッフを抱えることは難しい、それゆえ大学や研究機関、専門家と連携することが求められている。NGOは実践する団体であるが、何を行うべきか、どのように行うべきかを決めるには専門家の力が重要である。先のハイチでの学校建設でも安全な構造と材質、通風を良くする工夫、窓の配置など高度な専門的な見地から設計することが必要である。近年はプロボノ（Probono Public ラテン語で「公共の利益のために」の意味、専門的な無償の活動）と呼ぶ専門性を持った人のその専門性を生かしたボランティアの機運が高まっている。これはNGOが推し進める課題である。

人材育成

今一つはスタッフの育成である。NGOは高邁な理念を掲げ、困難な地域での活動を行うにもかかわらず、財政的基盤が弱いために、十分な数のスタッフや高い専門性を持ったスタッフを確保することが困難である。また待遇が不十分なためにスタッフの離職も少なくない。そのために、財政的基盤の充実と人材育成のシステム作りが重要となっている。

開発理論の変化

コーテンのNGOの発展理論を紹介した際に触れた、開発理論の変化とNGOのあり方を考えてみたい。コーテンはNGOが活動の深まりに伴って、社会の矛盾や課題の解決のために、より政策的な活動に向かうとしている。この一方でODAでは政策的なインフラ整備から人々のニーズを解決する社会開発の比重が高まっていると思う。これはNGOとODAの目指す方向が、人々のニーズをもとにした社会開発に収斂しつつあることを示していると思われる。こうした背景で採用されている援助手法として住民参加型開発がある。外部者（ODA、NGO）がすべてを行うのではなく、地域住民の関係者（ステークホルダー）とともに企画し、彼らの力を組み入れたプロジェクトにすることである。これは支援が一時的なものであり、支援終了後は地域の政府や住民が継続してその施設や組織を動かすのであるから、当然のことであろう。

問題は人々のニーズや意識が変化することである。例えば、紛争や災害後の村に戻るために様々な支援が行われる。学校や診療所の建設、井戸の掘削などである。参加型開発では、外部の団体が学校や診療所を作るのではなく、材料は提供するが建設は人々が行う等の手法が取られる。しかし、今世紀に入ってからは人々の教育や保健医療に関する意識が向上し、逆に教育施設や診療所のないところに住めないというケースがでてきている。それゆえ、それぞれの地域の発展段階やニーズを精査して支援のあり方を検討する必要がある。

ジャパン・プラットフォーム

NGOの大きな課題は財政的課題である。特に紛争や災害後の緊急支援は迅速に行わねばならないために、十分な資金を得ることが困難である。こうした背景の中で、NGOの活動に政府、企業、市民の資金を集め迅速な活動を可能にする組織として、ジャパン・プラットフォーム（JPF：Japan Platform）がある。

JPFのホームページによると、JPFは「NGO、経済界、政府が対等なパートナーシップの下、三者一体となり、それぞれの特性・資源を生かし協力・連携して、難民発生時・自然災害時の緊急援助をより効率的かつ迅速におこなうためのシステム」であり、「政府の資金拠出による基金及び企業・市民からの寄付を募ることによって、緊急援助実施時、初動活動資金がNGOに迅速に提供されるため、NGOは直ちに現地に出動、援助活動を開始できる」のである。「また、経済界も日本経団連1%クラブが中心となり、『ジャパン・プラットフォーム』を支援することを表明。これにより企業が有する技術、機材、人材、情報等の提供を受ける、いわば企業による参加型貢献が期待」されると述べている。

現在のJPFには三七のNGOが加盟し、これまで困難であった国際緊急人道支援への政府資金、民間資金をNGOに提供している。先に述べたPWJのハイチや南スーダンの活動はJPFの資金によるものである。また、JPFという、NGOのプロジェクトを審査し、良い案件を選択して資金を提供する団体ができたことで、政府も民間も安心して資金を提供することができるようになった。

JPFの認知度はまだ低いが、二〇一一年の東日本大震災後の支援金は市民・企業から六五億円に及び、加盟NGOをはじめとする多くのNGO団体が、東北で様々な活動を行っている。

ただ、課題としては、JPF資金は緊急人道支援であるため、長くても一年という短期間のプロジェクトであることと、短期資金であるため恒常的なスタッフを雇用することが難しいことである。

NGOは二一世紀の国際協力や国際緊急人道支援にとって最も重要な組織である。PWJの活動やJPFなどの状況を見ると、日本のNGOは大きく成長しているとの思いを新たにした。しかし、NGOの課題はたくさんある。これは一つ一つ解決していかねばならないが、世界と日本の市民社会の動きの中でより良い方向に行くことを確信している。

【付記】　本章は、内海成治（二〇〇二）「国際協力・国際ボランティアとパートナーシップ」亜川潤・佐藤幸男編『NPO／NGOと国際協力』ミネルヴァ書房、八－二九頁をもとに大幅に書き改めた。

（1）　本書第16章参照。

（2）　PWJのボー事務所は二〇一三年末からの紛争で略奪され、現在は閉鎖している。

第12章　NGOの夢
――大西健丞氏に聞く――

1　はじめに

　大西健丞（おおにし・けんすけ）氏と話をするようになったのはいつのことだろうか。私の義兄の村井吉敬（むらい・よしのり）が上智大学の教授であった頃の教え子ということで、村井の家で会ったのが最初だったと思う。その後、様々な機会に話をしたが、大阪大学の客員准教授をお願いして、ボランティアに関する講義をお願いしたり、学生とともに広島県福山市で町おこしボランティアの現場を案内してもらったこともある。

　大西健丞の名が広く知られるようになったのは、二〇〇二年一月のアフガニスタン支援復興東京会議での「一部NGO排除問題」であろう。外務省が二つのNGOに対してこの会議への出席を拒否したのである。その背景に国会議員の関与があったのではないかと、国会で取り上げられたことから始まった。大西さんの新聞社へのインタビュー記事を見た国会議員が外務省に強く指示したことが原因と見られた。やがて、この問題は外務大臣の辞任、関与した国会議員の訴追、外務省の改革と大きな事件となり連日報道された。

大西さんは、ジャパン・プラットフォーム（ＪＰＦ）の設立に参加するなど、常にＮＧＯの世界をリードし、また新しいことに挑戦している。それゆえ、大西さんの活動は目が離せない。そこで、現在のＮＧＯの状況と大西さんのこれからやりたいこと、すなわち夢について語ってもらった。

大西さんへのインタビューは瀬戸内海に浮かぶ無人の豊島のＰＷＪゲストハウスで、二〇一七年一〇月二八日午後五時から六時にかけて行った。たまたまその日は台風が西日本に上陸した日で、海上は荒れており島にはときおり突風が吹き抜けていたが、インタビューは何事もなく行われた。逆に常に嵐を呼び起こす、大西さんにふさわしいかもしれないと思った[1]。

図12－１　大西健丞氏　2017年10月28日、PWJ豊島ゲストハウスにて

2　大西健丞さんのプロフィール

ＰＷＪ代表理事。

一九六七年大阪府生まれ。上智大学文学部新聞学科卒、ブラッドフォード大学平和研究学部修士課程修了、大阪大学人間科学研究科博士課程単位満了退学。

アジア人権基金イラク北部担当調整員を経て、一九九六年ＰＷＪ設立。二〇〇〇年ジャパン・プラットフォームの設立に参画。

著書として『NGO、常在戦場』（スタジオジブリ、二〇〇六年）、『世界が、それを許さない』（岩波書店、二〇一七年）、他。

3　インタビューの内容

日本のNGOの現状

内海　大西さん自身、日本のNGOの現状についてどう思っていますか。

大西　成長しているところもあれば、していないところもあるのですが、全体を見れば総じて停滞しているかなと思います。

内海　停滞というのはどういうことでしょうか。

大西　寄付の伸びしろ分が、一部例外はありますが、日本のNGOに行っていないことです。それから、伸びしろ分が外資系のNGOに行ってしまっている。例えばユニセフ協会とかワールド・ビジョン、国境なき医師団、プラン・インターナショナル、フォスター・プラン、あとはセーブ・ザ・チルドレンとか。

なぜかといいますと、自己資金を広告費に投入できるところが新聞広告とか、最近はSNSとかのネット上でスマホを使って寄付を集めています。結局はマーケティングのスピリットがあるかどうかですね。

内海　広報活動ということでしょうか。

大西　日本のNGOは通常広告費を使うことはできない、そこでさらに差がついてしまうということです。一部の日本のNGOはそれに気がついてそこに投資をしている。しかし、ほとんどは全くできない。例えば日本のNGOの上から一〇番目まで見ても広告費一億円などとても無理です。そこで差がついてしまう。このように寄付の伸びしろ分が外資系のNGOに集まってしまっています。

それからＯＤＡの資金がシュリンク（縮小）している。ジャパン・プラットフォームの予算もずっと伸びてきましたけど、最近は頭打ちになっています。

内海　ＮＧＯというか国際協力に対する寄付そのものは増えていますよね。

大西　微増しています。一〇パーセント増くらいですかね。

内海　一〇パーセントというとかなりの増加ですが、それでも日本のＮＧＯにはいっていないということですか。

大西　東日本大震災のとき、国内で活動しているＮＧＯには相当のお金が流れました。その年が寄付元年といわれるゆえんです。それが二〇一一年でしたから、その前の年の二〇一〇年の統計では四四〇〇億円から四五〇〇億円くらいが寄付マーケットの総量でした。それが、二〇一一年は一兆円を超えました。個人寄付が。だから倍以上ですね。これまで現場であまり活動していないところに大量の資金が流れ込みました。

内海　東日本大震災で増えた一兆円という寄付はその後どうなっているのでしょうか。

大西　少しは落ちましたけど、今でも八四〇〇億円くらいあります。

内海　ということは一度上がった寄付は、そう急激に落ちるものではないということですね。

大西　国内のＮＰＯも含めると倍くらいになっている。一〇年経って倍ですね。

内海　つまり、ＮＧＯにとって資金の集め方が課題ということですね。

大西　そうです。

ＮＧＯの活動内容

内海　ＮＧＯの活動内容について、何か最近の変化はありますか。

大西　全般的に新しくソーシャルイノベーションを唱えているところが伸びています。フローレンスの駒崎さん(2)、カタリバの今村久美さん(3)のように、ソーシャルイノベーションを唱えて、ＳＮＳに強くて、ネットに強いところ、しかも最低限の投資でやっているところが伸びていますね。NGOとはいえないかもしれませんが。
内海　今はSNSやネットが使えないとやっていけないという状況なのでしょうか。
大西　ほとんど寄付とか会員とかはSNSやネットという電子上の話ですね。昔は新聞社に高い広告費を払って会員を募ることでしたので、日本発のNGOやNPOはまねできなかった。ネット上であればそんな無茶苦茶な投資でなくても効果がある。そういう意味ではSNSやネットは弱者に有利なツールだと思う。
内海　政府資金がシュリンクしているということですが、ジャパン・プラットフォームなどは補正予算が多いですが、額としてはかなりNGOに流れている気がするのですが。
大西　補正はかなり流れてきているのですが、でもこの三年頭打ちです。大体七〇億円くらいです。
内海　私などが見ると補正予算のせいもあるのですが、短期間でディスバースされているため活動は支援するけれどNGOの本体を強めるということにはなっていないのではないように思いますが。
大西　そうですね、半年から一年前までは、そのとおりで、活動貧乏ということがいわれていました。援助活動をすればするほど自己資金も減るし給料も減るということになっていました。仕事は増えるけど給料は減るというあほみたいな話でした。ですが、外務省とずっと交渉をしていて管理費、実質オーバーヘッド（間接費）ですが、五パーセント認めてもらったのです。
内海　五パーセントですか。
大西　次は一〇パーセントにという話をしているところですけど、とりあえず蟻の一穴からです。なかなか難しかったのですが、ゼロよりましだということです。
内海　例えば一億円のプロジェクトとすると　その五パーセントの五〇〇万円ということですね。
大西　一〇億あっても五〇〇〇万です。
内海　そのくらいは管理費として使えるということですね。

大西　オーバーヘッドですからエクスペクト（期待）できるということで、なんとか赤字ではなくなるということです。
内海　文部科学省の科学研究費では間接経費は三〇パーセントです。そのくらいのレベルにならないといけないと思いますね。
大西　一五パーセントくらいまではいかないと援助貧乏の構造を脱出することができないし、再投資にも回らないのです。再投資を促すとしたら最低でも一五パーセント必要かなと思います。
　今一〇パーセントということをいっているのはUNOCHA（国連人道問題調整事務所）とかUSAID（アメリカ国際開発庁）の仕事をした場合、こちらが全く請求しなかった場合に、最低ラインとして一〇パーセントを認めています。セーブ・ザ・チルドレンUKなどは、しっかり請求して二五パーセントを得ています（苦笑）。
内海　今の課題は間接費というか管理費の増加ですか。
大西　それがないと自己資金の額はそんなに上がりませんのでリスクだけ上がってしまいますね。
内海　今の状況を見ているとNGOの活動資金のほとんどが政府資金で、大西さんが訴えておられる財界からの資金や市民からの寄付がうまく動いていないと思うのですが。
大西　半年前、いや一年前にジャパン・プラットフォームの代表理事に再就任しまして、ファンドレイジングの機能をジャパン・プラットフォームとしても持つことが重要だと思っています。

NGOの人材について

内海　次にNGOの人材の問題なのですが、このことはどう感じていますか。
大西　国際協力というと人材の質が一段階落ちているかなという気がします。優秀な人はいますが、学力は下がっています。

内海　これは国際協力の分野が広く認められて、そこにいろんな人が来るようになったということでしょうか。

大西　そうではなくてソーシャルイノベーションという社会的な課題解決型の分野、国連などに多いのですが、人材がそちらに流れている。そちらが今のファッションですね。国際協力というと３Ｋ、４Ｋ[4]という雰囲気があります。海外に行きたくない若者が多くなっているし、また、一般就職がきわめていいということもあるでしょう。

内海　かつて大学に国際協力関係の学部や講座ができた頃は、ＮＧＯからたくさんの人材が大学に来たと思うのですが、今はそういうことは少ないのですか。

大西　それは今もありますが、ちょっと減っていますね。それはＮＧＯの人気自体に陰りが出ているので、そのことは僕らも認識していて、内部ではＮＧＯと呼ぶなといっているくらいです。かっこよくいえば、ソーシャルイノベーションのプラットフォームとして国内外でそれを行うというように考えています。

内海　他のＮＧＯの人も大西さんのように考えているのでしょうか。

大西　国際協力の事業の中でそういったことをやろうという発想はありますけど、プラットフォームなのだから、合理性さえあれば何でもやるという発想は出ていないですね。ステレオタイプにはまったままですね。

内海　それだとシュリンクしがちだということですね。

大西　そうです。僕らはそのまま行くとシュリンクすると思ったので、田舎に本部を移したりしているわけですね。

内海　かなりダイナミックに動いているわけですね。

大西　戦略的な枠組みを組みかえるだけの度胸とリスク管理ができないといけないと思ったので、賭けに出たのです。それで結果的には「わんこ」（ピースワンコ・ジャパン）でご支援いただいて、間接費の一部を違うプロジェクトに再投資、社会的なプロジェクトに再投資できるようになっています。そのほかにも国連とか外務省の間接費を本来の事業に使いますけど、いまだ解決できていない社会問題解決にあてるというようになってきているので、「わんこ」の話とか地域医療のことなどいろんなことができはじめています。

内海　島おこしなどもその一環ですか。

大西　それもできるようになっていますが、僕らが目指しているのは、オーバーヘッドのコストを一五パーセントに持っていきたい。自分たちがもらうお金の一五パーセントをオーバーヘッドにしたい。また総枠を一〇〇億円を超えるようにしたいのです。そうすると年間一五億円が好きなことをするお金にできる。そうなると財団の中でもトップ四に入り、財団としても超優秀な機能を持つことができる。また他の団体の事業にも投資をして一緒に新しいことをやることができる。

内海　大西さんとしてはＮＧＯというのは古い皮袋になってしまっているので、それを脱ぎ捨てるような気概が必要だということですか。

大西　そうですね。国際協力の必要性がなくなったとは思わないのですが、ほかにもニーズがいっぱい出てきて、ほかのアスペクトというか切り口が出てきているので、現状にこだわっていると若い人は離れていくし、ドナーも離れていく。結果論ですが、国際協力以外のことをやることによって国際協力も強くなるということです。例えば、地域医療をやっていれば、医者を集められるので、海外の医療プロジェクトもできるようになる。

支援の新たな枠組み

内海　つまり狭い領域に特化しないで大きく考えていかないとうまくいかないということですね。そうした中で、今課題になっている世界の難民支援についてはどう考えていますか。

大西　難民と国内避難民をあまり区別していないのですが、フォーストマイグレーション（強制的移動）というか強制的に移住した人だと思うのですが、数が増えているので、新たな、この状況に対応する仕組みを作らねばならないと思っています。一九四四年にできた国連の下部組織の仕組みでは、いくら改革しても追いついていないというのが現場の認識なのです。ＮＧＯやＣＳＯを作るだけではなくて自分たちで新しいタイプの国際機関を作りたいと思って、

Ａ－ＰＡＤ（Asia Pacific Alliance for Disaster Management）を作りました。

内海　Ａ－ＰＡＤというのはアジアのプラットフォームですね。どうですか、うまくいっていますか。

大西　そういうやり方があったかということで、各国が激しく反応していて、韓国とフィリピン、インドネシア、バングラディシュ、スリランカに組織ができ、Ａ－ＰＡＤに参加しています。さらにスペシャルゲストとして台湾と上海あたりですか。

内海　Ａ－ＰＡＤに対して日本も参加しているのですか。日本のどこが参加しているのでしょうか。

大西　はじめはシビックフォースですが、今はジャパン・プラットフォームが参加しています。複合的に関わっている。プラットフォーム間での競争もありえます。

内海　以前の講演会で河野太郎氏もＡ－ＰＡＤに言及していましたね

大西　外務省に聞いたのですが、明治以来民間人がいいだして作った国際機関にお金を出したのははじめてだということです。

内海　ということは外務省から拠出金が出ているということですね。

大西　そうです。

内海　このＡ－ＰＡＤについてはウェブを見ればいいですね。

大西　分かりにくいと思うのでA-PAD Japanのウェブを見ていただければと思います。本部は東京でシビックフォースと同じビルにあります。まだ予算としては五億円くらいです。

内海　五億円でもやれることはいくらでもありますね。

大西　そうですね、また、これは僕らのもらっているお金ですので、韓国の資金は入っていません。スリランカの商工会議所も入っているし、そこで発生しているお金も入っていない。全部入れると一〇億円くらいになると思います。災害のための資金ですがマンデイトとしてはナチュラルディザスター（自然災害）がファストプライオリティーなのですが、ヒューマンメイドのディザスターも入れている、つまり戦争とか、第二次朝鮮戦争とか。

内海　これは新しいタイプのNGOの国際的なプラットフォームということですね。

大西　古いタイプのNGOから新しいタイプのNGOの組織化というか、旧来のNGOも大事だけれども、クロスセクターで、企業社会とか自治体とか政府とかを引っ張りこんで、それぞれの国で作って、それらを連携した新しい国際機関だと提案しています。自分たちでインターナショナルストラクチャー（国際的構造）を変えていこうという、アメリカでいうとインターナショナルアーキテクチャー（国際的建築物）を変えていこうということです。それを何か旧来のものに頼ってやるというのではなく、自分らで必要なものを作ろうよということです。日本人もずいぶん傲慢になりましたというのかな（笑）。

現在行っていること

内海　大西さんはものすごく忙しく動いていて楽しいですか。

大西　楽しいですね。チャレンジなので、全部無理だといわれていることにあえてチャレンジしているのです。

内海　なるほどね。まあ、A－PADにしたってみな無理だというよね。

大西　最も利益率の高いプロジェクトですけどね、実は。

今度LINEの親会社の役員がここ（豊島）で役員会やりたいといって来ます。日本のソーシャルビジネスを学んで、われわれが韓国にピースウィンズ・コレアを作るのですが、応援したいといってくれています。

内海　なるほど。昨日の広島大学でのアフリカ教育研究フォーラム(5)に来ていた韓国のNGOの人はどういう人たちなのですか。

大西　韓国の自分たちでNGOを作りたい人をトレーニングして、自分たちで新しい組織を作っていこうという人たちです。そうした日本でソーシャルイノベーションとして、日本で勉強してもらった人を送り返して主役としてやってもらう。

僕が焦っているのは第二次朝鮮戦争が起こると、韓国人抜きで人道支援活動はやらせてもらえないので、韓国のNGOを立てつつ後ろから押してゆく。インターナショナルチームとして活動する。

内海　韓国も今はそういう雰囲気が出てきているのですか。

大西　今、政権が文政権に代わって社会革新大好きなので、この間大統領秘書官と会ってきました。実質大統領補佐官です。彼が社会革新と安全行政面の予算を持っているんです。

内海　韓国でそういう動きが出てくるとかなり動きやすいのですか。

大西　日本よりずっと政権にアクセスしやすいです。

内海　そうすると、かつての政府機関、民間と違って新しい形のものですね。向こうの人たちも引っ張り出してゆくという。

大西　そうですね。セカンドトラック（第二戦線）（というよりもゼロトラック）です。一がガバメントだとするとその前にいろんな人間関係をゼロで絡めている。

内海　なるほど、大西さんの考えは面白いですね。

大西　企業人もいるし政治家もいる、NGOとかシビルソサエティの人間もいるし、マーケッティングしか分かっていないのや金融の人もいる。もう無茶苦茶ですよ。

内海　そういうのが面白い、誰でも参加できて、誰もが色々な方向を向いて、誰もが活動していくという。

大西　ステイクホルダー（関係者）として関わり、得意なところはアクターとしてやってくれる。

内海　それは面白いな、ステイクホルダーであり、時にアクターでもある。

大西　また場合によってはサポーターでもある。それは何をやるかは人によって違う。NGOだって財団機能を持とうとしているし、いずれそのお金を使ってシンクタンクを作ろうと思っています。

内海　大西さんもそのうち大学を作るかもしれないですね。

大西　いやそれは。

内海　大学というところも本来色々なことができるはずなんですよ。

大西　作るとしたら大学院大学かなと思っています。ソーシャルビジネスに特化したＭＢＡ（経営修士）をやってもいいかなと思っています。

内海　そうですね。確かにそういうのはないからね。スタンフォード大学などはそういう面がありますね。

大西　大学院を作って一緒にThink and Do Tank（シンクタンクに行動を追加した造語）を作り、その後に研究者になろうが、政治家になろうが官僚になろうが、色々にスピンアウトしていくということです。

また、政治家というのは落ちたときに行くところがないので帰ってくるところも必要です。

内海　そうですね、選挙は大変ですからね。

大西　ですから落ちたらただの人という政治家は作りたくないのですよ。それはまずいだろうと。落ちてもすごい人が政治家になるべきだと。すごいというのは別にプラトン的なことをいっているわけではなくて、社会にとって有意義な人、技術とか経験があって、議員でなくても社会に貢献できる人、哲人政治ではないです。

ファンドレイジングについて

内海　ファンドレイジングに関してどう考えていますか。

大西　日本の介護福祉の団体で一〇〇億超えているところはありますけど、そうでなくてオーバーヘッド一〇パーセント確保しつつフローが一〇〇億円超えた段階で、たぶんパワーシフトが起こると思っています。そういう団体がいくつか出てきて、一〇〇〇億円でもいいと思うのですが、そうするといろんなことができるではないですか、学校も作れるし、船も持てる。

株式会社作って、いざというときにはソーシャルに使うけれども、普段は東アジアの富裕層を運ぶということもできる。そういう会社にソーシャルインベストメント（社会的投資）をくれといえばくれると思います。例えばソフトバンクは、一六・四兆円くらいの資産を持っているのですが、借金が一五兆円です。一五兆円はほとんど一般人からの社債です。つまり金融機関を通していないのです。三・五パーセントとかを保証して孫さんファンが買うんです。銀行にやってもらうとあのお金はできていないと思います。リスクが高すぎる、成功するかどうか分からないといって。僕らもそうしたいのです。つまり、一般のサポーターから寄付をもらうけど、銀行に預けておいても仕方のないお金というのはいっぱいあるではないですか。

興味を持っている人たち、大きな政府だけではカバーできないニーズを理解している人たちは話を聞いてくれます。自己資金で毎年一〇億円以上投下できるという単位になったときに、全く違ったフェイズになると思います。

内海　いわばその前夜という感じですかね。

大西　今ちょうど五億円くらいですね。ヘリコプターとか飛行機とか、あとヘリが着艦できるコルベットとか（笑）、これまでNGOが行けてなかったところに行きたいですね。

芸術家を育てる

大西　アートの世界では、公的な美術館は芸術家を養わなくてはいけないではないですか。本当はギャラリーがやらねばならないのですが、東アジアでは、日本が特にそうですが、売れてからしか群がらないのですよ。誰かが一万分の一かもしれないけど才能のある人をホールドしておくという機能がないのです。私自身芸術は分からないのですが、そういうことをやってもいいかなと思っています。仕組み作りはできると思います。そこにキュレーターとしての優秀な人がいればいいのです。

内海　そういう意味ではヨーロッパは芸術家を育てましたね。

大西　今のままでは芸術家は育たないので、異色ですがやってもいいかな。[6] 冗談でいっているのですが、若手の芸術家の作品を六本木のギャラリーに飾るより、瀬戸内海の無人島に飾ることで、スーパーリッチが来て目にとまるかもしれないと。自分には逆転の発想があると思います。やってみないと分からないという。ただ、おもろいやってみなはれというお金が日本にないのです。

内海　そうしないと社会は面白くないね。希望が必要なのかな。

ピースワンコ・ジャパンについて

内海　さきほども出ましたがピースワンコ・ジャパンはどういうことをやっているのですか。

大西　日本の犬や猫のペットの殺傷ゼロにするにはどういう行程表で、どれくらいのリソースが必要で、どういうフローを作る必要があるかというのを、お金もマーケットに出すストラテジー（方略）にしても、どういうふうに産業を再構成しなおすかということも考えました。

内海　なるほどね。しかし、ピースワンコ・ジャパンとふるさと納税を結びつけるというのはすごい発想ですね。

大西　いえいえ、藁をもつかんだらちょうど良かっただけです。

内海　すごい藁ですね。今でも続々と納税が来ているでしょう。

大西　実は、ふるさと納税は増えているのですけど、その間にすかさずリスティング広告（インターネットでの検索にあわせた広告表示）で一般の寄付を集めています。あと半年でふるさと納税と同じくらいになります。ふるさと納税という制度を壊されたときに一〇〇〇頭以上の犬を抱えたまま倒産できないのでバックアップを作っていたのですけど、もうすぐバックアップが完成します。

内海　すごいではないですか。そのバックアップというのは毎年来るわけでしょう。

大西　そうです、増えています。というのはふるさと納税は、コンペティター（競争相手）が増えてくると、伸び率は減ってゆくと思います。そのときに違うエンジンを作っていないと。

内海　双発にしておかないといけないということですね。

コレクティブインパクトについて

大西　コレクティブインパクト（Collective Impact 組織の壁を超えて社会的問題を解決するアプローチ）というのは本当に真剣にやらないといけないのです。これまで非営利の世界は、ごまかしが多かった。頑張ってますというきれいな話をしておけば支援がもらえた。結果は問わないということで。

内海　大西さんが前に言っていましたが、犬の業界というのはなかなか問題が多いのではないですか。

大西　やじられたり的外れな批判もありますが、結果がついてくるので、一般の方は結果で判断されるので、やじられても悪く書かれても気分は落ちません。

内海　そういうふうにしていくことで業界全体が底上げされていくということでしょうね。

大西　犬猫の話は最初から期待していないから、若い人たちがやりだして変わると思うのですけど、心配なのは、国際協力業界です。柔軟に戦略の枠組みを組み替えるだけの度胸というか柔軟性がなくなっていると思います。例えば、僕らが田舎に行って、ある意味成功しているわけではないですか。どこの団体も真似しようとしない。

内海　そうですね。皆さん東京にいますね。

大西　少なくとも、出てみたいという気概がないのですね。なんでだか分かんないです。一九世紀のイギリスのジェントルマンは田舎に住むことに至福の状況を発見していたんです。日本のインテリはいまだに発見できずですかね。

国際協力について

内海　国際協力の業界そのものもどうなっていくのでしょうか。今や銀行家になっているようです。

大西　銀行でもいいのですけど、一緒にリスクヘッジ（危機回避）に入っていけばいいですね。例えば、東北のときに自分たちで財団を作って、地元の信用金庫に対して劣後の社債を買うから支援してほしいといって成功させているのです。国際協力でもこういうことができるはずです。劣後をわれわれのところが取るからといえば引き込みやすいのです。

しかも償還性のないお金を使えるから僕らでもできるのです。商売でやっていると、これを失ったら責任とれるのかといわれたら無理ですけど、もともと助成でも寄付でも使えるお金なので最悪の場合にリスクが顕在化したら仕方がないという割り切り方を経営者がすればできます。そういう長所があるのに使っていない。僕らみたいなのが例えば一〇億円ヘッジしましょうといえば、一〇〇億円のプロジェクトでもリスクはあるけど成功すれば画期的というプロジェクトを回せるはずなんです。

そういう見方がＪＩＣＡさんとできるかなと思っていて、期待しているのです。

ウガンダでの活動について

内海　今年（二〇一七年）の八月にウガンダの難民居住地にＰＷＪの竹中さんの案内で事業を見ましたが、水事業はいいですね。すごい量のきれいな水が出ています。水を山の上までポンプで上げて各集落に配水していました。

大西　水だけで終わるなよといいたいですね。

内海　シェルター事業もやっていましたね。

大西　ウガンダの事務所にはマイクロファイナンスを考えてみろといいたいですね。

内海　確かに難民は自己資金が全然ないから、マイクロファイナンスは必要ですね。

大西　まだ、ウガンダの職員は経済的なことを理解できていないんですね。仕方ないと思うのです。まだ一年生二年生なので、基本ができているだけでも拍手してあげなくてはならないですね。

内海　確かに立派に水は出ていました。
大西　でも、人間水が手に入ったらそれでいいのかということです。
内海　しかし、水がなくては始まらないですから。今回ウガンダでは学校を中心に調査したのですが、学校の状態はあまり良くなかったです。日本のＮＧＯも参加して校舎を建設しましたが、四月に作ったビニールシートの仮設の学校がひどく壊れていました。
大西　ビニールシート一つにしても紫外線に強い良いものなどができていますから考えればいいのではないかな。
内海　要するに子どもが破ってしまうのだから、下のほうは板にするとか、ほとんどお金をかけないで対応することができると思うのですがね。ＵＮＨＣＲがそう決めたからというのです。
大西　それでいいという感じですか。
内海　そこからが知恵の出しどころだと思うのですがね。
大西　この間スノーピークというテントのブランドの会社と話をしまして、新しい開発をしましょうという話をしているのです。販売総合代理店になったのです。どうせなら安く買おうと思って、国内避難民用に大切ですから。ＵＮＨＣＲも硬直化しているのでＩＯＭとやって実績作ってからＵＮＨＣＲに話をしようかなと思っています。
　以前、ＰＷアメリカを作ったではないですか。有効活用して、今ＵＳＡＩＤ（アメリカ国際開発庁）と話をしています。ＰＷＪとアメリカでコンソシアムを作って、ジョイントヴェンチャーでやるからよろしくといったらＯＫということでした。しばらくしたら具体化すると思います。
内海　そうですね。色々な可能性を試してみる必要がありますね。今日はお忙しいところをありがとうございました。
大西　いえ、こちらこそ。

（1）　このインタビューで述べられている意見は個人の意見であり組織を代表するものではありません。

（2）病児保育を行っている特定非営利法人フローレンスの代表理事駒崎弘樹氏。
（3）子どもの学びを支援する特定非営利法人カタリバの代表理事今村久美氏。
（4）３Ｋとは「きつい」「危険」「きたない」。４Ｋはそれに加えて「給料が安い」。
（5）広島大学で二〇一七年一〇月二七日－二八日にかけて行われた第二〇回アフリカ教育研究フォーラムに大西さんが韓国のＮＧＯスタッフとともに参加した。
（6）ＰＷＪは二〇一五年一二月に佐賀に事務所を開き、佐賀県と連携して工芸支援事業「ピースクラフトＳＡＧＡ」を立ち上げ活動を開始した。

第13章 難民そしてNGO
——景平義文氏に聞く(1)——

1　はじめに

景平義文（かげひら・よしふみ）さんはＡＡＲ ＪＡＰＡＮ（難民を助ける会）の職員としてトルコでシリア難民の支援を行っている。帰国しているときに時間を取ってもらいインタビューをお願いした。二〇一八年二月九日一六時から一時間ほど、難民を助ける会（ＡＡＲ）本部にて行った。私は大阪大学大学院で景平さんを指導し、アフガニスタンの調査に同行した。

ＡＡＲは日本発の国際ＮＧＯである。ホームページには次のように記されている。「難民を助ける会は１９７９年に、インドシナ難民を支援するために、政治・思想・宗教に偏らない市民団体として、前会長の相馬雪香が設立を呼びかけました。１９７９年以来の活動実績を持ち、国連に公認・登録された国際ＮＧＯです」。現在ＡＡＲは難民支援、地雷対策、障がい者支援、感染症対策など多様な活動を世界十数か国で行っている。予算規模は二〇億円を超え、日本を代表するＮＧＯである。
私がＡＡＲの活動を知ったのは、カンボディアでの地雷対策やアフガニスタンでの復興支援である。特にアフガニスタンでは教育支援を中心に活動していたため、ＡＡＲの建設した学校を訪問したことも何度かあった。また、ＡＡＲのアフガニスタン事務所は駐在員の宿舎も兼ねていたため、乏しい食糧事情の中で一緒にカレーライスを食べたことも懐かしい思い出である。

2　インタビューの内容

プロフィール

内海　これまでの略歴を教えてください。

景平　大阪大学大学院人間科学研究科博士後期課程を二〇〇九年三月に卒業。博士論文のテーマはアフガニスタンの教育で、バーミアンで行った就学実績の調査をまとめたものです。子どもの民族やジェンダーによって進級、進学が異なることを実証的に明らかにしました。

図13－１　景平義文氏　トルコにて、2018年澤村信英氏撮影。

二〇〇九年七月から二〇一二年二月までＣａｎＤｏ（アフリカ地域開発市民の会）のケニア駐在員としてナイロビに滞在しました。二〇一二年九月からＡＡＲにいます。
ＣａｎＤｏでは事業管理ですが、主に小学校の教室の建設を担当していました。地域住民による教室の建設の外にも保健関係の研修、ＨＩＶ／ＡＩＤＳなどの啓発活動、農業関係で有機農業をみていました。ナイロビの東南のムインギ県ですが、今はキツイ県になっていると思います。
内海　カンバ族ですね。
景平　ＡＡＲに入ったときは、緊急支援のＮＧＯに行こうと思っていました。ちょうどシリア危機が高まって難民支援が始まるのではないかと思って、どの団体でもいいので難民支援に関係したかったのです。一番最初に採用通知をもらったのがＡＡＲでした。昼の二時に面接を受けて、帰りの新幹線に乗ってメールチェックをしていたら合格通知が来ていました。
内海　それほど人が不足していたということですかね。難民支援をやろうと思ったのはアフガニスタンの延長ですね。しかしその頃大学のポストもいくつかあったと思うのですが、どうしてＮＧＯに入ったのですか。
景平　大学に魅力を感じなかったのです。やはり現場の仕事のほうが魅力的でした。アフリカでの仕事は疲れましたが、やはり楽しかったですね。
内海　今後は国連関係での仕事をする予定ですか。
景平　いや、国連は今更行きません。
内海　大学ですか。
景平　分かりませんが、大学にどっぷりつかるということはないと思います。現在立教大学で夏に集中講義をやっていますが、講義を増やすことはあっても完全に大学に入るということはないと思います。専任で大学教員になることは一年やったら飽きていやになるのではないかと思います。

ＮＧＯの難民支援について

内海　現在の難民支援には課題があると思うのですが、現在どんなことを感じていますか。
景平　やっぱり難民の問題を解決するというのは優れて制度設計の問題だと思います。長期的な解決を考えようとすると、どのように国の制度なり国際的な制度を作るのかにかかっていると思う。ＮＧＯでその点に関してできることは少ないですね。例えば、日本政府が難民を受け入れるとか、トルコの政府が難民向けの制度を作るとか、そこに左右されるわけです。ＮＧＯがアドボケイト（広報活動）したとしても、そこのところに関わることはできない。その点にギャップがありますね。

政府や公的な人たちができないところをわれわれが埋めるわけですけど、かなり状況に依存するところがあると思うので、難しいですね。難民支援は。ＮＧＯの団体ごとで「あれやる、これやる」というのは、ある程度決まってくるし、強みも出てくるのです。しかし、その中でもやはりトルコの政策の中で何ができるのか、日本の政策の中で何ができるのか、そこの部分を常にバランスをとりながらやらねばなりません。

ケニアでは開発支援をやっていたのですが、そのときにはあんまり感じなかったことです。開発をやっていてももちろん行政とのやり取りは発生するのですが、制度のことをそれほど意識することって、あんまりなかったです。割とステイブル（静的）というか、制度はある程度カチっと決まっています。

ところが難民に関しては、政府のいうことやることがころころ変わっていくし、変わらざるをえないわけです。その中でどういうふうにするかが問われる。それを間違えると政府からダメといわれたり、ドナーからのお金もなくなるし、やってほしいということも変わっていく。そこの見極めは難民支援の難しさでもあり、面白いところでもあるのでしょうね。

ＮＧＯというと途上国の貧困層とか脆弱な人に対しての支援、特に社会的な支援、つまり水だとか衛生だとかなのですが、それはその国にとってもありがたい支援ですね。ところが難民というのは、その国にとってありがたくないわけです。やむをえず入ってきてしまったから、難民に対する支援は痛しかゆし、難民が居ついてしまうという側面があるからです。そのはざまでやらざるをえないというのがつらいところでしょうね。

内海　なるほど、そうでしょうね。逆にいえば国際的な人道支援に対する高まりというか、波に乗ってやらないとうまくいかないのかなと思うのですが。

景平　そうでしょうね。われわれは制度外の人間であるし。難民だって制度外の人たちです。制度外の人間同士がその国の中でどう動くかというのはかなり状況に依存せざるをえないですね。

内海　ただ、逆にいえば、それはもうはっきりいってＮＧＯしかできないですね。国際ＮＧＯしかできないね。政府ができないのだから。日本政府がその国の制度外の人たちを支援するというのは、ＯＤＡの原則からして難しいから。そういうことでＮＧＯの役割というのは急速に高まった。今世紀に入ってから急速に高まっているといえると思うのです。

景平　そうだと思います。

活動資金について

内海　ただ、これまでのＮＧＯというのは市民からの寄付金というか、企業もありますが、いわゆる市民社会からの寄付によっていた。しかし、今は、政府資金も入ってきてその額も大きくなってますね、その点についてはどのように考えていますか。

景平　政府資金が入ってくること自体はいいと思うのですが、それが何らかの政治的な意図をもって、この人たちを支援せよとか、こういうことをせよとかいうのであればいかがなものかと思う。別に今のところそれはあまりないというか、ほとんどないです。政府が関心をもって自分たちができないからＮＧＯにと思っているので、よいと思います。

内海　いわば、日本政府としても国際的な非難、つまり難民受け入れをあまりやっていないことへの対応策として難民支援にお金を流しているという側面もあるのではないでしょうか。逆にいうとそういうことで、急速に政府の難民支援の額が増えているから、ＮＧＯとしても対応に追われるということはないですか。

景平　増えているのですかね。補正予算を考えると確かに増えていますが。
内海　対応に追われるということはありませんか。
景平　それほどでもないですね。多分それぞれの団体、イラク支援、シリア支援にしても自分たちのできる範囲内で大きくなってきているということですから、あまり無理しているという感じは持っていないですね。

現地提携団体について

内海　現在トルコは入国できるけど、シリアとか、レバノン、アフガニスタンは日本人は入れないですね。そういう中での支援というとこれまでと違う体制、特に連携するＮＧＯとの関係もあるけど、その辺についてはどうですか。
景平　なかなかその連携団体を選ぶところが難しいですね。シリアでもアフガニスタンでもそうですが、団体のことは調べてもよく分からないのです。われわれが組んでいる団体が、いわゆるテロリストグループと付き合いがないのかというのは調べても分からないです。色々な人に聞いて、この人たちはどうかということで、できる限りのことをしています。
内海　難民受け入れや第三国定住だとインターポール（国際刑事警察機構）が全面的に噛んでＤＮＡ鑑定までしてチェックしているけど、そこまでできないですよね。
景平　だからといって現地とつながっていないと現地への支援もできないわけで、シリアの中のどこかの地域で活動しようとすると、現地協力団体もそこで地盤というか関係持っていないと、活動ができなくてどういうコミュニケーションがアウトなのか。当然その地域の軍閥とか政府とある程度の関わりを持たない限り、支援活動なんてできないわけで、それを何をもって線を引くのかでしょうね。

ＡＡＲの難民支援について

内海　今のＡＡＲの活動に対する景平さんの評価はどうですか。
景平　自分のやっているところは、もちろんいいですよね。
内海　イスタンブールではすごく新しいところをやっているでしょ。
景平　情報提供ですね。これは国際的な動向や国際機関がいっていることを追求していっているので、そこは日本のほかの支援からすると違っているかと思います。トレンドを持っているから。
内海　かなりトレンドを追っているから、これまでの評価の観点からすると、これで成果が上がったのかという、メルクマールが出ないのでは。
景平　そうかもしれません。
内海　多分、教育学研究もそうなのですが、これは物語なんですね。何パーセントの人に情報を与えたかとか何パーセントの人が満足したかということではなくて、情報を受けた人がそのことによってどのように変わっていったのか。教師でも、教授理論ではなくて、理論を構築するのではなくて、子どもとの関わり合いの中で、教師と子どもがどういう関わり合いの中で何を行ってどうなったのかという物語、事例研究的なものにならざるをえない。
景平　そうですね、それは今私が思っていることと、この二年間思っていることとすごく一致をしています。私はもともと教育をやっていましたけど、最近トルコで教育をやっていないというのは、トルコでの政策的なものももちろんあるのですけど、何ですかね、マスで教育、例えば学校作りました、カリキュラム導入しました、何名教師トレーニングしました、こういう教育を実施しましたと、こうなりましたという、そこに多分興味がなくなったのです。
　去年か一昨年かな、久しぶりにケニアに行ったときにカクマ難民キャンプに行って事業形成のお手伝いをしたのですが、ＡＡＲは教育案件を今でもやっていますので、そのときにいわれたことはどこでも出てくることばかりでした。女子の就学率が低い、その理由はなんだかんだと、もう何十年同じことをいい続けているのだろう。そして何もできずに何も変わっていないという。
　それは、マスで、女子教員の養成が必要だとか女子の学校が必要だとか、結局それを実施したり建てたりしても、中のことを気にしない。一人ひとりの子どものことを気にしないから変わるわけないということを感じました。だから、そうではなくてプロテクション的（保護的）なカウンセリングやリファラル（紹介・情報提供）とかをやろうと、そういう個別具体的なところを見ない限り、効果がないと思う。だから教育よりプロテクションの言葉のほうが、今私には当てはまっているかなと思うのです。ですからトルコ事業もプロテクションの枠の中でやっています。

内海　カクマ難民キャンプのＡＡＲ事務所のお世話で、初等学校や中等学校を調査しました。確かにＡＡＲの建てた学校は立派です。だけれども建設請負業の感がありました。だから中身についてもっとコミットするべきだと思うし、コミットすることを条件に建物を作るという、そういう力をつけたほうがいいのではないかな。

景平　ＮＧＯの担当者もどんどん変わってしまいますしね。長く見るということができなくて。

内海　アフガニスタンにいたときに、一緒にバーミアンのデュカニの谷の調査をしましたね。学校全体の調査をやると民族やジェンダーによって進級進学構造の違いというのがあって、それを見出しましたね。そのとき景平君が「調査というのは面白いですね」というから、「何が」と聞いたら「ちょっと見ていると一緒みたいですけど、実は子ども一人ひとり背負っているものが違うということが分かるのですから、調査というのはすごい」といっていました。
　しかし、問題はそこから先で、われわれが、デュカニの谷のパルジュイ村に行って村人のインタビューをしました。それが大事だと思うのです。村人のインタビューをやって進級進学構造の原因について分かったからといって、われわれはそれについて何もできないのですよ。でもわれわれが行って聞いたということ自体がすごいことなのです。そのように私は思っているので、個別の物語を引き出していくのが研究者の仕事なので、ＮＧＯの中にもそのような要素が入ってくるのだろうなと思っています。

景平　そうだと思います。もし食糧支援とかがあって、マスで配るということも時と場合によって必要な支援でありますけど。何か社会を変えるとか、コミュニティーを変える、個別の人でもいいのですが、そこで個別具体的な人たちにちゃんと向き合わないと、変わるわけないですよね。

内海　だからIST法（個別生徒追跡法）で何年も個別インタビューして写真撮っているのですが、面倒くさいですよ。在籍しているかどうかは出席簿見れば分かるんだから。でも一人ひとりと向き合って色々気づくこと、それが大事なんですね。

景平　だけど、皆のやっている事業なんだけど、物語がないんです、この子どもはこういう子でここに来たのだけど、その子にこういう働きかけをして、こういうことをいっている、その中でこういうことが起きたという。

食糧支援でも何人に配りましたではなくて、食糧をもらったその家族が、その食糧をどう思っているかとか、食糧だって喜んでいる人や迷惑している人もいるはずなんですよ。

内海　必要でない支援をもらっても迷惑する、NHKのスーパープレゼンテーションという番組で、ブラウン神父のニューヨークのコミュニティによって暴力をなくそうという人が、黒人の牧師なんですが、ブルンジのことわざで「望まない支援は迷惑だ」という言葉がありますといっていたけど、そうだと思います。

NGOの未来について

内海　景平さんの思うNGOの未来、将来、今後の形はどんなふうに考えていますか。

景平　国民国家自体はなくなることはない、中長期的に一〇〇年くらいはないでしょうから、国というのか何らかのサービスを提供する主体であることは変わりはないと思うのです。かといって同時に難民に限らずですが、その国の中や国の外で支援を必要とする人が出るのも変わらないでしょう。

そうである以上、NGOの役割というのは必要とされなくなることは多分ないと思う。おそらく、いわゆる国民国家が社会のあり方に合わなくなればなるほど、難民などはまさにそうで、国民国家の社会制度にそわないから、こういう人たちが生まれてきている。ですからそういう状況が大きくなればなるほどわれわれＮＧＯがいないと生きていけない人が多くなるので、ＮＧＯに求められるものが大きくなると思いますけどね。

内海　ＮＧＯをめぐるシステムというのは今後どんなふうになっていくと思いますか。

景平　そこは面白いとこですね。最近あまり教育の論文とか見ていないのですが、面白かった記事を読みました。ローコストスクールというのがあり、自分たちのカリキュラムを作り、世界で使えるものにした。それで、企業ではないですけど、そこで教員を養成して、教育を提供する。そのほうが、いわゆる公教育よりもクオリティーも高く、値段も安いと。それがインドとかアフリカでもあるらしい。

内海　ローコストスクールですね。

景平　それは面白いなと思うのです。国家が独占してきた教育の中身や装置を民間がやる。というのは普通の国家でいうとありえないですね。

内海　アメリカではホームスクールが拡大してきて、そのほうが学力が高いのです。

景平　その辺が面白い。いったい国家が行うサービスというのは何なんだろう。それに対する問い返しだと思うのです。行政というか国家が何をするのか、それが難民へのサービスに絡んでくる話で、国家の問い直しが行われるのかどうか分からないですが、ひょっとすると国家がやらないほうが、質の高いサービスが提供できるのかもしれない。そうなったとき一気にそれが、企業かもしれないし、企業とＮＧＯの中間みたいな組織ができてくるのかもしれない。

内海　第三の公共論みたいなものですね。

景平　ＮＧＯみたいなものが必要なのか分かりませんが、国家がやるべきことと、国家がやらなくてもいいことが、行きつ戻りつではあるのでしょうか。

いわゆる国民国家で縦の部分とは別に横の部分というのが昔からなかったわけではないけど、そこの部分が強くならざるをえないのではないですか。ある課題についてどう解決していくのかに関して世界を横断した連携です。

内海　国際的なＮＧＯの連絡会はないのですか。
景平　私のような下々には分かりません。理事長なら分かると思います。
内海　青年海外協力隊は各国の同様な組織が集まって大会を毎年やっています。
景平　そうなんですか。

ＮＧＯと研究者

内海　それと、大学でもＮＧＯ研究をやる人が多いのですが、大学でどのような研究をすべきだと思いますか。
景平　難しいですね。トルコのシリア難民に関する論文を読んで現場の私がどう思うかというと、何か物足らないですね。分からなくはないけれども、いいたいことは分からなくないけれどもあんまりリアリティーが伴わないですね。
内海　研究者は、論文にするときにリアリティーを消しているんですね。
景平　難民にかかる論文を何本か読んだときにそれが、著者の能力の問題なのか、学術論文というのはそういうものだからとも絡んでいると思うのですが。
内海　これまでの国際協力の研究は理論を構築しようとしているんです。だからそこに登場する人は匿名です。理論が大事だからです。理論でなく物語を書くべきだと思う。自分がそこに行くことで何が起きたのか。現場で出会ったこの少女、少年、母親、父親、どういう人なのか。論文では対象者の夢とか挫折だとかが出てこない。それだったら物足りないでしょうね。
景平　そうなったときに、いわゆる報道とかジャーナリズムの世界と何が違うのだろうと思ったりするのですね。ジャーナリズムはそれだけではないですか。
内海　泣いている子はなぜ泣いているのだろう。爆撃があってお母さんが死んだ。涙はそれを伝えている。学術論文は、それを排除したところから始まっているから、仕方ないね。

景平　しょうがないけど、なんというか。
内海　私はＮＧＯの報告というのも、そこで何が起きたのか、起きたことを紡いでゆくことによって、そこから何かいえるのかとか、何をいってはいけないのか、何をするべきで、何をしてはいけないのか、それがおのずと出てくるというような報告がいいなと思っているんです。
景平　なるほどね。
内海　新聞記者は基本的にセンセーショナリズムですね。例えば新聞記者だった人が酸性雨に関する本の中で「スフィンクスがボロボロだ」と書いているのです。実際にスフィンクスに触ったのですが、そんなことはありませんでした。白髪三千丈的なことを書いていいのかなと、それなら今頃スフィンクスはなくなっているでしょう。
景平　でもジャーナリストもわれわれも研究者も究極的には目的は一緒ではないですか。社会を良くしたい、それぞれが思っているように良くしたい。それは一緒で、アプローチの方法が違っている。誇張も良しとする人と完全に事実に基づいて、あるいは理論に基づいていなくてはいけないという学者はちょっと違うのでしょうけどね。
内海　以前、ある研究者とＪＩＣＡと大学の関係について話したことがあります。ＪＩＣＡは現場を持っているからそこに大学の研究者を引き入れればいいのだ。大学の研究者はＪＩＣＡからお金をもらって研究するということは基本的にはできないんです。学問の中立性を損なうからです。だから交通費だけで研究をしてくれると。
景平　大学の研究者は現場に来たがっているのですか
内海　大学の研究者にとって現場というのは遠いんですよ。入れないんです。それはカクマ難民キャンプに行くのであれば、ＡＡＲやＰＷＪのような現場で支援活動している団体のお世話で入っています。支援でもないのに研究のためにといっても無理でしょう。何しに来たのだといわれてしまいます。
景平　例えばなんですけど、トルコ事業やったときに、先生が言ったみたいなコミュニティーセンターをやっていて、友達どれくらいできたと一応聞いてはいるけれども、それぐらいしかできていないのです。

コミュニティーセンターがどれくらいインパクト、生活を変えているとか分かっているようであんまり分かっていないから、そういうところを研究者が来て調べてもらえるといいですね。

内海　大学院生に来てもらえばいいと思いますよ。論文を書かなくてはいけないのですから、ただでやってくれますよ。だから、そこはフィールドですよ、そこで事業やっているわけでしょう。そこで何が起きたかというのはもちろんAARに報告するけど論文にすればいいわけですよね。

昨年（二〇一七年）私のゼミから大阪大学大学院に進学した院生が、マレーシアのロヒンギャ難民の調査を現地のNGOに参加する形で行っています。それで十分なんです。そんなところで通常は調査できませんから。実施している人たちは忙しくて調査などできませんからね。前に進めるのが仕事ですから振り返りなどできないわけです。そういうところに研究者が関われる。フィールドを研究者に提供してほしいですね。NGOにとってもいいし、大学にとってもいいし、研究者にとってもいいなと思います。

インプットとアウトプット

景平　ただ、外国のNGOについてはよく知らないのですが、日本のNGO、JICAもそうかもしれませんが、援助の世界ではあんまりアウトプット（産出）やアウトカム（成果）を気にしないですね。ログフレーム上ではもちろん書くのですが、インプット（投入）してそれがうまくいった。オペレーション上うまくいったというところだけが基本的には重視され、それによってどういうインパクトがあったかとか、先日のJPF助成審査委員会で私の隣に座った女性は、もともと電通の人なのですが、電通でそんなことばっかり叩き込まれているからそういうことをよくいうんです。援助の業界はアウトプット全然考えないですよね、そういうことをよくいうのです。

それはまさにそのとおりであって、企業というのはアウトプット、成果を出すために、利潤だけではなくて、何をしなければいけないのかと考える。いわば、援助は逆であって、インプットのほうから入って、アウトプットは後から考えましょうということなのかな。

内海　ＪＰＦにも評価部門ができましたね。評価の指標とか、効果測定を考えますね。そうすると何が起きるかというと、成果の出る事業しかやらなくなるんです。というかやれなくなります。効果の出るようにプロジェクトを設計するようになります。

例えば、チャイルドフレンドリーセンター作って、そこから公立の学校に編入させる。その率を二〇パーセントと設計したら、二〇パーセントは編入できるような子どもを入れるわけです。だからそうなってしまって、数値化された評価やアウトプットというのはあまりよくないのです。ものによるけどね。物資配布はどれくらい配ったかというのであればすぐに数値は出ます。しかし、満足度などは分からないわけです。

景平　私がいったアウトカムは、もっとぼやっとしていてもよくて、コミュニティーセンターによって何を達成、彼ら彼女らの人生がどう良くなるか、そういうところをもうちょっと真剣に考えて、コミュニティーセンターの活動をやらなければ、いけないと思っているんです。

ドナーに対するアカウンタビリティー（説明責任）があるから交友関係、友達関係が増えましたとか、そういうのを数で測れるようにするわけですけど。別にそれだけがゴールなわけではない。そこをどういうふうに設定というか目標とかアウトプットに設定して、それに向けてどういう活動をするのかという、そういうサイクルがないと、なんというかお金もらいましたやりましたという、報告書だけはきれいになっています、だけではもたないですよね。

内海　やっているほうも感動がないんですね。

景平　そうなんです。仕事やっているだけではもたないですね。

内海　大学も同じですね。学生一人ひとりとしっかり向かい合わなくてはいけないのです。

長時間ありがとうございました。こんなに話したのは卒業以来ですね。

景平　いえいえ。

(1) 本インタビューでの景平氏の意見は個人の意見であり所属団体のものではない。

第14章

NGOの難民支援[1]

――ウガンダ難民居住地にて――

1　はじめに

難民キャンプおよび難民居住地での支援は現地政府とUNHCRがIP（Implementation Partner）である国際NGOとともに行っている。また、様々な機関が、それぞれの分野で支援を行っている。支援機関は国連機関、国際機関、国際NGO、大学など多くの団体が支援を実施している。難民に対しては日本のNGOは自己資金とともに政府資金、民間資金あるいは国際機関からの資金によって支援活動を行っている。現在ウガンダには、二〇一四年当初から大量の南スーダン難民が受け入れられている。今回、日本のNGOの活動を中心に調査を行った。なぜならば私たちは難民の教育支援に関心があり、ウガンダの難民居住地では日本のNGOが教育支援を行っているからである。

一九九〇年代の難民支援

アフリカにおける難民支援は一九九〇年代から本格化し、南部スーダンにおける独立戦争の激化に伴う大量の難民受け入れのためケニアのカクマ難民キャンプが開設された。(2) カクマは牧畜民のトゥュルカナの居住する乾燥地で、国境から約一〇〇キロである。カクマ難民キャンプには当時としてはアフリカ最大の一〇万人を超える難民が居住し、UNHCRの難民支援のショーウインドウと呼ばれるように難民支援のモデルであった。南部スーダン国境に近いロキチョキオは難民支援の前線基地として国際機関やNGOの事務所が設置され、賑わいを見せたという。東南部の港湾都市モンバサからカクマまでの道路が整備され、支援物資を満載したトラックがコンボイを組んで行き来した。

また、ソマリア内戦の激化に伴うソマリ難民には北東部のガリサにダダーブ難民キャンプが設置された。ダダーブにはカクマを超える約五〇万人の難民が居住した。

今世紀に入ってから

各地の内戦は二〇〇〇年代後半に落ち着くかに見えた。例えば二〇〇五年には南部スーダンは和平協定の締結により自治政府が発足し、二〇一一年七月に南スーダンとして独立を果たした。

しかし、ソマリアやエリトリアの紛争は継続し、ブルンジ、コンゴ民主共和国（DRC）の政情は不安定であり、出口が見えない状況である。

そして、独立を達成した南スーダンも二年が経過した二〇一三年暮れから内戦が始まり、独立以前よりも大量の一〇〇万人を超える難民がケニアやウガンダに流れ込んだ。

二〇一一年三月に始まったシリア内戦ではこれまでに五五〇万人の難民と六〇〇万人の国内避難民が生まれている。難民の多くはトルコに出国し、トルコからヨーロッパに入ることで国際問題化している。

また、リビアでは二〇一一年の革命後も政情は安定せず二〇一四年に内戦状態になり、大量の難民が地中海を小型船でイタリアに渡っている。劣悪な船は海上で難破し、多くの人々と子どもが死亡した。この状況はテレビで放送され世界に衝撃を与えている。

このように二一世紀に入って以降、特にこの一〇年間は難民が急増し、難民支援は後手に回らざるをえない。そうした中で、これまで難民支援スキームは定番化し、パッケージ化してきた。すなわち、食糧支援、ＮＦＩ支援、越冬支援、シェルター、子どもの保護、教育等である。

これまで難民問題解決策の一つとして第三国定住が進められてきたが、これまで最も多くの難民を受け入れてきたアメリカは、トランプ政権後に難民受け入れを減速させ、かつての一〇万人を超える受け入れから、半減あるいは四分の一程度に落ち込むと予想されている。他の受入国において受け入れ数を拡大することは困難であり、第三国定住は転機に来ていると思われる。その中でウガンダの対応は新たな定住策として注目されている。

ウガンダでは一九九八年に「難民の自立戦略」（ＳＲＳ：Self-Reliance Strategy）を打ち出しており、今回の南スーダンの難民受け入れもその線に沿って行われている。

2　ウガンダの状況

ウガンダは南スーダンと民族的、宗教的、文化的に親和的な関係にある。独立前の南部スーダンの初等学校を調査した際に、教育言語がアラビア語から英語に変わったために、英語のできる新たな教員を採用することになった[3]。そのときに中等教育修了者で英語の出来る南スーダン人は、難民となって滞在していたウガンダから戻ってきたか、ウガンダの学校を卒業したものであった。当時から多くの南スーダン人はウガンダ特に北部のアルアで教育を受けた人が多かった[4]。

図14－1　ウガンダ側から見た南スーダン

国境の町で

ウガンダへの南スーダンからの難民の流入は二〇一三年暮れに勃発した内戦が契機である。当初はジュバから始まった戦闘は各地に拡大し、ウガンダと国境を接する南スーダン西部での戦闘が激化したことがきっかけである。多いときには一日で五〇〇〇人が国境を越えて難民化したという。

ウガンダと南スーダンの国境にはゲートがあり両国の兵士が警備しているが、トラックはチェックを受けるだけで自由に往来していた。しかし、私たちがそこにいたときも南スーダン側から軽機関銃の発射音が聞こえた。国境のすぐ近くにＵＮＨＣＲのレセプションセンターがあり、ここで難民登録をして、それぞれの居住地にバスで移送される。

私たちがレセプションセンターへの訪問を終えて門外に出たところで、五歳くらいの女の子と乳飲み子を抱えた埃まみれの母親と出会った。事情を聞くと、南スーダンで夫が殺されたためウガンダに来たけれども難民認定をしてもらえないという。自分がもともとウガンダ人だからだという。南スーダンから国境を越えた場合には、基本的に難民認定されるのだが、こうした場合には認められないということであった。不安に満ちた母親の顔が忘れられない

二〇一七年九月の段階でウガンダにはおよそ一三〇万人の難民が主に南スーダンから流入している。ウガンダではＵＮＨＣＲやＷＦＰをはじめとする国連機関、国際機関とＮＧＯが支援を行っている。どのような支援が行われ、どのような課題があるのかを、ともかく現場を見て、現状から課題を検討するために現地を視察した。

3　ウガンダ難民居住地調査概要

調査は二〇一七年八月にウガンダ北西部ビディビディ難民居住地で実施した。ビディビディ難民居住地はユンベの南に広がる広大な居住地であり、ビディビディⅠからⅤに分かれている。

ユンベに行くには首都のカンパラから八時間でアルア、アルアから未舗装の道を一時間半である。ビディビディの中でも最も遠いビディビディⅤには約一時間かかる。ユンベの宿泊先は限られているため私たちはアルアに宿泊し、毎日一時間半かけてユンベに出かけた。

【訪問先】

・ウガンダ大統領府難民担当局長（カンパラ）
・ＪＩＣＡウガンダ事務所（カンパラ）
・ＵＮＨＣＲユンベ事務所
・ウインド・ルトラストユンベ事務所
・難民を助ける会（ＡＡＲ）ユンベ事務所
・ピースウィンズ・ジャパン（ＰＷＪ）ユンベ事務所
・ビディビディゾーンⅤのヤンガニ（Yangani）初等学校、アイブ（Ayivu）中等学校
・ビディビディゾーンⅢのＰＷＪの支援活動

【調査方法】

各援助機関行政機関では半構造化インタビューを行った。ヤンガニ初等学校とアイブ中等学校では生徒への質問紙調査とインタビュー、校長および教員には半構造化インタビューを行った。また、難民家族へのインタビューも実施した。

本調査の結果に関しては、共同で調査を行った研究者を中心に次の二つの論文が発表されている。ここでは、NGOの支援にかかる私の観察と感想を記し、次節でNGOの難民支援にかかる課題を考えることにしたい。[5]

4　難民居住地の特徴
――生活環境――

ウガンダ北部のアルア県のビディビディ難民居住地は、二〇一六年八月に開設された。南スーダン内戦によりウガンダに難民が押し寄せたことを受けて新たに設置されたのである。県人口の三分の一に当たる約二七万人が居住するウガンダ国内最大の難民居住地である。[6]

住居とトイレ

ウガンダではケニアと異なり難民キャンプではなく難民居住地として、ホストコミュニティの中に難民が居住している。そして、難民は住居のほかに自立のための農地が与えられる。農地は当初は五〇メートル四方であったが、難民の増加により三〇メートル四方に縮小された。この政策は十分に行われていないようである。一つは割り当てられた農地が難民集住地区から離れているために、農耕するには農地の近くに住む必要があるからである。すると支援機関からの支援を受けることが難しいのである。また、農業に必要なインフラが整っていないこともある。住居にしても自分たちで建設する必要があり、農耕にまで手が回らないのが実情である。今一つは配布される農地の手配が追いつかず、農地が行きわたっていないのである。

こうした南スーダン難民に対する取り扱いに関してのケニアとの違いは、南スーダンとウガンダの歴史的な関係によるという。一つはウガンダが内戦状態であったときに多くのウガンダ人が南部スーダンに難民として流入したこと。また、多くの南部スーダン人が北部ウガンダの学校に行くために越境していた、特にアロアの中等学校にはスーダン人が多かったという。こうしたことからウガンダと南部スーダンとの関係は強く、南スーダン人の受け入れには寛容なのだという。

今一つは、国際的な難民受け入れの変化もあると思われる。すなわち、難民問題の解決方法として自発的帰還、流入国での定住、第三国定住の三つがあるが、帰還や第三国定住が困難になって、難民の長期化が進む中で流入国での定住が注目されてきたのである。これはカクマ難民キャンプにカルベイエ居住区が設定され、難民のケニア国内での定住化が進められていることに現れている。しかし、ウガンダの場合、一〇〇万人の難民を居住民として受け入れようとしており、大きなチャレンジである（大統領府でのインタビューから）。

5　NGOの生活支援

私たちが中心的に調査したのはビディビディVであるが、ここでは多くのシェルターはテントであった（図14－2）。二〇一六年の末から一七年初頭に大量の難民が流入してビディビディVを開設した。そのためゾーンVの難民は居住してからの日が浅いため緊急的な対処としてのシェルターである。

同じビディビディ居住地でもゾーンⅢはゾーンVのおよそ半年前に開設されているので、海外からの支援も進んでいるようであった。例えば、図14－3はPWJによる障がい者や高齢者あるいは女性所帯など脆弱性の高い世帯の住宅である。日干し煉瓦やトタン屋根を使った快適性の増した住宅である。また、農地ではないが家の周囲に野菜や根菜類が栽培されていた。

同じくゾーンⅢではＰＷＪによって身障者用のトイレ建設が進んでいた（図14－4）。ゾーンⅤでは、トイレはテントで囲われた共同トイレしか目にしなかったが、ここでは家族ごとのトイレの建設が進んでいた。ウガンダ北部は比較的雨が多く、私たちの調査中は毎夜豪雨であった。そのため衛生上も安全面からも住居に隣接したトイレ建設は重要だと思われる。

水

図14－2　ビディビディⅤの難民シェルター

図14－3　ビディビディⅢのシェルター（PWJ が建設）

図14－4　住居に隣接した身障者用トイレ

トイレ以上に重要な課題は水である。居住地内には大きな給水タンクが用意され、そこに定期的に給水車による水の提供が行われている。図14－5は標準的な大きさの給水タンクである。雨の多いユンベでは浅井戸が掘られ水の供給が行われているが、衛生面で問題が多い。そこでPWJでは、深井戸の水を丘の上の大きな給水タンクにあげて、一二の集落に水を供給するシステムを建設した（図14－6）。太陽光パネルを電源として汲み上げた水を丘の上のタンクにあげる。そこからは自然の水圧で一二の集落に水を供給している。これにより給水車の手配なしで常時きれいな水が供給できるのである。それぞれの集落では、取水のタップはコンクリートで取水口と周囲がコンクリートで固められ、住民と難民がジェリカンを並べていた（図14－7）。水の圧力と流量は十分であった。NGOとしては相当大き

図14－5　給水タンク、給水車の来るのを待っている

図14－6　丘の上に建設された給水タンク

図14－7　集落に作られた給水タップ

い土木工事であったと思うが、順調に機能していた。

6　難民居住区での教育

私たちが中心的に調査したのは教育分野である。これまでケニアのカクマ難民キャンプでの教育調査を行ってきた（第6章参照）。ウガンダの状況はかなり異なっているので、そうした点を中心に概略を記しておきたい。ビディビディ居住地での教育に関しては、先に挙げた澤村信英ら（二〇一八）、坂上勝基ら（二〇一九）を参照いただきたい

教育の概要

ビディビディ難民居住地とホストコミュニティには、就学前教育施設が四四か所、初等学校が三七校（ＵＮＨＣＲ設置の学校二五校とウガンダ政府による公立校一二校）、中等学校が五校（すべてコミュニティ校）ある。ＵＮＨＣＲの三地区の初等学校と中等学校はウインドル・トラスト・ウガンダ、二地区の初等学校はフィンランド教会援助基金（Finn Church Aid）がＩＰとして運営している。私たちが調査したのはゾーンＶの初等学校と中等学校それぞれ一校である。両校とも二〇一七年三月に校舎が建設され開校した学校である。

校舎建設

ゾーンＶは二〇一七年に新たに開設された居住地であり、同時に学校も設立された。ここで最も大きなヤンガニ初等学校は日本の政府資金によってＡＡＲが建設した。二〇一七年三月に完成した校舎は三棟九教室と校長・教員室、教員住居やトイレも設置された。敷地は十分に広いが、傾斜があり岩石が露出しているため学校用地としては手入れが必要である。また、校舎と職員室は木材にタイポールというビニールシートを巻いた壁に屋根をつけた構造である。

短期間に建設できることやコストが安いことから、ビディビディの学校ではUNHCRの標準仕上げであるという。ヤンガニ初等学校は生徒で溢れているが、低学年の校舎の壁は、破けてしまっていた。タイポールは本来丈夫な材料であるが、子どものいたずらや子どもが壁の破れから出入りすることもあり、予想よりも早く傷んでいた（図14－8）。この状況にはUNHCRも頭を悩ましており、ウガンダ政府と新たな校舎建設を検討してきたが、調査時点までは調整がつかなかったという[7]。

ヤンガニ初等学校の生徒数は、全学年で約四五〇〇人と報告されているが、実際には二五〇〇人程度と思われた。それにしても多くの生徒で教室は溢れていた。

図14－８　ゾーンⅤのヤンガニ初等学校の校舎

図14－９　アイブ中等学校、校舎と国旗掲揚ポール

一方、アイブ中等学校（図14－9）はゾーンVの唯一の中等学校である。ヤンガニ校同様、日本政府の資金によりAARが建設した。こちらの校舎は中等学校生徒であることや人数が少ないこともあり綺麗な状態であった。この校舎は生徒数と比べて教室数が多く三教室が物置きとなっていた。教室にあわせて机椅子が供与されているので、机椅子が山積みになっていた。これは次年度以降の入学者のためである。また、理科実験室も設置されたが、実験器具などは今後の課題という。(8)

就学率

二〇一七年における難民の初等教育の総就学率（GER：Gross Enrollment Rate）は七四・五パーセント、中等教育のGERは二一・六パーセントと推定されており、前年のユンベ県におけるGERよりも高くなっている。この背景としては、度重なる紛争の影響により、ウガンダ全体の中でも教育開発を含む経済・社会開発が遅れた西ナイル地方のユンベ県の就学率が極端に低いことが挙げられる。初等教育の純就学率（NER：Net Enrollment Rate）は五一パーセントとGERより一〇ポイント低く、ユンベ県には学齢期を過ぎて初等学校に通う生徒、すなわちオーバーエイジが多いことも示唆される。

オーバーエイジはケニアのカクマ難民キャンプでも大きな問題であった。オーバーエイジは総就学率と純就学率の差となって現れる。ビディビディでの一〇ポイントという差は、南スーダンのオリジナルプレイスの教育の状況がかなり高いことがうかがわれる。

中等教育の総就学率二一パーセントはウガンダでは平均的な数字と思われ、カクマ難民キャンプと同程度である。現在の初等学校の生徒数の多さを考えると今後中等学校への進学者は急速に増加すると思われる。

生徒について

ヤンガニ初等学校では六年生までの教室は生徒で溢れていた。生徒数の多さは南スーダンと比べてウガンダは教育のパフォーマンス（水準）が良いので、多くの子どもがウガンダを目指したことも原因であろう。

生徒の出身地を質問紙調査から見ると、生徒の九五パーセント以上は、南スーダン南部のエクアトリア地方の中でも、ウガンダと国境を接する地域の出身者であった。民族は様々で、国境を挟んでウガンダにも多くの人が居住するカクワ族、次いでポジュル族が多く、クク族の子どもも目立った。[9]

インタビューでは、ウガンダに入るまで、兵士や銃撃から逃れるため昼は茂みに隠れ、夜だけ行動し、二日から四日間かけて国境を越えたという。また、逃避行は家族とではなく親戚や兄弟と五、六人のグループを作って行動したという。また、単独で移動してきたという子どももいた。

初等学校七年生五二人のうち一方の親を亡くした生徒は二〇人（三八％）、両方の親を亡くした「二重孤児」は一一人（二一％）で、孤児の割合は五〇パーセントである。[10] 南スーダンでは長い独立戦争、独立後の紛争と長期にわたる紛争で多くの男性が死んでおり、寡婦や孤児は多かった。子どもは親族がケアするとしても、難民における子どもの割合の大きさには驚かされる。

たとえ孤児であっても、初等学校の上級生や中等学校の生徒には、シェルターや生活物資が供与される。しかし、難民の子どもは生計維持のため農作業や配給品の調達、農業以外の経済活動に従事していることが多かった。このように「難民」であることによる困難な状況が子どもの学習に負の影響を与えていることが明らかである。

しかし、教室の様子を見ていると子どもたちは学習に熱心である（図14－10、14－11）。また、多くの子どもは上級学校への進学を希望しており、高い進学意欲を示している。ヤンガニ初等学校では、七年生の卒業時に受ける初等教育卒業試験（Leave Test）の枠が試験会場の関係から五〇人しか認められなかった。これは新設校であることも関係していると思う。それゆえ、七年生に進学できたのは五〇名のみであった。そのため、七年生は非常に熱心に勉強していた。また、英語はスーダンの教育言語が英語になっていることもあり、不自由なく使っていた。

教師について

ヤンガニ初等学校は教員は三六人おり、全員ウガンダ人で、教員資格を有している。南スーダン難民の補助教員も五人在職している。アイブ中等学校は教員数一六人で南スーダン難民教師もいるが、全員ウガンダの教員資格を有していた。

初等学校段階でウガンダの有資格教員が多いことは特記すべきである。ケニアのカクマやダダーブでは八〇パーセントほどが難民教師であった。これにはウガンダの特別な事情がある。ウガンダでは教員資格を取得しても公立学校

図14－10　ヤンガニ初等学校６年生

図14－11　ヤンガニ初等学校７年生のクラス

に職を得ることが難しい。そのため給与や労働条件の悪い私立学校でキャリアを積んで公立学校の教師を目指している。そのため、難民居住地での初等学校の職はキャリアパスとしても良く、また給与も悪くないので、志望者が多いという。

しかし、ヤンガニ初等学校やアイブ中等学校の教師と話をし、彼らの宿舎を見せてもらうと、労働条件が非常に悪いことが分かった。教員宿舎は大き目のテントで四人が一緒に生活していた。食事は共同で、当番を決めて料理をしていた。学齢期前の子どもを持つ女性教師は、職員室に子どもを置いて授業をしていた。それでも私立学校で働くより良いのだという。これは教員の供給過多が大きな原因であろう。

7　NGOの難民支援

日本のNGOはウガンダ難民居住地で大きな働きをしており、難民やコミュニティの住民からも高い評価を得ている。現在の日本のNGOには、どのような課題があるかを検討したい。

ジャパン・プラットフォーム（JPF）について

日本の難民支援を考える際には、二〇〇〇年に設立されたジャパン・プラットフォーム（JPF）の役割が重要である。外務省、JICAは資金援助や緊急援助隊等のシステムは有しているが、直接難民支援への対応が困難である。そのためNGOへの資金供与システムとしてJPFが対応している。

現在JPFの事業資金は約六〇億円で、政府資金がほとんど（一般予算二〇億円、補正予算三七億円、二〇一六年度）である。JPF加盟のNGO団体は現在四七である。主なNGOは以下のとおりである。

難民を助ける会（AAR）、JEN、ピースウィンズ・ジャパン（PWJ）、ADRAジャパン、セーブ・ザ・チル

ドレン・ジャパン、ワールドビジョン・ジャパン（ＷＶＪ）、シャンティ国際ボランティア会等、

ＪＰＦの課題としては、中間組織としてのメリットとデメリットがある。メリットとしては、日本政府（主に外務省）からの資金であるため大きな資金を安定して得られることである。また、ＮＧＯとしては緊急に資金を得ることができ、さらにＪＰＦからの資金ということで、ＮＧＯ自身の特徴を出しやすくなる。デメリットとしては、ＪＰＦ資金といっても政府資金であるから外務省の安全基準に従って行動しなければならないことである。

ＪＰＦはまもなく設立二〇年を迎える。これまでは日本のＮＧＯを育てるという機能も担っていた。そしていくつかの日本のＮＧＯは大きく成長したと思われる。こうした中で今後ＮＧＯとＪＰＦがどういう関係になるのかが大きな課題である。また、今後日本のＮＧＯが国際緊急人道支援の場で発言力を高め、援助の国際動向決定に関わるようになるには、ＪＰＦ自身の発言力を高めることも重要であろう。

日本のＮＧＯの課題

ウガンダ難民居住地での日本のＮＧＯの活動を見ると、この二〇年間に大きな力を得ていると感じる。しかし、課題もいくつかある。一つは、建設に特化していることである（ハード志向）。これは政府資金を中心としたプロジェクトでは成果が強く求められることもあると思われる。ハードのみならずソフト面におけるイニシアティブを発揮することが必要であろう。そのためには、専門的な技能を持った人材の育成や資金の長期的な展望、さらには国際社会でのステイタスを高めることが重要となろう。

こうした専門的な人材をＮＧＯとして雇用することは難しい。そのため専門性の高い人材を抱えている大学や研究機関との連携を視野に入れるべきである。これは大学にとっても重要である。なぜならばＮＧＯは大学の持っていない現場を持っているからである、国際協力や国際開発の学科や講座は多くなっている。そして研究方法は現場に密着した調査研究が必要になっている。そのためＮＧＯと大学との連携は必要なばかりでなく、お互いに有益だと思う。

（1）本章は、二〇一七年八月に行ったウガンダ北部ユンベのビディビディ難民居住地での調査報告である。第一八回国際ボランティア学会（二〇一八年三月、筑波大学東京）にて発表したものをもとに書き改めた。

（2）独立前の南スーダンを南部スーダンと表記する。

（3）ウガンダの初等教育は七年であるため、小学校ではなく初等学校あるいは初等教育と表記する。生徒に関して小学生は日本では児童と表記するが、合わせて生徒とした。また中等教育は四年であり、日本の中学校と高等学校を合わせたものだが、中等学校、中等教育と表記する。

（4）澤村信英・山本香・内海成治（二〇一五）「南スーダンにおける紛争後の初等教育と学校経営の実態――教授言語の変更に着目して」『比較教育学研究』第四二号、五二‐六五頁。

（5）調査結果に関しては次の二つの論文が執筆されている。澤村信英・坂上勝基・清水彩花（二〇一八）「ウガンダ北部南スーダン難民居住地の生活と学校――開発志向の難民政策下における教育提供」『アフリカレポート』第五八号、独立行政法人日本貿易振興会アジア経済研究所。清水彩花・坂上勝基・澤村信英・内海成治（二〇一八）「生徒の視点からみた難民開発援助と学校教育――ウガンダ北部の南スーダン難民居住地を事例として」『国際開発研究』第27巻2号105頁‐127頁。

（6）ビディビディ難民居住地は、現在は新たな難民の受け入れを停止している。また、本難民居住地は、ユンベ県に設置された最初の難民居住地ではない。ユンベ県には一九九四‐一九九八年と二〇〇三‐二〇〇八年に、南スーダン独立前のスーダン難民を対象としたイカフェ難民居住地が設置されていた。イカフェ難民居住地で生じていた難民とホスト住民の対立の背景や現在への影響についての詳細は、村橋（二〇一七）を参照されたい。

（7）学校はパーマネント工法で作り直され、二〇一七年末までに完成したという。

（8）実験器具と教科書は二〇一七年度の政府資金によりAARによって供与された。また、B学校は土地の問題でコミュニティーと調整がつかず、二〇一八年に別の土地に移転した。

（9）ヤンガニ初等学校七年生では有効回答者五一人中、二三人がカクワ、一〇人がポジュル、五人がククの人々で、六年生では有効回答者七五人中、三五人がカクワ、九人がポジュル、四人がククの人々であった。また、アイブ中等学校二年生では、有効回答者五八人中、二〇人がカクワ、一三人がポジュル、一二人がククの人々であった。

(10) ヤンガニ初等学校で筆者らが現地調査時に入手した七年生に関する資料に基づく。質問紙調査を行った七年生五三人の生徒の中で、本資料から孤児かどうかの情報が得られない生徒が一人いた。また、六年生に関しては同様の資料を入手できなかった。

第15章 フィールドノートから（1）

――カクマ難民支援モニタリング調査――

ケニアのカクマ難民キャンプの調査を行った二〇一五年一〇月一〇日から一八日までの調査内容をフィールドノートから抜粋して記すことで調査内容を報告したい。

1　調査日誌

【一〇月一〇日（土）】

関西空港発ドバイ経由。

【一〇月一一日（日）】

ナイロビ着。ここでは一泊であるが、いつもの宿舎であるハーリンガム地区にあるウッドメアーアパートに入る。近くのヤヤセンターで買い物をする。夕食に南スーダン教育省派遣専門家の中村由輝さん（当時）を招いてＪＰＦの板倉さん（当時）とともにカレーライスを食べながら南スーダンの教育政策について話を聞く。

【一〇月一二日（月）】

ナイロビ（朝七時半発）―カクマ（九時着）

朝の四時半に板倉さんが宿舎に迎えに来てくれる。宿舎を出てまだ暗い中をナイロビ市内のウイルソン空港に行く。空港でピースウィンズ・ジャパン（ＰＷＪ）のカクマ駐在の谷本さんと待ち合わせ。搭乗の手続きをする際に、カクマ滞在の許可書がないととめられる。交渉すること三〇分で搭乗できることになった。単なる嫌がらせかあるいはケニア政府としてカクマへの入域に気を使っているのかもしれない。

国連機は双発のジェット機で月曜日にナイロビからカクマに飛び、金曜日にカクマからナイロビに戻る（図15－1）。国連機関やＮＧＯ職員がナイロビを根拠にして金帰月来に便利なように運行している。料金は片道二〇〇ドルである。国連あるいはＮＧＯ関係者、そして報道関係者以外は予約できないので、今回はＡＡＲ（難民を助ける会）にお願いし、その関係者ということで予約していただいた。

カクマ空港は難民キャンプから車で一〇分ほどのところにある。舗装されていない滑走路は金網に囲まれている。掘っ立て小屋の空港事務所である。しかし、空港の金網の外には国連関係の白いランドクルーザーが職員の出迎えのため二〇台ほど並んでいて壮観である。

到着後、空港に隣接している大統領府難民局カクマ事務所に行き所長のオレキプリ氏（Kikue Ole Kipuri）を表敬訪問。大統領府がカクマキャンプを統括しているため、ともかく挨拶に行くのだという。オレキプリ氏は愛想よく迎えてくれた。今回のモニタリングの目的を話し、その後一五分ほど雑談をした。彼は日本のＮＧＯのことをよく知っており、ＰＷＪの活動に関しても承知していた。そして、日本の支援に感謝しているとのことであった。

ＡＡＲにお願いして雇用した黒のランドクルーザーに乗り、まずガソリンを入れる。ガソリンスタンドで、水とリンゴを購入する。

今回は難民キャンプに隣接しているUNHCRの職員宿舎の空き部屋が予約できた（図15－2）。一軒家の感じの良いセミディタッチドハウスであるが、エアコンが故障していたり、ベッドが痛んでいたりと、メンテナンスが全くできていない。しかし、水洗トイレでキッチンもあるので他の宿舎より良いという。

昼食はUNHCRの食堂で簡単なバイキング形式で食べた。ヤギの肉のから揚げと野菜の煮付けにご飯である。カクマの町にも食堂があるのだが、かなり距離があるので、ここで食べるのがよいという。昼は二〇〇シリング（約二五〇円）である。

図15－1　カクマ空港に到着した国連機

図15－2　宿泊したUNHCR職員宿舎

午後は、ＡＡＲの船越さん（当時）に同行してＡＡＲがＪＰＦ資金で建設した小児科病棟の引き渡しの小さなセレモニーに同席。ＵＮＨＣＲのカクマ事務所ナンバースリーの女性職員（名前を聞き洩らした）からカクマ全体についての状況と必要な支援に関して話があった。全体的な話が多く医療分野での取り組みについてはあまり状況を把握していないようである。

その後、同席していたカクマの保健分野のインプリテイション・パートナー（ＩＰ）である国際救援委員会（ＩＲＣ）のオフィスで、ＵＮＨＣＲ保健担当職員ンゴニャニ氏（Dr. Fortunata Ngonyani）とＩＲＣのオグッ氏（Dr. Paul Ogutu）から病院の運営に関する話を聞く。現在の病院施設が古くなり援助機関にそれぞれの病棟の建設を依頼した。日本は小児科病棟を建設し、そのほか産婦人科病棟もできているがまだ全部ができていない。いつ新病院が始められるか分からないという。二人ともケニア人医師でしっかりしている印象を受けた。

その後、ＵＮＨＣＲカクマ事務所の教育担当官ホレ氏（Mohamed Hore）のオフィスに行き、カクマキャンプ内の教育状況に関する話を聞く。ホレ氏はソマリ人で、ダダーブ難民キャンプに難民として滞在していて、そこでＵＮＨＣＲの仕事をするようになったという。教育の全体の話を聞き、学校訪問に関して打ち合わせを行った。教育統計に関してはメールで送付してもらうことにした。

次にシェルター建設のＩＰであるＮＣＣＫ（ケニアキリスト教協議会）のキアンバティ氏（Wilson Kinyria Kianbati）と面談し、シェルター建設に関する状況の説明を受ける。彼の説明はあまり迫力がなく、ＮＣＣＫはシェルターのＩＰとしてうまく機能していないのではないかと感じた。

カクマでシェルター支援を行っているＰＷＪの谷本さんらと一緒に、新たにカクマの近郊に建設するカロベイエ（kalobeyei）居住区建設の担当エンジニアであるアジャホセウ氏（Anicet Adjahossou）に、設計の状況とシェルター建設の見通しを聞く。まだ検討中であるが、キャンプと異なりそこに長く居住することを前提に建設される難民居住区であり、新たな難民対策として注目されている。

夕食はＵＮＨＣＲの食堂に行く。歩いて五、六分だが広い乾燥した道路を行くのは長く感じる。五〇人以上が一緒に食事ができる大きなホールで、開始時間の六時には多くの職員が集まる。鳥のから揚げと野菜にご飯とスープである。大味で日本人には合わないが、こちらではご馳走のようで、ここの職員は大きな皿にたくさん盛って食べている。ベッドには蚊帳もついているが、乾燥しているためか蚊はほとんどいない。ベッドはへたっているが、快適に眠れた。

【二〇月一三日（火）】

八時半に宿舎を出発、ＵＮＨＣＲの教育担当官が同行。カクマⅠの中等学校 Kakuma Refugee Secondary School に行く（図15－3）。一九九〇年開設。カクマ難民キャンプで最初の中等学校である。校長（Head Teacher）のオラング（Edward Odhianbo Olang）先生と面談する。登録生徒数一三八五人（うち女子生徒は二九〇人）。Ｆ１（Form 1）：三〇一人（女子三六人）、Ｆ２：五一〇人（女子七六人）、Ｆ３：三四五人（女子七八人）、Ｆ４：二二九人（女子五〇人）。各学年のばらつきが大きく、女子生徒の数が非常に少ない。教師数四三人（うち女性八人）有資格教員（Trained Teacher）二〇人。教室は手狭で生徒で溢れている。また、壁なども壊れたままである。マネージメントが良くない印象を受けた。

次に訪問したのはカクマⅡにある Somali Bantu Secondary School である（図15－4）。プロオワル（Adam Matet Prwopal）校長から話を聞く。生徒数一二一五人（女子一二八人）でＦ３までしかない不完全中等学校である。Ｆ１：五三四人（女子八九人）、Ｆ２：三五二人（女子二七人）、Ｆ３：一六〇人（女子一六人）。カクマⅠよりも女子生徒の率が少なくなっている。一一クラスあるが、来年度にはＦ４に上がる生徒がいるが教室が足りないのでその学年を作れないという。現在、一教室に九〇人以上の生徒がいる。教師は二五人、有資格教員は一四人。

次にカクマⅣに二〇一四年に新たに建設されたピース初等学校（Peace Primary School）を訪問した。校長のルオット氏（Michael Tot Ruot）から校長室で話を聞いた。ここは二〇一四年にカクマⅣに南スーダンから大量の難民が流入した際に、いち早く難民を助ける会（ＡＡＲ）が日本の政府資金でテントの教室を供与したところである。広大な敷地に二〇以上のテントが並んでいる光景は壮観だが、悲しい風景である（図15－5）。テントの寿命は最長二年といわれており、そこにパーマネントの校舎を建てたのである。しかし、まだ、テントも教室として使われていた。

カクマ難民キャンプには二〇の初等学校があるが、ここの生徒数が一番多いようである（図15－6）。現在の生徒数は七六七八人で、うち女子生徒は二三三五人である。生徒の出身国は、南スーダン五二一二人、スーダン二二一〇人、

図15－３　カクマ難民中等学校の校舎（カクマⅠ）

図15－４　ソマリバンツ中等学校の生徒

ブルンジ一一〇人、ルワンダ七〇人、エチオピア一四人、ソマリア二人とのこと。また南スーダンからの生徒のほとんどはヌアー族である。教師数は四四人、うち女性は四人。

生徒数が多いため教室内は生徒で溢れている。四年生のケニア人の女性教師の授業を見学した（図15－7）。多くの生徒がおり、教科書はないが小さな黒板を使ってしっかり教えていた。ケニアの学校は四年生以上は教科担任制であり、彼女は英語を教えていた。

午後は、カクマでの中等教育を担当しているウインドル・トラストの教育担当のスング氏（Raphael Sungu）とプログラム担当のンディンギ氏（Joel Ndingi）と面談した。ウインドル・トラストはナイロビ大学の教授をしていたウ

図15－5　ピース初等学校のテントの校舎

図15－6　ピース初等学校の生徒

図15－7　ピース初等学校ケニア人女性教師

インドル（Hugh Austin Windle Pilkington）が一九七七年にケニアに設立した英国のチャリティー団体である。現在は国際NGOとして難民の教育支援をいくつかの国で活動している。

ケニアではウインドル・トラストは、ダダーブとカクマで三五の学校の運営を、UNHCRと英国援助庁（Dfid）の資金によって実施している。

AARが建設中のカクマⅣの中等学校では急増する生徒を入学させるために2 Schools in 1システムを導入するという。この方式は、午前午後で二つの学校（校長が二人いて教師集団も別）にすることで校舎を効率的に使うためである。ダブルシフト（二部制）と違うのは、教師も管理職も異なることであり、教師の負担が軽くなるという。

しかし、教育的にはこのシステムはダブルシフト同様にいくつかの悪影響がある。授業時間が短くなることと、通学時間が早朝や夕方の暗い時間になることである。特に女子生徒には抵抗が多いのではないかと話した。難民キャンプ内は比較的安全とはいえ、暗くなってからの移動は危険である。授業時間は午前午後それぞれ六時間の授業時間が確保できる。なぜならケニアは一年中午前六時から午後六時の一二時間明るいからだとのこと。

カクマのほかの中等学校がDay SchoolであるにもかかわらずカクマⅣだけ2シフト制にするのはどうしてなのだろうか。多分、立派な校舎ができるので生徒がたくさん集まることを予想しているのではないか。二つの学校にすると校長・教師の数も二倍になるので財政的に課題となるのではないかと聞くと、問題ないとの答えであった。ちなみに教員の給与は校長一〇万三〇〇〇シリング、教師七万二三〇〇シリングとのことである。

【一〇月一四日（水）】

午前中にAARが建設した小児科病棟を見学する。青空に青い屋根が映えて美しい（図15－8、15－9）。中は病院らしく清潔で過ごしやすい環境である。建物内部は日本的なきめ細かさがとても良い感じである。AAR担当者に聞くと日本の地方の病院の小児科病棟を参考にして設計建設を行ったという。外観はほかの病棟と統一されている。

その後、今回の目的であるカクマⅣ中等学校の工事現場を見学した。非常に広い敷地で、中等学校には十分であると思う。炎天下で工事が進んでいる。土地の境界線のトラブルやフェンスの設置などで、着工が遅れていたが、二〇一五年一二月末に完成予定である。現在最も進んでいるのは石組の実験棟である（図15－10）。石造りのため時間がかかるというが、壁の半分以上は積み上がっていた。

教室棟は現在土台の工事に取りかかっていた（図15－11）。こちらは煉瓦積のため工期が実験棟より短いという。暑さの中、教室部分の基礎工事が進んでいた。多くの工事労働者は難民と地元住民である。建築担当エンジニアのモーゼス技師に話を聞くと、工事は順調で、働く人の意欲も高いという。難民も地元民も学校の建設には期待しているか

図15－8　小児科病棟全景

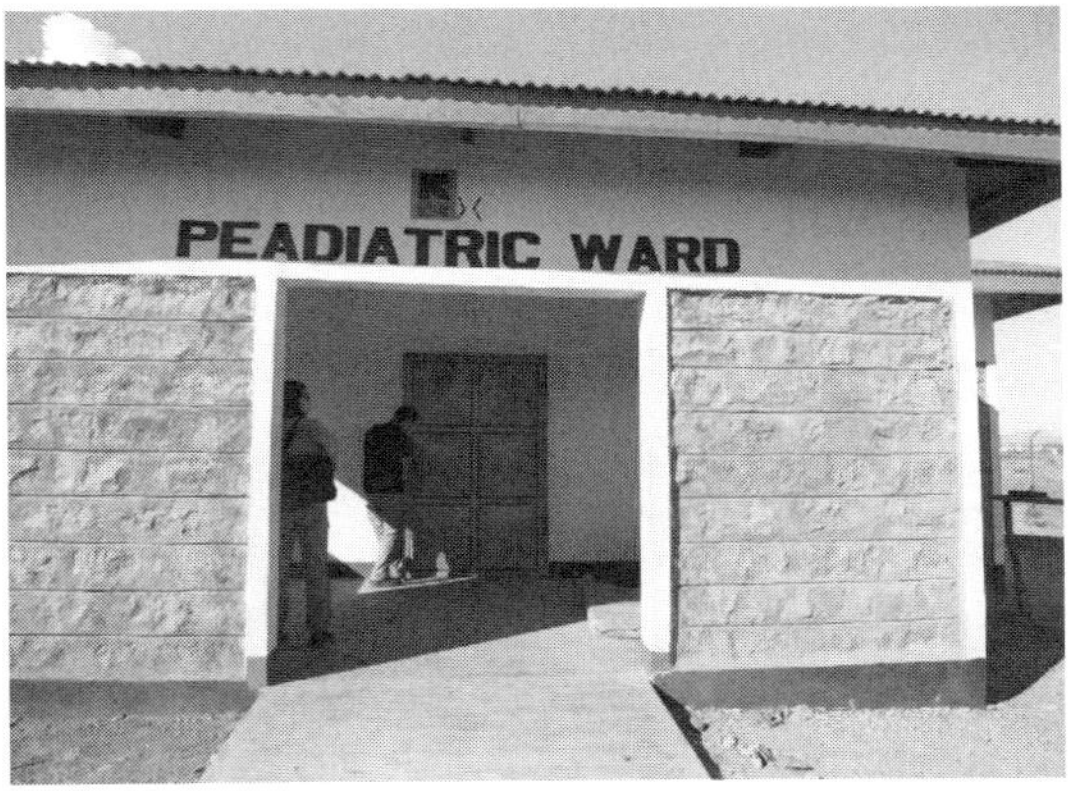

図15－9　小児病棟入り口

らであろうか。

図15－10　カクマⅣの中等学校建設現場（石作りの実験棟）

図15－11　カクマⅣの中等学校工事現場（教室棟）

【一〇月一四日（水）】

ＰＷＪが建設中の事務所兼宿泊棟を見学。ほぼ完成しており、あとは内部の整理という感じであった。ＵＮＨＣＲの建物に隣接した良い土地で、広さも十分だと思った。ただ、建物自体はコンテナなので横幅が不十分で事務所としては若干狭い感じであった。

その後、ＰＷＪの谷本さんの案内で、各種のシェルターを見学した（図15－12）。カクマⅠと建設予定のカクマⅣを中心に見ることができた。

カクマⅣは最近完成した主にＮＣＣＫ（ケニアキリスト教協義会）が建設したものである（図15－13）。カクマⅣでは建設がおいついていないため、一つのシェルターに大家族が住んでいる。そのため六人以上の家族を選んで新たにシェルターを供与する計画である。

午後はＵＮＨＣＲ宿泊地の食堂ホールで行われているミーティングに参加。ＵＮＨＣＲとＮＧＯのスタッフが集まって次年度の計画の打ち合わせが三日間の予定で始まり、その最初のセッションに出席した。

図15－12　カクマⅠの大き目のシェルター

図15－13　新設シェルター　カクマⅣ

【一〇月一五日（木）】

ＡＡＲの南スーダン内の井戸プロジェクトのモニタリングのため担当の兼山さんとともにロキチョキオに行く。カクマの北一〇〇キロほどの町である。南スーダン難民がたくさんカクマに来ていたときにはこの町が前線基地で、ＵＮＨＣＲをはじめ多くの国連機関やＮＧＯの事務所があったという。そのためか道が良いので一時間半程で到着した。ロキチョキオにはカクマにない近代的なホテルがあり、その中のホテル７８４のレストランで聞き取り調査に同席した。ＡＡＲは南スーダン内で井戸掘りの支援を行っており、ケニア人のスタッフが常駐している。今のところ日本人が南スーダンに入れないので、ここで報告を受けるのである。

【一〇月一六日（金）】

午前中ＰＷＪの谷本さんから話を聞く。ＰＷＪはカクマに建設されるカロベイエ居住区のシェルターに関してＩＰとして本格的に関わることになりそうだとのこと。これはダダーブでの事業が評価されてのことのようである。

午後の便でナイロビに。再びウッドメアーアパートに投宿。この一〇年以上ナイロビでは常にこの宿なので、自分の家のような感じである。

夜七時から、アパートの近くのレバノン料理店に、大使館、ＮＧＯ、ＪＩＣＡ専門家ら合計二一名で会食。ＪＰＦからのモニタリング調査の機会に関係者が集まったとのこと。大変賑やかで盛りあがっていた。難民支援の現場に若い人、特に女性が多いことに感慨を覚えた。

【一〇月一七日（土）】

午後の便で、ドーハ経由帰国、一八日午後六時関西空港に到着。

2　カクマの教育状況

生徒について

現在カクマには一二の就学前教育施設（Pre-Primary School ケニア式に幼稚園といっている）、八年制の初等学校二〇校、中等学校が四校ある。中等学校は来年度（二〇一六年一月に始まる）から現在ＡＡＲが建設中の学校が始まるので五校になる。総就学率は幼児教育が四〇パーセント、初等教育が六九・五パーセント、中等教育が六パーセントである。幼児教育と初等教育の数字そのものは悪くないが、中等教育の就学率は非常に低いことが特徴である。就学率の低さとともに、今回の調査で驚いたことは女子生徒の就学率の低さである。これは、南スーダンのジュバでの調査では見られなかったことである。それゆえここには女子の通学を阻害する大きな要因があると思われる。この点を校長や教育担当官に聞いたが明確な答えは得られなかった。今後調査すべき課題と思われる。また、難民には南スーダン等で中退した子どもや就学年齢を超えた子どもも多い。そのため、初等学校中等学校においで学期の休みや学年末の休みを利用してアクセレレートクラス（進級促進クラス）を設けている。キャンプ内の学校の生徒の一〇パーセントはキャンプ外のコミュニティから通学することになっている。しかし、女子生徒の割合に関する規定は何もない。

教科書

難民キャンプの学校はＵＮＨＣＲの管轄であり、ＩＰは初等教育がＬＷＦ、中等教育はウインドル・トラストである。そのため、教科書や教材に手が回らず、非常に劣悪な学習環境である。ちなみにピース初等学校の生徒数は七六七八人であるが、英語の教科書は全校で二五九冊、算数二九三冊、理科二三八冊、スワヒリ語三五八冊と、信じられない数字である。これは一年生から八年生までの合計である。学年別に見ると一年生の英語の教科書は三一冊、五年生は二〇冊となっている。ＩＰは学校の教師の採用に手いっぱいで、教材に関して留意していないのではないかと思われた。

ちなみにカクマの学校はケニアのカリキュラムを採用しており、教科書はケニアのものを使用しているため、ケニアの学校であれば教科書は無償で提供されるのであるから、この面での交渉は可能であると思う。認可されていないとはいえ、初等教育卒業試験（ＫＣＰＥ）や中等教育卒業試験（ＫＣＳＥ）は受験できるのであるから、この面での改善が望まれる。

教師

教師は数的には足りているようであるが、資格を有しない教員が初等学校で八〇パーセント、中等学校で五〇パーセントである。初等学校の教師の多くは中等学校卒業生である。また、教師生徒率は初等で二〇〇、中等で八〇であり、一つの教室の生徒数が非常に多いことが指摘されている。

無資格教員が多いのは難民を教師として採用していることも原因である。ＵＮＨＣＲはウインドル・トラストが運営する、六か月の教員研修コースを設けている。またケニアの大学が一年間の Certificate コースを行っており四〇人の教師が受講しているとのことである。

学校施設

ＵＮＨＣＲの教育担当官は中等教育段階での学校施設の不足が課題であるという。これは初等教育の卒業試験ＫＣＰＥの受験生が増え、その合格率も高くなっているため、中等教育への超過需要が起きているからである。特に既設の三校は実験施設などのない学校であり、カナダの企業が設立した女子中等学校は施設は充実しているが全寮制で四〇〇人の定員である。今回建設中のＡＡＲの学校は実験室も備えた学校であるため、多くの生徒が集まることが予想される。

他の学校は今回管見した限りでは、管理が悪く、適切な修理も行われていない。ケニアの学校と異なり、難民キャンプ内では保護者の状況が厳しいためか、あるいは期間の限られた滞在のためか、保護者の学校教育への参加度が低いように感じられた。

職業教育・高等教育

訪問した二つの既存の中等学校は普通科つまりアカデミックコースのみである。カクマキャンプ内にはドン・ボスコ財団が行っている職業訓練校があるが今回は訪問するチャンスはなかった。

高等教育に関しては、ドイツのアルバート・アインシュタイン財団からの支援によりケニアの大学で学士号（degree）を取得するプログラムがある。また、カナダ、アメリカ、フランスからの支援もあり、少人数であるが留学できる。

カクマ－ナイロビ間の国連機で隣り合わせたジュネーブ大学のバーバラ教授（Prof. Dr. Barbara Mase-Mercer）に聞いたところでは、ジュネーブ大学ではドン・ボスコ職業訓練校の中で一年間の資格付与（Certife）コースを行っており、各コース二〇人で看護師やＩＣＴの要員を養成しているとのことである。帰国後ジュネーブ大学のウェブサイトで見るとバーバラ教授が動画でカクマのプログラムの紹介をしていた。その中でカクマカフェと名づけた簡素なカフェを併設しているとのことであった。また、各コースの三〇パーセントは女性で、難民キャンプ受け入れコミュニティからは一〇パーセントを受け入れているという。ケニアでは高等教育を受けるには中等教育卒業資格ＫＣＳＥが最低でもＣプラス必要だが、それでは三〇パーセントの目標を達成できないので、Ｃマイナスまで受け入れているとのことであった。

3　シェルターについて

今回シェルターに関して、ＰＷＪは必要性に関する聞き取り調査を始めたところであり、まだ具体的な作業を始めていない。そのためシェルターのＩＰであるケニアキリスト教協議会ＮＣＣＫの担当者の話を聞き、これまで建設されたシェルターを視察した。

ＮＣＣＫの話ではカクマ全体でこれまで七七四三棟の建設が行われ、そのうちＮＣＣＫは五四〇二棟の建設を行った。建設コストに関しては一棟当たり二万七〇〇〇－五万五〇〇〇ケニアシリング（約三万－六万円）である。支援方法は柱の材料を供与し、住民が壁を日干し煉瓦で完成させると屋根材を供与するというやり方である。壁を作るのに一週間程度かかるという。日干し煉瓦を作るには水が必要なので、そのため時間のかかる場合もある。ところが、煉瓦を作るのに土を掘るためそこに水が溜まりマラリア蚊が発生することも問題だという。また、カクマの各キャンプは民族間の争いがあるために各キャンプ間での移動が大きいとのこと。

カクマⅠとカクマⅣでシェルターを見た。カクマⅠは土地が狭く各家が軒を連ねるように並んでいる（図15－12）。資材の違いか作る住民の能力差なのか、同じシェルターでも出来栄えがかなり異なるように思えた。ノルウェー難民評議会（ＮＲＣ）の提供したシェルターはＮＣＣＫに比べると格段に出来がよい。

それにしてもいずれも土の床一間である。家によっては室内を区切って寝室としている家もあった。煮炊きは外でする。家の中の道具は極端に少なく、椅子が一つあるのが普通であった。家具の提供はないからであろう。カクマⅣは新しいことと土地に余裕があるので広々としている（図15－13）。しかし、木が全くないので、非常に暑い。

こうした家に大家族では一六人が住んでいるという。いったいどういう生活だろうかと、想像できなかった。聞いてみると子どもたちは大体学校に行っていた。

4　NGOの活動について

カクマ難民キャンプにおいてNGOは様々な資金で活動しているが、今回はJPF資金による案件を中心に見た。その印象を記しておくことにしたい。

中等学校建設

カクマの教育状況全体から見ると中等学校のニーズは高い。初等教育の就学率が七割程度であり、多くの卒業生が出ることから中等教育への超過需要が大きくなりつつある。それゆえ、学校の施設の必要性は高いといえる。しかし、中等教育を担当しているウインドル・トラストの支援母体であるDFIDはハードの建設は行わない方針であるため、学校建設はどこかが担わなければならない。今回のAARによる施設建設は、UNHCRやウインドル・トラストからも高く評価されている。建設工事は土地の境界問題などいくつかの課題はあったが、来年度開講という目標は達成可能だと思う。

中等学校の状況を見ると、八〇名という一教室の生徒数、女子生徒が非常に少ないこと、教材の圧倒的不足、有資格教員の不足、女性教員の少なさ等々、学校の建設前にやるべきことが山積している。それゆえ、学校建設とこうしたソフトの改善がリンクすることが必要であると思う。しかし、AARの担当者の話によると、こうしたことはUNHCRともウインドル・トラストともあまり協議しているように感じられなかった。そのため残念ながら、AARは建設担当のようになってしまい、教育協力のパートナーとしての位置づけが見えにくかった。

施設の建設

シェルターに関しては、これまで建設された建物を見て、そのクオリティの低さに驚いた。もちろんテントは居住性や耐久性が劣るので、日干し煉瓦の家が良いのであるが、ここまで伝統的な不便な家は、生活するのが大変だと思う。水や電気などは提供不可能なのであろうか。

建設されている病院は日本の地方都市にある病院と同じようなクオリティであり、よい病院で納得できた。それだけに土の床のシェルターにはびっくりした。かつて二〇年以上前のケニアの学校も土の床であったが、現在はコンクリートに変わっている。コンクリートとはいわないが木の床を用意できないものだろうか。

シェルターに関して、ＮＣＣＫはクオリティーのことをほとんど考慮しておらず、いかに安く大量に作るかを念頭に置いているように感じられた。もう少し質に配慮することも人道支援の鉄則ではないのであろうか。

東日本大震災支援の仮設住宅では集会所などの建設も行われ、「コミュニティーカフェ」などを含めた様々なイベントによるコミュニティー作りが図られている。ここでは家を作るだけで人々の暮らしを支援するという発想があまりに低いように思う。これでは民族間の争いが放置され、うまく和解できないのも当然のような気がした。

5　残された課題

教育協力に限らず多くの分野において量と質はトレードオフの関係にあり、悩ましい問題である。カクマ難民キャンプの教育状況を見ると、初等教育もそうだが中等教育の量的拡充は大切である。しかし、だからといって質の側面に目を背けるわけにはいかない。それは建物の質ではなく、教育の質の問題である。教師、生徒、教材の三つの側面に分けて検討したい。

教師について

有資格教員の不足と女性教員の少なさは大きな問題である。学校建設に当たっては有資格教員の配置に関して検討することは必須である。少なくとも七〇－八〇パーセントは有資格教員を配置すること、三〇パーセントの女性教員の配置を条件とするべきであろう。また訓練を受けてない教師に関しては、現職教育の機会を用意することが必要である。これは緊急だからといってこの点は検討しなくてよいのではなく、緊急だからこそ必要な措置だと思う。

生徒について

女子生徒の少なさには大きなショックを受けた。こうした状態を放置して学校を建設することは控えるべきだと思う。なぜなら男女格差を教育によって拡大させてしまうことになるからである。学校建設にあたって、少なくとも三〇パーセントの女子生徒の確保を条件とするべきであろう。女子がなぜ少ないのかを調査し、それを改善する方向で学校建設を考えなくてはならない。難民キャンプ内では通学に関する問題は少ないので、それ以外の何らかの要因があると思う。

教材について

ＡＡＲの中等学校の建設では理科の実験室として二教室建設されるが、機材は今後の課題とされた。教科書が圧倒的に不足している中で、理科の実験をしてもあまり意味がない。教科書の供与も並行して行われると聞いているが、ウインドル・トラストの管理状況を見ると、長期的にしっかり管理するシステムが必要である。テキストブックライフは二年と思われるので、学校建設を担当した団体は教科書の配布にも心を配ってほしい。

その他の課題

スイスのジュネーブ大学のプログラムを知って驚いたことは、カフェを併設していることであった。学校が単なる学びの場ではなく、子どもや難民そしてコミュニティーの人々が交流する場であることを意図しているからである。学校が学校だけではなく生活を豊かにする場であることを目指しているからである。学びの広場としての学校なのである。

これはシェルター作りにもいえることではないか。人々が集まり、語ることのできる場を用意することに心を配ることが、支援にとっては大切なことのように思われるのである。これは、ないものねだり、あるいは無理な注文をしているのだろうか。これはお金のかかることではなく、支援活動の傍らでできることのような気がするのである。

NGOの課題

今回の調査を通して感じた日本のNGOの課題としては、次のことが考えられる。

まず、支援が建設に特化しすぎていること。つまり、ハード志向が強いことである。これは目に見える支援として成果を発揮しているが、逆に行き過ぎた成果主義の影響もあるのではないかと危惧される。さらに、ソフト面におけるイニシアティブが不足しているともいえるであろう。

このソフト面での弱さは日本のNGOの国際社会でのステイタスが低いことと関係していると思う。ウインドル・トラストが、学校の管理運営を行っているため、建設した学校の活動に参加しにくいのである。

NGOの活動は様々であるが、ある分野で質の高い仕事をするためには、それなりの人材が必要である。現在のNGOの人材は調整機能に優れた人材が集まっている。調整機能は重要であるが各分野の専門家との連携も重要である。それぞれの分野等の専門家ばかりでなく地域の政治経済、社会、文化や民族に関する専門家の知見も重要である。なぜなら支援は、支援を受ける人々に寄り添ったものでなくてはならないからである。特に難民は二つの国、二つの文化にまたがって暮らしている人々であり、その理解はより複雑だからである。日本で様々な専門家を抱えている機関は大学である。そのためNGOと大学の連携を深めることが必要と思われる。

日本のNGOは力をつけてきているとはいえ、欧米のNGOと比較するとまだまだである。そのためより良い支援をするためには資金を提供するJPFや大使館のサポートが不可欠である。確かに非政府組織であるNGOは非政府であるがゆえの利点はあるが、日本の資金で活動する場合は、活動をより良いものにするために日本の政府機関（大使館やJICA等）との連携も必要だと思う。

【付記】 二〇一五年一〇月にジャパン・プラットフォーム（JPF）の南スーダン支援モニタリング調査に私自身の資金で同行して、カクマ難民キャンプでの日本のNGOの活動を視察した。私にとってカクマ難民キャンプの調査ははじめてであり、さらに短期間での訪問のため間違った点も多々あると思う。しかし、難民支援において検討すべき課題について私なりに考えることができた。また、この考察は国際緊急人道支援および国際教育協力の視点からのものであることを指摘しておきたい。

第16章 フィールドノートから（2）

――ハイチ震災支援モニタリング調査――

1　調査概要と行程

調査は地震から一年一〇か月後の二〇一一年一〇月一一日～二一日に行った。調査地はハイチの首都ポルトフランスおよびJPF（ジャパン・プラットフォーム）資金によってNGOが活動した地震被災支援地である。

調査の目的は、ハイチにおけるJPF地震被災者支援事業のモニタリングである。評価の設問としては、「現地の社会的背景を考慮した支援活動が行われているかどうか」、「本年（二〇一一年）一二月以降のJPFハイチ事業方針策定にかかる情報収集」の二点とした。調査の日程は次のとおりである。

【二〇一一年一〇月一一日（火）】

成田一七時四五分発ニューヨーク一七時二五分着。

【一〇月一二日（水）】

ニューヨーク九時〇〇分発ポルトフランス一二時〇〇分着。

JENの高尾氏の出迎えを受ける。ヨーロッパカフェホテルにて高尾氏より安全対策のブリーフィングを受ける。

【一〇月一三日（木）】

ヨーロッパカフェホテルからキナムホテルに移動。

図16－1　崩壊した大統領府　2011年10月撮影。

図16－2　市内にある被災者のテント　2011年10月。

国連人道問題調整事務所（ＵＮＯＣＨＡ）の訪問予定が相手側用務により延期となる。

【一〇月一四日（金）】

ＵＮコンパウンドにて国際移住機関（ＩＯＭ）の大野氏と会い、関係者の訪問とインタビューを行う。訪問先および面談者は以下のとおり。

・ＩＯＭハイチ事務所：カッサーニ氏（Giovanni Cassani, OCCM Cluster Coodinator）、カブラノ氏（Francesca Cubrano）、大野拓也氏（Technical Coordinator）、服部まり子氏（Monitoring and Evaluation Officer）、UNOCHA：Philippe Verstraeten（Head of Office）

・ユニセフ（UNICEF）ハイチ事務所：井本直歩子氏（教育クラスター）

夕方、当地に滞在中の木山啓子氏（ＪＥＮ事務局長）を囲んでＮＧＯメンバーと会食、参加者は次のとおり。ＪＥＮ（木山啓子、高尾裕香、小坂妙子）、難民を助ける会（ＡＡＲ）（中村啓子、古川千晶、丸山徹也、古川アンナ）、ピースウィンズ・ジャパン（ＰＷＪ）（山元めぐみ、佐久間隆）

【一〇月一五日（土）】

八時にホテル発。ＪＥＮのメンバーとＪＥＮのグランド・ゴアベ（Grand Goave）事務所に行く。途中、崩壊した大統領官邸を見る。グランド・ゴアベではパパドリニ氏（Dimitri Papadimitriou, JEN Program Office）から話を聞く。

【一〇月一六日（日）】

ホテルにて資料整理。体調悪い。

【一〇月一七日（月）】
八時ホテル発　BHNテレコム支援協議会の秋葉美奈子プロジェクトオフィサーの案内で支援地を視察。在ハイチ日本大使館、石山晃一郎専門調査員も同行　午後五時にホテル着。石山氏と夕食。

【一〇月一八日（火）】

八時ホテル発。PWJの山元現地代表の案内で支援現場（学校建設）を視察。

午後はAARの現場を視察予定であったが、体調不良（熱中症？）のためホテルに戻る。


【一〇月一九日（水）】

ポルトフランス発一三時一五分　AA896便にて　ニューヨーク着一八時二九分、フェアフィールド・インに宿泊

【一〇月二〇日（木）】
ニューヨーク発　八時一〇分　AA16便

【一〇月二一日（金）】
成田着　一一時一〇分。

2　調査内容

ここでは、私自身が面談した国連関係機関、訪問したＢＨＮ、ＰＷＪの現場およびＮＧＯ職員、大使館関係者との打ち合わせ事項からの所感と今後の対応策について述べることにしたい。

国連関係機関

ＵＮＯＣＨＡおよびＩＯＭは緊急対応として、シェルターの建設、崩壊した社会インフラ（学校等）の建設を行ってきた。しかし、ポルトフランス市内でもテントの避難所を多く見ることができる。ＩＯＭでは、いまだ五〇万人の人々がテントで暮らしているという。一五〇万人が家を失ったとされているので、一〇〇万人の人々への対応ができたといえるかもしれない。しかし、ハイチの仮設住宅は、居住スペースは狭く、トイレやシャワーは共同である。避難所がほとんどテント村であったことを考えると、仮設住宅でも居住性が良くなったといえるのかもしれないが、問題を先送りしている印象を受けた。

教育クラスターを担当しているユニセフの井本氏の話では、教育省のガバナンスが大変弱いために、支援計画が進まないとのこと。もともとハイチの教育システム・教育行政は他の国と比べると大変脆弱である。

教育のデータ、例えば就学率等の基本データも、ユネスコのデータブックでは二〇〇八年までデータがない。二〇一一年の総就学率は一〇九パーセント、小学校一年生（六歳入学）の数は、二七万八〇〇〇人と推計されている（ＵＮＥＳＣＯ）。同じく二〇一一年の人口推計は七二四万人（世銀）である。人口に占める小学一年生のコーホートの割合は約三・八パーセントと非常に高い割合である。これは子どもの数が多いことと、近年急速に教育熱が高まってきたことを示している。

図16－3　仮設住宅の前で　2011年10月。

井本氏の話によれば、ハイチには小中学校が合わせて二万五〇〇〇校あり、学校の八〇パーセント以上は私立学校で、公立学校は数が少ない（約一八〇〇校）。こうした学校のうち五〇〇〇校は被災して危険な校舎であり、補修あるいは建て替えが必要である。現在の教育計画では、二〇一一年一〇月から一－四年生までを無償にする予定である。また、不就学の子ども一四万人に対して無償とすることも計画されているという。

ＢＨＮ

ＪＰＦ資金によるＮＧＯの支援ではじめに訪問したのはＢＨＮである。ＢＨＮはスピーカータワーを避難キャンプおよび仮設住宅地に設置している（図16－4）。タワーにはアンプとマイクおよびラジオを設置し、放送とアナウンスをスピーカーから流すことができる。設置場所は避難所であるが、避難所の移動や仮設住宅の建設により、設置場所の再検討やすでに設置したタワーの移設も検討しているとのことである。

このスピーカータワーは本来防災情報を流すことを目的として設置されたが、実際には地域の行事のアナウンスとラジオからの音楽を流している。避難所や仮設住宅においては音楽に対するニーズは高い。その意味ではこうした施設の意味はあると思う。ただ、緊急対応としての必要性や設置目的からは疑問がある。また、野外に設置するために盗難の可能性もあり、実際に部品の盗難が起きている。

ＰＷＪ

ＰＷＪの二つの学校建設現場を視察した。一校は地震により建物がダメージを受け、その敷地内で校舎を建設中であった。もう一校はすでに建設が終わった学校である。それぞれの校舎はよく作られていた（図16－5、図16－6）。建設中の学校はしっかりした木造で、屋根を軽くして地震に強い構造となっている。

学校建設支援は適切であると感じたが、ハイチの学校は多くの課題を抱えていた。一つは学校の敷地が非常に狭く、運動場が全くないことである。これは多くの学校が私立学校であり、政府の設置基準が機能していないからであろう。また、学校の内外にバラックの小さな店があり、コーラ、アイスキャンディーや飴を売っている（図16－7）。子どもたちは休み時間になると店に群がりジャンクフードを楽しんでいる。学校の規律が機能していないのであろうか。授業風景を見ると、子どもの数が多いこともあるが、チョーク＆トークを基本としている。しかし、教科の内容はかなり難度が高い。これはフランスのカリキュラムを踏襲しているからだと思う。

図16－４　BHNの建設したスピーカータワー

地震によって被害を受けた学校の再建へのニーズは高く、その意味では緊急支援として適切であると思われるが、教育支援としては、教育省のガバナンスを強化し、教育計画の再構築、それに伴う教育法規の改訂や教員研修等々、多くの課題が残されていると思う。

3　印象とまとめ

今回の調査からJPFのハイチ地震支援事業は全般的には地域のニーズに対して丁寧に対応していると思われた。ただ、地震前の状況に戻すことは、ハイチの地震前の状況自体が貧困やガバナンスの脆弱性を持つものであったため、元に戻すだけではいけないだろう。そのため現在の支援自体が将来的な発展への基礎となるものとしなければならない。

図16－5　PWJによって建設中の中等学校

図16－6　PWJが建設した小学校の教室

図16－7　小学校の校庭と学校内のお店

新たに発足した政府に対しても国際機関等の期待は低いようで、現在の状況が早急に改善するとは考えられない。また、こうした中で政府が実効性ある復興計画を形成することは難しい。それゆえに、緊急対応から復興・開発につなげるためには、国連開発計画UNDPや世界銀行がイニシアティブをとって復興に向けての枠組みを形成することが喫緊の課題である。

震災後二年を経て国際機関やNGOは支援の縮小あるいは撤退を考えている。また、日本政府も一億ドルの震災支援をすでに実施し、新たな支援策は実施しにくい状況である。つまり今後は通常の開発支援の枠組みでの援助ということになる。

これまで支援してきたJPF資金によるNGOの活動は、難しいハイチの状況を乗りこえて支援がうまく行えるようになりつつあり、遅れ気味であった案件も順調に動いている印象を受けた。このような点から今後の課題としては次の点が検討されるべきだと思う。

・今後のハイチにおける国際機関や国際NGOの動きを見極めつつ復興の枠組みにコミットするためには、ある程度の支援の延長も検討すべき。ただし、規模を縮小し、ソフトコンポーネントを中心にした人的支援が有効と思われる。

・ハイチの状況から国連機関・国際機関との連携が重要であるために、孤立した案件ではなく、何らかの形で国連機関等と連携を視野に入れる、あるいは内包したものとすることが望ましい。

4　おわりに

今回の調査では途中体調不良のため関係者に大変ご迷惑をおかけしたことを申し訳なく思う。しかし、こうした機会にハイチの震災支援の現状を短期間でも見ることができ、学ぶことが多かった。

死者三〇万人以上、被災者三〇〇万人を超える未曾有の地震被害を、二年近く経過しているとはいえ目の前にして、改めて大規模な地震の恐ろしさを実感した。そして、こうした災害に立ち向かうことの困難さを感じた。さらに復興を難しくしている政治と経済のシステムの脆弱さに心を痛めた。こうした状況の中で、私としては教育に力を入れることの重要さを改めて感じた。

もちろん緊急人道支援は、人々の命そして生活を守るために必須である。そのうえで、教育は未来の人々の命を守ると思わずにはいられない。

【付記】　二〇一〇年一月一二日一六時五三分（現地時間）にハイチ共和国でマグニチュード七・〇の大地震が発生した。死者三一万六〇〇〇人、被災者は国の人口の三分の一に当たる三〇〇万人といわれている。これは単一の地震災害としては、空前の規模である。

国際機関や日本をはじめとする多くの国々が様々な支援を行った。その中で日本のNGOもジャパン・プラットフォーム（JPF）資金等で様々な活動を行った。このJPFの震災支援モニタリングに参加した。これはその報告の一部である。

終章

共生社会へのささやかな思い

三つのキーワードが示すもの

放送大学の番組「国際ボランティアの世紀」の中の「NGOと国際ボランティア」を担当したことがある。[1] 大西健丞さん（PWJ代表）と小川寿美子さん（名桜大学教授）の三人で話をした。最後の部分で、ODAとNGOの関係について、私は「鯨とマグロ」ではないかといった。大きなODAに比べてNGOは小さいがスピード感溢れるすばやい支援ができることが特徴だといいたかった。それに対して大西さんは「鯨とシャチ」にたとえた。ODAがしっかりしないと食べてしまう、というのである。小川さんは沖縄に住んでおられる方らしく「ジンベイザメとコバンザメ」だという。ODAとNGOがともに共存して海を豊かにするというのである。こうした比喩にはスタジオのスタッフも苦笑していたが、なかなか面白いと思った。

この本の中で扱ってきたボランティア、難民、NGOという言葉、あるいはその活動は、既存の枠組みを変えているのだと思う。ボランティアは奉仕活動、勤労奉仕、慈善事業等と一線を画した新たな意味を持っている。難民の存在は、国家とは何かを問うている。そしてその支援はこれまでの国家を前提とした開発支援そのものを問い直さざるをえない状況にある。ＮＧＯは文字通りノンガバメントなのである。そしてその存在は国際社会の重要なアクターになっている。

いったい何が違うのだろうか。私は序章でこれらの活動がレシピエント・ドリブンでなければならないと述べた。国と国の関係ではなく、個と個の関係を前提として、相手の尊厳を認識する中で行われることを強調した。この三つのキーワードの示しているものは、支援する側の精神的ベクトルを変えようとすることではないだろうか。ベクトルすなわち「志向性」の問題である。そうした中で、私たちはどうしたらいいのであろうか。志向性にかかるいくつかのまなざしを検討した後に、改めてこの問題を考えてみたい。

アドルノとシューベルトの音楽

「志向性」という言葉に強くひかれたのは、中村雄二郎氏の「楽興の弁証法――テオドール・アドルノ」を読んだからである。[2] 中村氏のこの文章はバッハ全集の連載エッセイ「精神のフーガ」の一つである。アドルノは二〇世紀を代表する哲学者の一人であるが、音楽に関する多くの著作がある。そこでアドルノのバッハに関する分析を紹介されるのかなと思ったが、内容はシューベルトに関することである。アドルノの『楽興の時』（一九六四年）[3] という音楽エッセイを紹介している。

私は若いときからレコードを聴くのが趣味であるが、シューベルトもよく聴いた。アルフレッド・ブレンデル（Alfred Brendel）演奏のピアノソナタ第一六番イ短調作品四二、Ｄ845の第二楽章アンダンテ・ポコ・モート[4]やスヴァトスラフ・リヒテル（Svjatoslav Richter）によるピアノソナタ第二一番変ロ長調遺作Ｄ960[5]の冒頭部分などは聴くたびに戦慄を覚える。二枚とも古いＬＰレコードで四〇年くらい前のものと思うが、今でも変わらず聴いている。

三一歳で死んだシューベルトの音楽は独特である。私のようにシューベルトのピアノ曲が好きな者にとっては、ベートーヴェンの後にこのような音楽が書かれたことが不思議でならない。ソナタといっても劇的な要素がなく変奏曲のようであり、主題が形を変えて演奏されるのである。そのため、シューベルトのピアノ曲はあまり演奏されなかったしレコードも少なかったという。私もシューベルトのピアノ曲のレコードはクララ・ハスキル（Clara Haskil）の演奏による遺作の変ロ長調[6]がはじめてで、先のブレンデルによるピアノソナタの全曲がレコードとして発売されてようやくその全貌に触れたと思う。

アドルノはシューベルトの音楽をどういっているのであろうか。アドルノはベートーヴェンの音楽との対比でシューベルトを捉えている。ベートーヴェンの音楽は〈人格の自発的統一〉を目指すものであるが、シューベルトの音楽は違うという。

そうした人間に内在する関連から遠ざかるにつれて、ひとつの志向の符丁としての面目を如実に発揮するにいたるのであり、この志向こそは、自律的な精神として自立したがっている人間の、まやかしの全体破片を突き抜けて行ける唯一の道なのである。（邦訳書、二三頁）

なぜならば、シューベルトの音楽は〈完結した体系〉や〈合目的に生育した花〉ではないからだという。中村氏は次のようにいう。「つまり、アドルノによれば、シューベルトの音楽の特徴は、人格的統一や内在的関連ではなく、それらから自由になった〈志向〉の表現にある。そしてこの志向たるや、観念や体系による統一から逃れた〈真理性の集合体〉から成り、この集合体は音楽の所産ではなくて、かえって音楽に与えられるものなのである」（一六〇頁）。さらに「アドルノは、シューベルトの音楽を19世紀的な〈芸術至上主義〉から解き放って、〈大きな形式〉が崩壊した後の〈客観的真理のこの上なく小さな細胞〉、〈無類に小さな結晶体における真理〉として捉えようとしているのである」（一六〇－一六一頁）。この小さな細胞や結晶体の真理の発展として、〈ポプリ〉（継続曲、メドレー）という形式があるという。

私にいわせれば、ベートーヴェンの後に、芸術至上主義を基盤とした大きな形式が行き詰まった。つまり、ベートーヴェンと同じ形式で彼を乗り越えることができなくなった。そこでシューベルトは小さなものの持つ真理を志向した。ベートーヴェンとは逆の方向を志向したのである。音楽をする楽しみ、音楽と共にある喜び、さすらうことや死への親和性を表現する。そのために小さな形式を連続させるという形式を取ったのだ。こうした小さな真理という形は石の沈黙を破り現在に訴える力を持っている。

様々な形の大きな形式や枠組みを逃れて、この上なく小さな真理の細胞、あるいは真理の結晶体に目を向け、それを目指すという志向性の転回こそが、今私たちに求められているのではないかと思う。

モネとボードレールの異邦人

クロード・モネ（Claude Monet）（一八四〇－一九二六年）は一九二六年一二月五日に八六歳で亡くなった。モネの始めた印象派展は不評であった。当時のパリの画壇から受け入れられなかったのである。やがて、印象派は世界的に認められるようになりモネは大家となった。しかし一方で、家人の死、体調の不良など多くの不幸に見舞われていた。その中で彼は絵を描き続けたのである。

彼の死後、居間の机上にはボードレールの『パリの憂鬱』が置かれていた。白内障のため右目は光を感ずる程度、左目は一〇分の一の視力であった。彼は目を励まして絵を描き続け、そしてボードレールを読んでいた。開かれていたページは「異邦人（L'Etranger）」であった。

―きみの最も愛する者は誰だ、さあ、謎の人よ、きみの父親か、母親か、姉妹かそれとも兄弟か？

―私には父も、母も、姉妹も、兄弟もない。

―友人たちは？

―あなたの用いるその言葉の意味を今日この日まで私は知らずにいる。
（中略）
―なんだと！　それではいったい、何を愛するのだ、世にも変わった異邦人よ？
―私は雲を愛する……ほら、あそこを……過ぎてゆく雲……すばらしい雲を！(7)

雲はいったい何を象徴しているのであろうか。何者にもつかむことのできないもの、どこへでも移動できるもの、太陽の光によって様々に変わるもの。いずれにしろ自由の象徴であることは間違いないだろう。

ベートーヴェンの雲

雲をうたった詩はたくさんある。中でも私はベートーヴェンの歌曲の一節を思い出す。クリストフ・アウグスト・ティートゲの「希望に寄せて（An die Hoffnung）」作品三二変ホ長調の一節である。この作品は三節からなる有節歌曲であるが、ピアノの伴奏が実に美しく、それだけでも引き込まれる作品である。雲は第三節の終わりの部分に出てくる。

その者、運命を訴えんとして目を上げ
人生の日々の上に
最後の光が別れを告げつつ沈み行く時
この時、この世の夢のはてに
雲のふちの輝き
太陽の照らすさま、見さしめよ！(8)

最後の三行はリフレインされる。その者とは希望に裏切られ、すべてをなくした者である。ベートーヴェンはこの作品を、夫に先立たれ幼い子どもたちを抱えたダイム伯爵夫人ヨゼフィーネに献呈した。悲しむ者にとって太陽に照らされた雲の輝きは、誰にも奪うことのない美しきものなのだと歌っているようである。その雲の輝きのように天使の救いがあるのだから希望を捨ててはいけないと、励ましているように感ずる。

探究への試み

人間は国家という枠組みの中でしか生きられないのだろうか。大きな枠組み、強固な柱の中でしか生きられないのだろうか。その枠組みを超えることはできないのであろうか。

シューベルトが古典の枠組みから旋律の持続の中に新鮮な音楽を見出し、モネが自然そのものとなり、新たな絵画の世界を作り出した。ベートーヴェンは私たちには雲の輝きを見るように確かな救いがあるという。

私たちは、これまでの国家という枠組みを超えて、人や自然と向かいあうことが必要なのではなかろうか。以前あるシンポジウムで、中村尚志氏（龍谷大学教授：当時）がボランティアとは自分の境界を越えることだと述べていたことを覚えている。

ボランティアをすること、難民と共にあること、ＮＧＯの試み、これらは新たな方向性への摸索であり、創出のような気がする。存在する世界を変えるのは、ソクラテスのように探究すること、人は探究によって何かを見出すことができると信じること。それは意味のあることであると信じることから始まるのではないか。(9)

共生社会、共に生きる社会は、今私たちが置かれている場から一歩踏み出すこと、そして人々と向かいあうこと、そこで向かいあった人のまなざしの奥にある声を聞くことによって、近づくことのできる社会であると思う。しかし、そのようなことが私たちにできるのであろうか。

準備としての志向性

大江健三郎氏があるエッセイの中で、フランス文学者渡辺一夫氏が夫人に語っていた言葉として、「イエス・キリストという方は、実際にいられた人ですから！」という言葉を伝えている（一一七頁）[10]。これは信仰の言葉ではなく、人類の歴史を変えるような人間が実際に歴史上に現れたということである。そして次のように述べている。

「イエス・キリストがひとりのなまみの人間として生まれてくるまでに、歴史の大きな積みかさね、苦難そして成熟ということがあった。民族、国家から民衆にいたるまで永年の苦難がかさなって、そこにイエス・キリストが出現しないではどうにも突破してゆくことのできぬ危機に人類が直面している」。一人の天才あるいは英雄が出現するには、それがなくては突破できない危機があり、同時にその偉大な人格あるいは思想を受け入れる社会的、文化的成熟があったというのである。

大江氏は、このエッセイの中でイエスとモーツァルトを引き合いに出して、人類の危機的状況を打開し、その後の人類世界を大きく変える人格が現れるには、その人格を受け入れるだけの世界の成熟が必要だというのである。つまり、人類世界の危機を感じ取り、それを打開する方向へ世界を動かす、無数の人間の思いや活動が必要だということだろう。

これまでの科学の世界に現れ、世界を変えた多くの天才の偉大な仕事も、それまでの無数の実験、研究、理論の上で成し遂げられ、人類の智になったのである。逆にいえばその無数の人間の営みこそが、目には見えず歴史に埋もれているが、世界を変えていったということであろう。

困難な状況に置かれている人々とともに生きる世界のために、そうした人々や子どもと向きあい、その思いに耳を傾けねばならない。その働きがボランティア、難民支援、ＮＧＯ活動なのである。こうした活動は、世界を共生社会に向かわせる志向性を持っている。すぐには実現しないかもしれないが、その準備をすることができる。

しかし、私は大江氏の考えを超えて、こうした世界の成熟への準備こそが共生社会そのものではないかとも思っている。なぜならば、共生社会は一つの偉大な人格がなすことではなく、無数の人格が蟻のように働くことで作り出されるものだと思うからである。

どうしてそんなことがいえるのか。それは二一世紀がこれまでの人類史上はじめて、ほぼすべての人間が教育を受けることのできる世紀だからである。フランス革命以来の人間の夢が曲がりなりにも実現しようとしている世紀だからである。私が国際教育協力の世界に飛び込んだ頃、そんなことはまさに夢であった。それから四〇年が経過し、その夢は現実のものになろうとしている。そこには無数の夢に向かって歩んだ人々の思いと活動があった。

私は何かをしようといっているのではない。あるべき社会への思いを持つこと、困難な状況にある人々や子どものことを忘れないこと、思いを持ち続けることが大切だといいたいのである。アドルノがいう、〈客観的真理のこの上なく小さな細胞〉、〈無類に小さな結晶体における真理〉として一人ひとりが思いを持つことが必要ではないかといいたいのである。

アフガニスタンの女学校の生徒に「どのような支援が必要か」と聞いたときに「物は必要ありません。私たちのことを忘れないでほしい」といわれたときの衝撃をまだ覚えている。その少女の言葉がいまだに私を動かしているのである。

（1）番組は二〇一八年後期まで放送された。内海成治（二〇一四）「NGOと国際ボランティア」山田恒夫編著『国際ボランティアの世紀』放送大学教育振興会、一五四－一七三頁。
（2）中村雄二郎（一九九七）「楽興の弁証法――テオドール・アドルノ」『バッハ全集』第一三巻 小学館、一五八－一六九頁。
（3）邦訳は、『楽興の時』三光長治・川村二郎訳、白水社、一九六九年。
（4）Philips6500929

（5）Eurodisc/merodia8622MK

（6）EPIC LC3031モノラル盤でシューベルトの作品とシューマンの「色とりどりの小品」作品九九の第一楽章から八章までが収録されている。

（7）「異邦人」阿部良雄訳、『ボードレール全集4』筑摩書房、一九八七年、九頁。

（8）高橋浩子ほか（一九九九）「歌曲・民謡編曲対訳」『ベートーヴェン全集』第六巻別冊付録、講談社、一〇頁。

（9）藤沢令夫（二〇〇五）「メノン」『岩波版プラトン全集』第9巻

（10）大江健三郎（一九九〇）「音楽と測り合える…」『モーツァルト全集』第一巻、小学館、一〇八－一一九頁。

あとがき

このような小著であるが、あとがきを書くところまで来て、感慨を覚える。拙論、拙文であるが、それなりに思い出に満ちているからであろう。

また、本書の中の大西健丞さんと是平義文さんへのインタビューは大変勉強になった。お二人をよく知っているが、まともに話を聞く機会はなかなかないのである。話を聞いていて私の思いもかけないことを教えてもらった。あらためて感謝したい。文中にも触れたが、調査は研究者の方、NGOの職員、そして何よりも院生、学生諸君との共同作業であった。あらためてお礼をいいたい。

ロビン・コーエンとポール・ケネディの『グローバル・ソシオロジーI』によると、古代ギリシャの作家エウリピデスが「この世で祖国を失うほど悲しいことはない」と書いているという。それに続けて、人々をこうした運命から守るという点では現代でもほとんど進展が見られないという（一八六頁）。ギリシャの時代から人類の長い歴史の中で、祖国を失った人々は奴隷として生きるしかなかった。それは現代では難民と呼ばれているのである。

二〇世紀は難民の世紀であった。難民はなぜ生まれるのか。社会学者は世界システム論や不均衡な経済発展によって説明している。しかしそれは病気の説明であり病者についての診断である。診断は大切である。しかし、いくらレントゲンを撮っても痛みは消えない。治療が必要なのだ。

三〇年ほど前、タイの保健医療プロジェクトで岩村昇先生と一緒に仕事をしたことがある。岩村先生はネパールの結核の治療のために、レントゲンを持っていった。その岩村先生があるとき「レントゲンをネパールに持っていったのは岩村昇一生の不覚でした」とおっしゃるのである。岩村先生がいうには結核の進行は経験のある医者ならすぐに分かる。必要なのは薬だった。レントゲンを購入する予算で薬をたくさん持っていくべきであったという。

しかし、二一世紀の現在は、難民を支援するボランティアとNGOが存在している。これは二〇世紀と二一世紀の大きな違いではないだろうか。二一世紀に必要な知恵は、一人ひとりの困難を見据えて、その解決に向けて進むことではないかと思う。それが一人の努力ではなく、多くの人々と共同して行うことのできる時代になったのだと思う。

金子郁容（一九九九）が面白い話を紹介している。レナード・バーンスタインがウィーンフィルハーモニーのアメリカ公演でハイドンの交響曲八八番を指揮した時、フィナーレで、腕を組んで、指揮棒をいっさい振らなかった。ウィーンフィルはそこですばらしい演奏をして、会場のカーネギーホールは拍手喝采だった。

私にも似たような経験がある。ロンドンのロイヤルオペラハウス（コベントガーデン）でカール・ベームの指揮でモーツアルトのコシファントッテを見た。そのときのベームは開始とアインザッツ（休止後の開始）の合図はするが、それ以外はほとんど指揮棒を振らなかったのを見てびっくりした。しかし、演奏はすばらしかった。

偉大な指揮者が指揮をしないでオーケストラの自発的な精神を信頼し、またオーケストラの団員はそれに応えたのである。指揮がなければ団員はお互いの音を聞き、お互いの動きを見てそれぞれ場面で必要な音を出したのである。

これはボランタリーな精神が何を成し遂げることができるかという話の前奏曲であるが、多分二一世紀の人々の関係性を表しているのではないかと思う。

私事にわたって恐縮だが、このあとがきを書いているときに妻の容態が悪くなり、近くの病院の集中治療室（ICU）に緊急搬送された。まだ意識が戻らず、意思疎通ができなくなってしまった。妻の姿を見ながら、これまでの感謝の思いが溢れてきた。本書に掲載したような国内外の調査に明け暮れていた私を支え続けてくれたのである。妻とはマレーシアでは三年間、またケニアの調査には何度も同行してもらった。この本を妻に捧げることを許していただきたい。

本書を出版するにあたり、こころよくお引き受けいただいたナカニシヤ出版の中西良社長、そして丁寧な編集作業で拙文を出版にたえるものにしてくださった石崎雄高さんに心より感謝する次第です。

二〇一九年一月　京都深草にて

内海成治

JOCV/JICA Ghana Office (2009) *Report about Calculation Test*
Kirk, Jackie (2009) *Certification Counts: Recognizing the Learning Attainments of Displaced and Refugee Students*, UNESCO-IIEP
Okwach, Anyango and Okwach Abagi (2005) *Schooling, Education and Underdevelopment: The Paradox of Western-oriented Education in Africa*, Own & Association
Ross, Kenneth N., Rosalind Levacic (1999) *Needs-Based Resource Allocation in Education: Via Formula Funding of Schools*, UNESCO-IIEP, Paris
Sinclair, Margaret (2002) *Planning Education in and after Emergencies*, UNESCO IIEP, Paris
Sommers, Marc (2004) *Coordinating Education during Emergencies & Reconstruction: Challenges & responsibilities*, UNESCO-IIEP, Paris
Tawil, Sobhi & Alexandra Harley (2004) *Education, Conflict and Society Cohesion*, UNESCO International Bureau of Education, Geneva
UNESCO-IIEP (2006) *Guidebook for Planning Education in Emergencies and Reconstruction*, UNESCO
UNHCR (2014) *UNHCR Global Trends 2013: War's Human Cost*, Geneva
UNHCR Kenya (2014) *KENYA Somali Refugees* (*draft*), UNHCR, Nairobi
Wade, Rahima C. ed. (1997) *Community Service-Learning: A Guide to Including Service in the Public School Curriculum*, State University of New York
Windle Trust International (2016) *Two Schools in One: Management of high enrollment in refugee secondary schools*
Wise, Rob (2011) *AL SHABAAB*, AQAM Futures Project Case Study Series 2

■ウェブサイト
ジャパン・プラットフォーム (http://www.japanplatform.org/)
ピースウィンズ・ジャパン (http://peace-winds.org/)
RefugePoint (http://www.refugepoint.org/)
Resettlement Support Center (http://www.cwsglobal.org/where-we-work/africa/resettlement-support-center.html)

村井吉敬（1988）『エビと日本人』岩波新書
村井吉敬（1998）『サシとアジアと海世界』コモンズ
村井吉敬（2007）『エビと日本人〈2〉 暮らしのなかのグローバル化』岩波新書
村井吉敬・鶴見良行編著（1992）『エビの向こうにアジアが見える』学陽書房
村橋勲（2016）「難民とホスト住民との平和的共存に向けた課題――ウガンダにおける南スーダン難民の移送をめぐるコンフリクトの事例から」『未来共生学』第4号
山本香（2015）「ケニアにおけるソマリア難民の第三国定住プロセス――援助関係者へのインタビューを中心に」『未来共生学』第2号
渡部邦雄ほか編（1996）『中学校ボランティア活動事例集』教育出版

▒外国語文献

Brannelly, Laura, Susy Ndaruhutse, Carole Rigaud (2009) *Donors' Engagement: Supporting Education in Fragile and Conflict-affected State*, UNESCO-IIEP
Canadian Orientation Abroad (COA) & International Organization for Migration (IOM) (2014) *COA Participant Workbook: A Collection of Pre-Departure Activities for Refugees Bound for Canada*
Coles, Robert (1993) *The Call of Service-A Witness to Idealism*, Houghton Mifflin.（池田比佐子訳『ボランティアという生き方』朝日新聞社，1996年）
Colletta and Tesfamichael (2003) *Bank Engagement after Conflict: A Client Perspective*, World Bank, Washington, D.C.
Dewey, John (1946) *Problems of Men*, Philosophical Library, NY
Evans-Pritchard, E. E. (1940) *The Nuer: A Description of the Modes of Livelihood and Political Institutions of a Nilotic People*, Oxford University Press（向井元子訳『ヌアー族――ナイル系一民族生業形態と政治制度の調査記録』岩波書店，1978年）
Evans-Pritchard, E. E. (1951) *Kinship and Marriage among the Nuer*, Oxford University Press（長島信弘・向井元子訳『ヌアー族の親族と結婚録』岩波書店，1985年）
Evans-Pritchard, E. E. (1956) *Nuer Religion*, Oxford University Press（向井元子訳『ヌアー族の宗教』岩波書店，1982年）
Holland, Killian (1996) *The Maasai on The Horns of a Dilemma-Development and Education*, Gideon S. Were Press
Hutchinson, Sharon E. (1996) *Nuer Dilenmmas: Coping with Money War and the State*, University of California Press
IOM (2018) *IOM Resettlement 2018*
Johanson. Richard K., Arvil V. Adams (2004) *Skills Development in Sub-Saharan Africa*, World Bank

育――就学の実態と当事者の意識」『比較教育研究』第55号，日本比較教育学会
澤村信英・坂上勝基・清水彩花（2018）「ウガンダ北部南スーダン難民居住地の生活と学校――開発志向の難民政策下における教育提供」『アフリカレポート』第58号，独立行政法人日本貿易振興会アジア経済研究所
重松清（2010）『青い鳥』新潮文庫
清水彩花（2018）「ケニア北西部カクマ難民キャンプにおける初等・中等教育の教育受容――難民の背景と学校経営に着目して」『アフリカ教育研究』第8号，アフリカ教育研究フォーラム
清水彩花・坂上勝基・澤村信英・内海成治（2018）「生徒の視点からみた難民開発援助と学校教育――ウガンダ北部の南スーダン難民居住地を事例として」『国際開発研究』第27巻2号
清水貴夫・亀井伸孝（2017）『子どもたちの生きるアフリカ』昭和堂
ジャパン・プラットフォーム（2017）『二〇一六年度年次報告書』
ジョージ，スーザン（1980）『なぜ世界の半分が飢えるのか――食糧危機の構造』小南祐一郎・谷口真理子訳，朝日新聞社
第3回国連防災世界会議（2015）「東日本大震災総合フォーラム　プログラム」
高橋浩子ほか（1999）「歌曲・民謡編曲対訳」『ベートーヴェン全集』第6巻別冊付録，講談社
チェンバース，ロバート（1995）『第三世界の農村開発』穂積智夫・甲斐田万智子監訳，明石書店
鶴見良行（1999－2004）『鶴見良行著作集』全12巻，みすず書房
デューイ，ジョン（1975）『民主主義と教育』松野安男訳，岩波文庫
中島智子編著（1998）『多文化教育――多様性のための教育学』明石書店
中村雄二郎（1997）「楽興の弁証法――テオドール・アドルノ」『バッハ全集』第13巻，小学館
長沼豊（2008）『新しいボランティア学習の創造』ミネルヴァ書房
藤沢令夫（1974）「メノン」『プラトン全集』第9巻，岩波書店
ベルグソン，アンリ（1969）『意識と生命』池辺義教訳，中央公論社
ボードレール，シャルル（1987）「異邦人」阿部良雄訳，『ボードレール全集』第4巻，筑摩書房
本間浩（1990）『難民問題とは何か』岩波新書
松田素二・津田みわ編（2012）『ケニアを知るための55章』明石書店
村井吉敬（1978）『スンダ生活誌――変動のインドネシア社会』〈NHKブックス〉日本放送出版協会（本書は『インドネシア・スンダ世界に暮らす』（2014）と題して岩波現代文庫として出版された）

考える」湖中真哉・太田至・孫暁剛編著『地域研究から見た人道支援』昭和堂
内海成治編著（2001）『ボランティア学のすすめ』昭和堂
内海成治編著（2014）『新ボランティア学のすすめ』昭和堂
内海成治・入江幸男・水野義男編著（1999）『ボランティア学を学ぶ人のために』世界思想社
内海成治・中村安秀・勝間靖編著（2008）『国際緊急人道支援』ナカニシヤ出版
大江健三郎（1990）「音楽と測り合える…」『モーツァルト全集』第1巻，小学館
大西健丞（2008）「ジャパン・プラットフォーム JPF」内海成治・中村安秀・勝間靖編『国際緊急人道支援』ナカニシヤ出版
大西健丞（2006）『NGO，常在戦場』スタジオジブリ
大西健丞（2017）『世界が，それを許さない。』岩波書店
景平義文・岡野恭子・宮坂靖子・内海成治（2007）「紛争後のアフガニスタンにおける教育の課題に関する研究——バーミヤン州デゥカニ地域の事例より」『国際教育協力論集』第10巻第2号
柏木宏（1996）『ボランティア活動を考える』岩波ブックレット
金子郁容（1992）『ボランティア　もうひとつの情報社会』岩波新書
金子郁容（1999）『コミュニティ・ソリューション——ボランタリーな問題解決に向けて』岩波書店
北村友人ほか編著（2016）『グローバル時代の市民形成』〈岩波講座 教育 変革への展望 第7巻〉岩波書店
久保田賢一（2005）「NGOの役割と動向」内海成治編『国際協力論を学ぶ人のために』世界思想社
栗本英世（2002）「難民キャンプという場——カクマ・キャンプ調査報告」『アフリカレポート』第35号
コーエン，ロビン／ポール・ケネディ（2003）『グローバル・ソシオロジーⅠ——格差と亀裂』山之内靖監訳，伊藤茂訳，平凡社
国際ボランティア学会（2000－2010）『ボランティア学研究』第1号－第10号
澤村信英（2016）「ケニア北西部カクマ難民キャンプの生活と教育——純就学率の低さは問題なのだろうか」第18回アフリカ教育研究フォーラム要旨集録，2016年10月14－15日，筑波大学
澤村信英編著（2012）『ケニアの教育と開発』明石書店
澤村信英編著（2014）『アフリカの生活世界と学校教育』明石書店
澤村信英・山本香・内海成治（2015）「南スーダンにおける紛争後の初等教育と学校経営の実態——教授言語の変更に着目して」『比較教育学研究』第42号
澤村信英・山本香・内海成治（2017）「ケニア北西部カクマ難民キャンプの生活と教

引用参照文献一覧

■日本語文献

アドルノ，テオドール（1969）『楽興の時』三光長治・川村二郎訳，白水社

荒木徹也・井上真（2009）『フィールドワークからの国際協力』昭和堂

アーレント，ハンナ（2005）『暗い時代の人々』阿部齊訳，ちくま学芸文庫

市川琴子他（2014）「開発途上国の小学校の計算力調査と教材開発」『第16回アフリカ教育研究フォーラム発表要旨集録』東京大学教育学部

稲田十一編（2009）『開発と平和——脆弱国家支援論』有斐閣ブックス

INEE（イネー）（2011）『教育ミニマムスタンダード（緊急時の教育のための最低基準）2010——準備・対応・復興』内海成治監訳，お茶の水女子大学グローバル協力センター

入江幸男ほか（1997）『哲学者たちは授業中』ナカニシヤ出版

入江幸男・霜田求（2000）『コミュニケーション理論の射程』ナカニシヤ出版

内海成治（1997）「マヤの子どもたち——グアテマラにて」『トルコの春，マヤの子どもたち』北泉社

内海成治「教育とボランティア」（1999）内海他編『ボランティア学を学ぶ人のために』世界思想社

内海成治（2002）「国際協力・国際ボランティアとパートナーシップ」西川潤・佐藤幸男編『NPO/NGOと国際協力』ミネルヴァ書房

内海成治（2006）「緊急復興支援における教育支援の調査研究」『復興支援における教育支援のあり方』国際協力機構国際協力総合研修所

内海成治（2011）「ボランティアを科学する——ボランティア研究の10年」『ボランティア学研究』第11号

内海成治（2013）「ボランティアの意味と教育課題——学校へのボランティアの導入をめぐって」村田翼夫・上田学編『現代日本の教育課題——21世紀の方向性を探る』東信堂

内海成治（2014）「NGOと国際ボランティア」山田恒夫編著『国際ボランティアの世紀』放送大学教育振興会

内海成治（2016）「教育を求めて難民に——二〇一六年カクマ難民キャンプ報告」第18回アフリカ教育研究フォーラム要旨集録，2016年10月14－15日，筑波大学

内海成治（2017）『学びの発見——国際教育協力論考』ナカニシヤ出版

内海成治（2018）「カクマ難民キャンプにおける教育の状況と課題——教育難民化を

ワ　行

マ　行

ヤ　行

ラ　行

ナ 行

ハ 行

タ　行

サ　行

カ　行

ア　行

事項索引

人名索引

▒著者略歴
内海成治（うつみ・せいじ）

京都女子大学発達教育学部教授。京都教育大学連合教職大学院教授。大阪大学名誉教授。

［略歴］

1946年東京生まれ。都立小山台高校卒業。京都大学農学部（実験遺伝学）および教育学部（教育原理学）卒業。博士（人間科学）。

朝日麦酒（株）研究員，（財）基督教視聴覚センター，国際協力事業団国際協力専門員，大阪大学人間科学部教授（ボランティア人間科学講座），文部省学術国際局国際協力調査官（併任），お茶の水女子大学教授（国際協力センター長）を経て現職。専門は，国際教育協力論，国際緊急人道支援論，ボランティア論。

［主な著書］

『学びの発見―国際教育協力論考―』（ナカニシヤ出版，2017年），『国際教育協力論』（世界思想社，2001年），『アフガニスタン戦後復興支援』〔編著〕（昭和堂，2004年），『国際緊急人道支援』〔編著〕（ナカニシヤ出版，2008年），『新版　国際協力論を学ぶ人のために』〔編著〕（世界思想社，2016年），など。

ボランティア・難民・NGO

――共生社会を目指して――

2019年3月31日　　初版第1刷発行

著　者　内海成治

発行者　中西　良

発行所　株式会社　ナカニシヤ出版

〒606-8161　京都市左京区一乗寺木ノ本町15

TEL　(075)723-0111

FAX　(075)723-0095

http://www.nakanishiya.co.jp/

装丁／白沢　正　印刷・製本／亜細亜印刷

＊乱丁本・落丁本はお取り替え致します。

ISBN978-4-7795-1344-2　Printed in Japan

学びの発見
—国際教育協力論考—

内海成治

三十五年を超える国際教育協力歴を持つ著者の、大切な記憶と記録を集成。ケニア、アフガニスタン、東ティモール、南スーダン……、困難な状況下でも「学び」を志す、現地の子どもや保護者と向き合う中で得た、経験と発見を記す。

三三〇〇円＋税

国際ボランティア論
—世界の人びとと出会い、学ぶ—

内海成治・中村安秀 編著

国際ボランティアとは何か？ 今、それはどうあるべきか？ 青年海外協力隊のあり方、帰国後の隊員のケアから、各国のボランティア事情まで、ボランティア学の立場から国際ボランティアの意義とこれからを考える。

二四〇〇円＋税

現代中東の難民とその生存基盤
—難民ホスト国ヨルダンの都市・イスラーム・ＮＧＯ—

佐藤麻理絵

「イスラーム的ＮＧＯ」の力を抜きに、中東の難民支援は成り立たない。最大級の難民受入国・ヨルダンを事例に、フィールドワークや統計資料から、百万人もの難民の受け入れ／生存を可能とするメカニズムを解明する。

三八〇〇円＋税

グローバル・イシュー　都市難民

小泉康一

世界中の都市へ、スラムへと逃げ込む難民をどう救うか。かつて国連難民高等弁務官事務所（ＵＮＨＣＲ）でプログラム・オフィサーとして従事した著者が、農村から都市部へと向かう難民の実態と、援助のあり方を包括的に議論する。

三七〇〇円＋税

表示は二〇一九年三月現在の価格です。